国家社会科学基金项目"中国经济发展方式包容性转变的体制机制研究"(11BJL003)成果

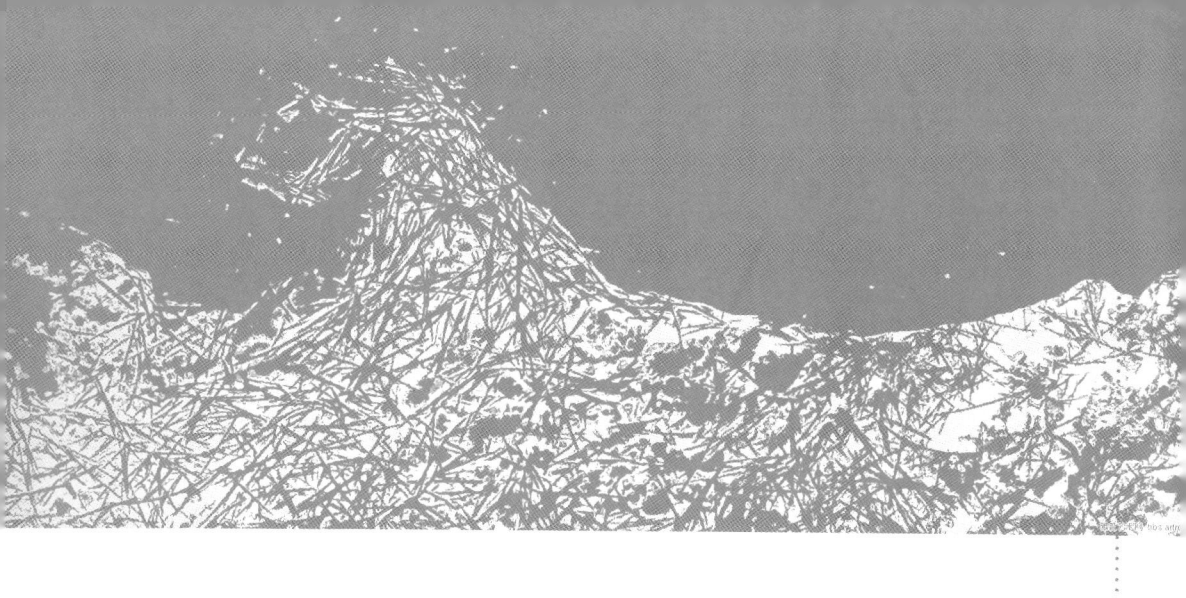

包容性转变：
转变经济发展方式的形上之思与形下之维

王新建 著

中国社会科学出版社

图书在版编目(CIP)数据

包容性转变：转变经济发展方式的形上之思与形下之维／王新建著．
—北京：中国社会科学出版社，2017.6
ISBN 978-7-5203-0154-1

Ⅰ.①包… Ⅱ.①王… Ⅲ.①中国经济—经济发展模式—研究 Ⅳ.①F120.3

中国版本图书馆 CIP 数据核字（2017）第 074591 号

出 版 人	赵剑英
责任编辑	田　文
特约编辑	张冬锐
责任校对	张爱华
责任印制	王　超

出　　版	中国社会科学出版社
社　　址	北京鼓楼西大街甲 158 号
邮　　编	100720
网　　址	http://www.csspw.cn
发 行 部	010-84083685
门 市 部	010-84029450
经　　销	新华书店及其他书店

印　　刷	北京君升印刷有限公司
装　　订	廊坊市广阳区广增装订厂
版　　次	2017 年 6 月第 1 版
印　　次	2017 年 6 月第 1 次印刷

开　　本	710×1000　1/16
印　　张	20.25
插　　页	2
字　　数	282 千字
定　　价	86.00 元

凡购买中国社会科学出版社图书，如有质量问题请与本社营销中心联系调换
电话:010-84083683
版权所有　侵权必究

序　言

程恩富[*]

马克思在1875年撰写的《揭露科伦共产党人案件》一书第二版跋中，曾把劳动比作太阳，认为："只要社会还没有围绕着劳动这个太阳旋转，它就绝不可能达到均衡。"[①] 习近平总书记《在庆祝"五一"国际劳动节暨表彰全国劳动模范和先进工作者大会上的讲话》中开篇便指出："全面建成小康社会，进而建成富强民主文明和谐的社会主义现代化国家，根本上靠劳动、靠劳动者创造。因此，无论时代条件如何变化，我们始终都要崇尚劳动、尊重劳动者，始终重视发挥工人阶级和广大劳动群众的主力军作用。"他认为，"这就是我们今天纪念'五一'国际劳动节的重大意义。"[②] 我们在《习近平谈治国理政》开篇的《人民对美好生活的向往，就是我们的奋斗目标》一文中，在习近平总书记的系列重要讲话中，在《十八大以来重要文献选编（上、中）》等中央文献中，时时深切地感受到"人民"和"人民的劳动"在他心目中的分量。

然而，审视我国自20世纪八九十年代以来"久推难转""转而不快"的转变经济发展方式的实践，学界普遍认为，"这是一条人

---

[*] 程恩富，著名经济学家，中国社会科学院学部委员，学部主席团成员兼马克思主义研究学部主任，世界政治经济学学会会长，中国经济规律研究会会长，中华外国经济学说研究会会长。

[①] 《马克思恩格斯全集》（第18卷），人民出版社1964年版，第627页。

[②] 习近平：《在庆祝"五一"国际劳动节暨表彰全国劳动模范和先进工作者大会上的讲话》，《人民日报》2015年4月29日第2版。

的福利难以增长的'物本之路'"①；理论研究上也存在着重视"物的因素"（如资本）而轻视"人的因素"（如劳动）等"重物轻人"的现象。可见，经济发展方式的"久推难转""转而不快"，正是我们这个社会在诸多领域尚未围绕"劳动"这个太阳而实施"转变"的反映。于是，经济社会发展的诸多非均衡现象，便因之而生。

记得还是在2010年底课题申报前，作者就选题和主题向我咨询时，我根据多年来以科学发展观为指导对中国转变经济发展方式实践的审视②，结合对国家当时倡导的包容性发展新理念方面的理解，给作者提出了一些意见和建议。审读出版书稿后觉得，作者在较全面的意义上贯彻了科学发展观和包容性发展理念，对我国加快转变经济发展方式的"包容性转变"路向，作出了深入的探讨，如书名所说，在包容性转变的形上之思和形下之维两个方面均有独立思考。从结项成果获"良好"等级，前期发表成果获得两个省政府优秀社科成果奖并有多篇成果被《人大复印资料》转载来看，该书的学术贡献应该得到认可的。

创新马克思主义学派首倡"马学为体，西学为用，国学为根，世情为鉴，国情为据，综合创新"的思维原则③。通观全书，主要有以下几点需要说明：

首先，该书在"马学为体"方面作出了努力。

"马学为体"要求在对中国经济现象和规律的研究中要始终坚持马克思主义经济学为根本指导，要"沿着马克思的理论的道路前

---

① 任仲平：《决定现代化命运的重大抉择——论加快经济发展方式转变》，《人民日报》2010年3月1日第1版。
② 参见程恩富《转变对外经济发展方式须实现"五个提升"》，《光明日报》2008年7月22日第10版；程恩富：《逐步转变对外对内经济发展方式》，《济宁日报》2009年6月14日第2版；程恩富、侯为民：《转变对外经济发展方式的"新开放策论"》，《当代经济研究》2011年第4—5期等。
③ 参见程恩富《论推进中国经济学现代化的学术原则：主析"马学"、"西学"与"国学"之关系》，载《程恩富选集》，中国社会科学出版社2010年版，第217—237页。

进"①。由于经济学研究的现实对象与人们的物质利益关系不可分割地联系在一起，因而只有彻底抛弃为私人及其集团谋利益的狭隘眼界，站在客观公正的立场上，才能做到科学地去研究，才有可能做到实事求是地反映经济现实的本来面目。由之，只有站在以工人阶级为代表的广大人民群众的立场上进行经济现象的研究，才有可能做到公正无私，才能够揭示出现实经济生活的本质和表象，进而找到解决问题的理念和对策。通观该书，马克思主义的立场十分鲜明，能够运用唯物史观和唯物辩证法揭示经济现实的真相，这是在当下亟须强调和推崇的。创新马克思主义学派的主要代表刘国光教授，就是一位"坚定不移和始终一贯"（恩格斯称赞马克思的用语）地秉持经济学研究的无产阶级立场的有良心的学者，正因此，他才能为国家为人民捧出拳拳赤心，并作出了无愧于历史、时代和人民的杰出贡献。

该书在"马学为体"方面作出的努力，还体现在运用马克思主义知识体系中的科学原理、基本范畴为主体和依据，深刻剖析当下中国转变经济发展方式的实践，实现了一些理论上的开拓和范畴的创新。如"包容性转变""机会弱势群体""机会边缘化""先为教育的'转变'"等观点、范畴的提出和论证。这也是创新马克思主义学派所一贯倡导和秉持的研究理念。

其次，在主体研究内容上，该书在以下方面做得较好。

一是包容性发展理念的形上之思。这方面的阶段性成果被《人大复印资料》转载两篇，其中关于包容性发展理念的生成，其鲜明的时代价值和现实观照等方面的阐述，在学界较有影响。研究成果指出：包容性发展理念的生成和出场，正是应人们仰天而问"怎样'充满劳绩'但还能'诗意的安居'于这块大地"等诸多关涉人类前路问题的应答；包容性发展理念最直接地凸显马克思主义对人的终极关怀，追索经济增长实践中的人本生存状态，指出了一条人类

---

① 《列宁专题文集·论辩证唯物主义和历史唯物主义》，人民出版社2009年版，第50页。

经济活动的沧桑正道；科学发展观指导下的包容性发展理念针对经济社会发展的现实诉求，为中国加快发展方式转变、缩小财富和收入差距等发展背紧提供了价值导引；包容性发展理念秉持经济全球化时代人们普遍认可的和平与发展、参与与共享的诉求，为实现时代主题、反对经济霸权探索出崭新的发展模式。这些认识和解读，为"包容性转变"这一主题的阐述奠定了理论基础。

二是包容性转变战略思想生成的多方面主要环节，这一战略思想的实质内涵和核心指向。从提出背景看，包容性转变是在包容性发展理念这一理论背景和中国30多年转变经济发展方式这一实践背景下提出的"转变"路向；从生成机理看，包容性转变是在对"机会弱势群体""机会边缘化""人力支撑"等观点的深入考察中，遵照马克思"两个再生产理论"和党的执政为民、人民主体理念而形成的一种"转变"路向；从核心指向看，包容性转变是针对党的十七大概括的"三个转变"中人的因素的缺失、人力支撑的匮乏等实践倾向而提出的通过改变人的地位、提升人力支撑以实现"转变"的路向。由此，包容性转变的实质内涵，就是要把广大人民群众作为实施"转变"的主体，真正做到"'转变'依靠人民"，切实防止"转变"排斥人民。这既是唯物史观的基本思想，也是思考和谋划包容性转变的体制机制因素的基本原则。在此基础上，该书对包容性转变战略思想的核心指向进行了较大篇幅的阐述，如面向广大人民群众的"转变"，面向公平教育的"转变"，公平与效率互促同向变动的"转变"，牢固坚持社会主义方向的"转变"等。这四个方面，对于消除机会弱势群体的机会边缘化，提升其人力支撑具有根本指导作用，因而凸显出包容性转变战略思想鲜明的形上之思。

三是以包容性转变的核心价值指向为指导，具体阐述了我国经济发展方式实现包容性转变的体制机制因素。在经济基础方面，主要是以"公有主体型多种类产权制度"为代表的社会主义基本经济制度、资源配置的市场机制和国家调节资源配置等；在政治上层建筑方面，主要是以人民代表大会为主体的根本政治制度、基本政治制度和社会主义市场经济法律体系等；社会层面的包容性体制机制，体现在社会管理体制、基本公共服务体系、现代社会组织体制和社会管理机制等方面；在思想文化上层建筑方面，主要是以社会主义核心价值观为主题的社会主义先进思想文化等。另外对党的十七大所总结的在摆脱贫困、加快实现现代化、巩固和发展社会主义的"十个结合"宝贵经验所蕴含的包容性转变战略思想的解析也说明，包容性转变战略思想与"十个结合"宝贵经验具有直接的同一性，必须依靠包含经济、政治、社会和思想文化诸层面的包容性体制机制系统，走包容性转变的道路，才能实现中国经济发展方式的"加快转变"。必须指出，作者并非和其他具体对策研究一样，列出诸多"细致入微"甚或"具体而微"的实施步骤，而是在形上之思指导下阐述和建构符合包容性转变战略思想的经济、政治、社会、思想文化等层面的体制机制因素，这应该是一种不落俗套、别有意味的建构方法，或许这样，对于各地根据实际情况谋划发展方式的包容性转变，更具实践导引和启示意义。

四是在形上之思和形下之维的同时，起底揭露为不可持续的"物本"发展方式推波助澜且严重影响包容性转变战略实施的新自由主义思潮，对社会主义市场经济体制改革过程中形形色色形而上学思维方式进行了深刻批判。这也是该书作者在"世情为鉴"和"国情为据"方面作出的研究努力，是该成果较为深刻的警示。它清晰地说明：马列主义及其中国化理论与资产阶级自由化、新自由主义的思想交锋，客观上属于意识形态领域里阶级斗争的集中表现；而那些蛊惑人心、总想着"政治挑衅"的"歪嘴和尚"（习近平同志批评他们时的用语）们应该警醒：学者今天的所言所著如同领导干部的所作所为，必将接受历史和人民的评说。在此基础上该书还明确指出，以包容性转变战略思想为鲜明主题的转变经济发展方式的实践，能够最大限度地消除庞大弱势群体因一些舆论的恣意"解读"而产生的弱势心理认同意识，以及在党的大政方针理解上的对立和疏离意识，从而最有效地改变庞大弱势群体的现实命运，强力激发和提升庞大弱势群体参与经济社会发展的人力支撑。研究成果强调，如果没有上述对立意识的消除、现实命运的改变和人力支撑的提升，是谈不上发展方式的华丽转身的。

再者，该书的一些论述，具有正视听、促实践的作用，值得强调。

如针对某些"歪嘴和尚"恣意异化"社会主义市场经济"改革目标的做派，该书有针对性地指出：建立社会主义市场经济体制的改革目标具有两个方面必须"同世而立"的内涵，一是"社会主义"的社会基本制度坚守，即改革的"社会制度'根本方向'"；一是"市场经济"的资源配置手段和方法的运用，即改革的"市场手段'鲜明指向'"。改革的社会主义制度坚守与发展方式的转变可谓牵线与风筝的关系：明确且坚定的市场经济体制改革的社会主义方向，为"加快转变"提供了公有主体型基本经济制度、劳动主体型分配制度、国家主导型市场制度和自力主导型开放制度的价值导引与强力支撑，成为在市场经济体制基本框架下实现包容性转变的根本、基础和前提，是实施和实现包容性转变须臾不能游离的社会基本制度因素。这应该是戳到了"歪嘴和尚"们只讲"市场经济"而回避和淡化"社会主义"等惯常做派的痛处，并已经引起学术界尤其是创新马克思主义学派的共鸣。

再如在对"发展为了人民、发展依靠人民、发展成果由人民共享"这一命题的理解和阐述上，该书指出，在消除"机会弱势群体"的"机会边缘化"已成社会公众最广泛诉求的背景下，"发展为了人民、发展依靠人民、发展成果由人民共享"成为包容性发展理念的中国版本，成为我们党始终恪守的执政为民理念的崭新表述。然而现实中一些地方和一些领导干部把"为了人民"和"人民共享"喊得震天响，却不懂得，不能意识到，或不能做到，甚或原本就不情愿"发展依靠人民"，那么何谈"为了"和"共享"呢？还能做到"为了"和"共享"吗？这种发问十分有力，针对的正是那些被新自由主义所异化了的排斥人民发展的做派和现象。"民生在勤，勤则不匮。"然勤而无门，勤而无路，甚至千方百计地排斥民勤，这是与党的十八大的人民主体思想、党的十八届五中全会的共享发展新理念和以人民为中心的发展思想严重相悖的。

最后，该书的不足之处。作为国家社科基金项目研究成果，在全面转变对外经济发展方式、注重"自主创新""自主发展"对人力支撑的提升和对民生实惠的增长、实证分析等方面等略显薄弱。

总之，作为立场鲜明、具有一定理论开拓意义和学术贡献的研究成果，相信该书能够对新常态下转变经济发展方式的实践具有启示意义。我愿意向读者推荐该书，也希望创新马克思经济学综合学派的同仁们在弘扬和发展当代中国特色社会主义政治经济学方面，不断贡献出自己的智慧和力量。

前　言

一

在2011年4月的博鳌亚洲论坛开幕式上，时任国家主席胡锦涛针对年会主题"包容性发展：共同议程与全新挑战"发表了主旨演讲，其中一段话是："我们应该紧跟世界发展新趋势，着力转变经济发展方式，积极调整经济结构，增强科技创新能力，发展绿色经济，促进实体经济和虚拟经济、内需和外需均衡发展，同时兼顾速度和质量、效率和公平，把发展经济和改善民生紧密结合起来，实现经济社会协调发展。"① 这是胡锦涛同志在一年多的时间内第四次提及和倡导包容性发展理念。这一面向国际社会的演讲，在较多层面关涉着中国践行包容性发展的全新挑战和所要解决的时代课题，其主体部分，便是不可持续的经济发展方式多年来"久推难转""转而不快"这一峻切现实。

"转变经济发展方式"（或称"转变"）这一课题，若从20世纪80年代党中央就提出的从粗放到集约的转轨之路算起，应该有30多年的历史了，而若从1995年党的十四届五中全会明确提出"转变经济增长方式"的战略思想算起②，即去掉10年国人在"转

---

① 胡锦涛：《推动共同发展　共建和谐亚洲——在博鳌亚洲论坛2011年年会开幕式上的演讲》，《人民日报》2011年4月16日第1版。
② 参见《江泽民文选》（第1卷），人民出版社2006年版，第460—475页。这里从1995年算起，仅是为了突出人们在概念上的自觉。其实，转变经济增长（发展）方式的时代课题，伴随改革开放的整个历程。

变"上的不自觉和无意识,那么"转变"也该有20多年的历史了。即便在经济新常态之下,"转变"的任务一点儿也没有减少,依然是艰巨而繁重的。

二

我们常说改革开放是决定当代中国命运的关键抉择,它为社会主义市场经济体例的确立揭开了交响乐的序幕;建立社会主义市场经济体制则确立了改革开放最为重要的核心内容,奏响了改革大业最为激荡人心的乐章。那么加上与两者如影随形的转变经济发展方式,三者则现实地组成了中国发展进步恢宏乐章的"和弦"。不过,这"和弦"始终暗藏着阻滞和销蚀乐章和谐的一些音符,且这些不和谐音符,甚至还愈发地"噪动"和"显摆"起来。

愈发"噪动"和"显摆"起来的,突出地表现在长期以来我们走的是"一条人的福利难以增长的'物本之路'"。在这条"物本之路"之下,天悬之隔的利益群体使改革取向、路径等形成尖锐冲突。而且尽管"转变"的提法不断变换和深化,但多年努力之后许多问题非但没有得到彻底解决,甚至在一些地方愈加严重。[1] 当下,"百姓热切盼望共享改革发展成果、解决收入分配问题;盼望公平化、绿色化、国民福利最大化的经济发展方式。转变以单纯物质增长为核心内容的传统经济发展方式,让人民从发展中分享红利、满足人的全面发展需求,是继续发展的重要动力"[2]。

显然,倘若丧失了这一继续发展的重要动力,继续沿着"人的福利难以增长的'物本之路'"走下去,既谈不上发展方式的实质转变,更谈不上恢宏乐章的美妙和弦。

---

[1] 邵慰:《经济发展方式的全面转型:基于政府转型的视角》,《经济与管理研究》2014年第9期。
[2] 任仲平:《决定现代化命运的重大抉择——论加快经济发展方式转变》,《人民日报》2010年3月1日第1版。

前言

中科院发布的一份报告认为，中国在通往现代化的道路上，将遇到资源环境压力、发展不均衡等挑战，如果按照发达国家现代化的现有"历史经验"走下去，那么中国在21世纪末晋级发达国家的概率仅为4%。①

现实峻切摆在面前，发展肯綮躲不开、绕不过。唯有破釜沉舟，在经济发展方式的转变上，打开一条经济社会健康可持续发展的通道。

三

这条通道，从对多年转变经济发展方式的研究成果中普遍存在着的对"物的因素"解读多而对"人的因素"解读少的现象的反思中，从全社会深层次焦虑凸显、加快转变经济发展方式的思想认识虽得统一而对"转变"的讨论却缺失或误读"人的因素"的反思中，从关注和提升"机会弱势群体"的发展机会，即包容性发展理念所强调的"机会平等"为基点和切点为加快转变经济发展方式把脉来看，本课题认为，注重以改善广大机会弱势群体参与经济社会发展的机会并提升其人力支撑的"包容性转变"，可望是一条必要和可行的"转变"路向。

因为我们愿意相信："生活在我们伟大祖国和伟大时代的中国人民，共同享有人生出彩的机会，共同享有梦想成真的机会，共同享有同祖国和时代一起成长与进步的机会。有梦想，有机会，有奋斗，一切美好的东西都能够创造出来。"②

四

第一章"导言"：

---

① 参见任仲平《决定现代化命运的重大抉择——论加快经济发展方式转变》，《人民日报》2010年3月1日第1版。
② 《十八大以来重要文献选编》（上），中央文献出版社2014年版，第235页。

包容性转变：转变经济发展方式的形上之思与形下之维

　　导言对本课题的基本概念或者说逻辑始点概念"机会弱势群体"、核心概念"包容性转变"等进行了总体性的解析。指出机会弱势群体，即因发展机会上的弱势而处于生活弱势境地的群体，没有机会或少有机会改变个体命运的群体，同时也是被排斥在经济社会发展之外，或即便为经济社会发展作出了贡献却很少或难以享受到经济社会发展成果的那部分群体。这一界定，突出了机会弱势群体三个方面的特征：经济和社会地位的弱势，参与发展机会的弱势，享受发展成果的弱势。且这三个方面是一个貌似三角形的因果循环链圈。但本课题在界定机会弱势群体概念之后，并不打算在概念本身上兜圈子，因为学界已有诸多研究成果指向弱势群体概念，且研究较为深入。导言着重阐述了注重改变弱势群体现实命运的实际工作且提升其人力支撑与转变经济发展方式之间的必然联系，而这方面却是众多研究所鲜有提及的。导言指出：本课题将集中阐述怎样通过改变弱势群体参与经济社会发展机会的弱势从而改变其弱势的地位和命运，进而有效地提升这一庞大群体参与经济社会发展的人力支撑。而这正是经济发展方式包容性转变的关节点所在。

　　导言对"包容性转变"概念进行了一般性的介绍。"包容性转变"的生成与实质内涵、概念的现实旨归等，留作第三章详细阐述。导言还对基本概念进行了延伸解读。并强调：公正的制度，有利于经济社会可持续健康发展的体制和机制因素，定能最大限度地减少机会弱势群体的存在。否则，物质资料再生产与人力再生产就要相互掣肘，"物的因素"的作用与"人的因素"的作用也只能背道而驰，于是也就谈不上经济发展方式的加快转变。

　　导言的最后一部分重要内容是对一个与本课题关系密切的重要命题的解析，即"发展为了人民、发展依靠人民、发展成果由人民共享"。这一"共享式发展"理念，必须理解为发展的"目的、手段和改革愿景"三个方面规定性的有机统一。实践中只知发展为了人民而不知发展依靠人民，人民（尤其弱势群体）哪有机会和"资格"去分享或共享？之所以这样说，是因为"社会主义国家建设的逻辑起点，就是如何使广大的人民成为社会主义国家建设的主体"[1]。以人为本作为我们党谋求和推进发展的核心理念，是手段和目的的统一体，但现实中一些人却只知"目的"而漠视了"手段"。以人为本，首先应该理解为"现实的运动"，是现实经济活动的前提、出发点、实施手段和首先要遵循的原则。实现经济发展最基本的路向，就是把人（最广大的人民群众）作为实施主体，以人的发展为基础，在人力的作用下促进经济的健康发展，真正做到"发展依靠人民"。这是唯物史观的基本原则。人力决不能像机器原料那样在经济增长中被贬损，相反，必须在经济增长的过程中得到发展壮大。经济发展固然少不了物质再生产，同时更少不了人力再生产，即须臾离不开人的主动性、积极性的发挥，这便是"人力支撑"。只有当"两个再生产"相得益彰，经济方能健康发展，从而使"共享"成为可能。否则，"人"与"物"只会背道而驰，协调发展难以维系，从而使"共享"成为空想。因此，导言在参考学界重要研究成果[2]相关思想的基础上进一步强调了本课题对"发展为了人民、发展依靠人民、发展成果由人民共享"的理解：我们的党员干部谁不知道"发展为了人民"的道理？又有谁不是张口闭口"为了人民"和"让人民共享"呢？！倘若仅仅把"为了人民"和"让人民共享"喊得震天响，而不懂得，不能意识到，也不能做到，甚至原本就不情愿"发展依靠人民"，更不相信只有"依靠人民"才能发展，那么何谈"为了"和"共享"呢？还能做到"为了"和"共享"吗？

第二章"文献述评"：

对"包容性增长"（"包容性发展"）的研究进行了全面而深入

---

[1] 林尚立：《以人民为本位的社会主义国家建设理论：政治学对科学社会主义的发现》，《政治学研究》2014年第4期。

[2] 参见裴小革《财富的道路：科学发展观的财富基础理论研究》，社会科学文献出版社2009年版；裴小革：《关于转变经济发展方式的几个理论问题》，《中共长春市委党校学报》2008年第1期；李炳炎：《利益分享经济学》，山西经济出版社2009年版等。本课题研究得到裴小革研究员和李炳炎教授多部专著的启发，在此谨致谢忱。

的评介。这里有一个概念名称的变更问题。即在该"前言"开篇所说2011年4月博鳌亚洲论坛开幕之前，一般用"包容性增长"，之后便更改为"包容性发展"。从胡锦涛在论坛开幕之前和之后对两个概念的阐述来看，并未对二者作出区分。本课题对二者亦不作具体区分。我们不能把多年来在"增长"与"发展"涵义上的区别，"经济增长"与"经济发展"涵义上的区分，迁移至"包容性增长"与"包容性发展"两个概念上来。从概念的生成和延伸来看，"共享式增长"→"包容性增长"→"包容性发展"，是一个随着政界和学界认识的深化而水到渠成的自然过程。该章在包容性增长研究综述的基础上，对本课题所理解的包容性增长的实质内涵和政策选择、包容性增长理念研究中的误区进行了阐述。

这一章的主体部分还有一个重要内容，即"包容性发展理念的生成与时代价值"。阶段性成果发表时所使用的题目是"论包容性发展理念的生成"。该章依次阐述了包容性发展理念生成的理论基因、思想渊源、中国根脉和时代价值。理论基因的阐述有三点：即历史唯物主义关于社会历史主体的思想，是包容性发展追求"所有人的参与和所有人的发展"的理论依据；历史唯物主义关于社会有机体、人与自然的关系等理论，是包容性发展谋求"健康有序的发展"的理论依据；历史唯物主义关于社会公平、正义的思想是包容性发展秉持"机会平等""利益共享"的理论依据。包容性发展理念的思想渊源，主要是对现当代经济增长和发展理念主题嬗变的归纳。而当代中国化马克思主义最新成果，是包容性发展理念的现实理论根基；中国优秀传统文化的包容共生，是包容性发展理念的古老根脉。

关于包容性发展理念的时代价值或现实观照，第二章指出：包容性发展理念最直接地凸显马克思主义对人的终极关怀，追索经济增长实践中的人本生存状态，指出了一条人类经济活动的沧桑正道；科学发展观指导下的包容性发展理念针对经济社会发展的现实诉求，为中国加快发展方式转变、缩小财富和收入差距等发展肯綮提供了价值导引；包容性发展理念的出场秉持经济全球化时代人们普遍认可的和平与发展、参与与共享的诉求，为实现时代主题、建设和谐世界探索出崭新的发展模式。这种现实观照，是对人们怎样"充满劳绩"但还能"诗意的安居"于这块大地①等诸多人类前路问题的回应；而包容性发展理念的生成和出场，也正是因应人们仰天而问的应答。这一章拟为"包容性转变"核心概念的提出和阐释奠定最坚实的理论准备。

第三章"包容性转变：实质内涵与核心指向"：

"包容性转变"概念的生成，是以包容性发展理念为理论指导，在对长期以来中国孜孜追索转变经济发展方式这一重大课题，以及对这一决定现代化命运的重大抉择的全面审视，并在"久推难转""转而不快"的现实归因的深入思考中生成的。

这一章鲜明地指出，包容性转变的实质内涵，就是要把最广大的人民群众作为实施"转变"的主体，真正做到"'转变'依靠人民"，切实防止"转变"排斥人民。这既是唯物史观的基本思想，也是思考和谋划包容性转变体制机制因素的基本原则。

遵照课题立项通知书"体现有限目标，突出研究重点"的要求，本课题选取能够突出反映包容性转变核心指向的四个层面：面向最广大人民群众的"转变"、面向教育的"转变"、公平与效率互促同向变动的"转变"、牢固坚持社会主义方向的"转变"，并分章详细阐述。这几方面核心指向的阐述，既是对包容性转变战略核心理念和根本要求的强调，更主要的是对包容性转变的制度、体制和机制因素的形而上阐释。

第四章"包容性转变：人民主体"：

立场问题在科学研究中躲不开、绕不过。无产阶级的立场是马克思主义阶级分析方法的必然要求，是马克思主义学者必须坚持的

---

① 转引自［德］马丁·海德格尔《荷尔德林诗的阐释》，孙周兴译，商务印书馆2000年版，第46页。

研究立场。它要求研究者必须站在最大多数劳动者的利益一边，以对党、国家和人民高度负责的态度观察和思考问题。这一章指出：包容性转变应该是立场鲜明的"转变"，是为了广大机会弱势群体的"转变"，是以人民为主体的"转变"。该章以对刘国光先生经济学研究所秉持的无产阶级立场的描述为开篇，继而指出经济发展方式包容性转变的制度体制条件和运行机制，理应立足于无产阶级立场进行研究和设计，接着对人民主体思想的理论基因和现实根基进行详细阐述，再落脚到对包容性转变就是依靠最广大人民群众的"转变"的论述，并对党的十八大"人民主体思想"视域下包容性转变的实施路向和体制机制因素进行了多层面的考察。

第五章"包容性转变：先为教育"：

教育在促进人的社会化过程中的作用，教育对提升人的能力的作用，显然是无须在本课题中赘述的。这一章并非是对教育在包容性转变中的作用进行阐述，尽管关涉这种阐述；而是通过对两个命题即"面向'转变'的教育"与"面向教育的'转变'"的全方位甄别和深入考察，拟阐明：为"转变"而服务的"面向'转变'的教育"，依然是不得不提的无奈，难逃其"亦步亦趋俯首帖耳"的命运；而"先为教育"的"面向教育的'转变'"，则是源本意义上的教育价值的回归，具有较强的理论开拓意味，彰显出教育"天上地下惟我独先"的风采。只有摒弃为"转变"而不得不发展教育的"面向'转变'的教育"路向，转向以首先和主动为人的成长和发展服务的"面向教育的'转变'"，才能实现转变教育发展方式与转变经济发展方式的双赢，人的自由全面发展与经济社会发展的双赢。由此可见，包容性转变也就是"先为教育"的"面向教育的'转变'"。"面向教育的'转变'"为"久推难转""转而不快"的经济发展方式规划出清晰的"先为教育"之路，即先增加教育投入和调整收入分配→提升弱势群体参与发展的能力→改变其弱势地位→扩大其消费水平→促进"转变"实现的路向。本课题认为：在一个个体通过其"机会边缘化"和"教育弱势"的消除而有效地改变了自己命运的国度,因"教育第一"和"优先发展"战略的实施,"转变"必将因倚仗主动积极、强大持续的人力进步和人力参与而一帆风顺,事遂人愿。

第六章"包容性转变:公平与效率互促同向变动":

对包容性转变的进程侵蚀较大的,是公平与效率关系上只顾效率不管公平的新自由主义倾向。这种社会达尔文主义意识形态和丛林逻辑,与马克思所揭示的资本增殖的本性如出一辙,对这个世界的祸害程度之深是毋庸赘言的。《1996年人类发展报告》讨论的主题就是经济增长与人的发展的关系问题,该报告指出了5种"有增长而无人的发展"的状况,即长期以来人们谋求经济增长高效率的实践导致了严重失业的"无工作的增长"(jobless growth)、贫困和收入分配严重不公的"无情的增长"(ruthless growth)、失去了民主和自由的"无声的增长"(voiceless growth)、生态严重破坏的"无未来的增长"(futureless growth)、毁灭文化的"无根的增长"(rootless growth)[①]。当前逐步拉大的收入分配和财富占有上的两极分化现象,与新自由主义对公平与效率之间科学关系的异化密切相关。鉴于此,本课题以近些年影响较大的"公平与效率互促同向变动假设"为切入点,阐述包容性发展理念所秉持的公平与效率之间互促同向变动的合理关系,以及包容性转变对公平与效率互促同向变动合理关系的遵从和追求,指出"公平与效率互促同向变动假设"与学界和社会上关于包容性发展的讨论、与国家谋求转变经济发展方式的政策设计,与包容性转变的实质内涵和现实指向,具有高度的契合特征,既体现出理论假设的前瞻效应,也对包容性转变的体制机制安排具有重要启示意义。

除了程恩富教授的"公平与效率互促同向变动假设"以外,学界如刘国光、卫兴华、李炳炎、杨承训等诸多前辈在公平与效率关系的解读上,在政策转变的评价上,也发出了强有力的"和声"。

---

① 转引自郭熙保《论发展观的演变》,《学术月刊》2001年第9期。

如："《中共中央关于制定国民经济和社会发展第十个五年规划的建议》强调指出：'更加注重社会公平，使全体人民共享改革发展成果'……很显然，在这里用'更加注重社会公平'的提法取代了以前一段时间里通行的提法：'效率优先，兼顾公平'。这个提法上的重大变化，反映了指导思想上的重大转折"[1]。由此，足见包容性转变战略对于公平与效率合理关系的倚靠。

值得指出的是，在课题结项之后，我们注意到白永秀教授把"公平与效率的关系及其实现途径"提升到"当代中国政治经济学的研究主线"的高度，并认为这是"秉承人民中心的马克思主义政治经济学"极其重要的方面。[2] 由之可见，把"公平与效率互促同向变动"作为能够突出反映包容性转变核心指向的一个方面，是具有其深厚的学理学科依据和广泛的实践理性基础的。

第七章"包容性转变：社会主义方向"：

这一章从正、反两个方面阐述坚持社会主义的改革方向对于包容性转变的重大意义。该章以提出问题开始，如经济体制改革的方向究竟是什么？为什么在党的十四大明确提出"建立社会主义市场经济体制"这一"改革的目标"之后20多年还要提出这样的问题？多年来经济发展方式"久推难转""转而不快"，其间因由众多，但更为主要的或者说更具根本和更具决定意义的因素，却在我国市场经济体制改革的方向，即改革所秉持的社会制度性质或意识形态价值导引问题上：多年来"社会主义"这一"改革的方向"，竟有意无意地、不同程度地被"市场经济体制"这一"改革的目标"所遮蔽和取代。实际上，"建立社会主义市场经济体制"这一改革目标，具有两个方面必须"同世而立"的内涵，即"社会主义"的社会制度上的坚守与"市场经济"的资源配置手段和方法上的运用。这也是创新马克思主义经济学学者们多年马克思主义经

---

[1] 李炳炎：《共同富裕经济学》，经济科学出版社2006年版，第13—14页。
[2] 白永秀、吴丰华、王泽润：《政治经济学学科建设：现状与发展》，《马克思主义研究》2016年第8期。

济学和中国特色社会主义理论体系概论等课程教学所强调的。

该章列举了市场经济体制改革过程中对社会主义方向的几方面"健忘"倾向：如新自由主义的中国信徒极力主张全盘私化，一味叫嚣公退私进、国退民进，曲意解读国家主导型多结构市场制度和自立主导型多方位开放制度等。并警示性地阐述了坚持经济体制改革的社会主义方向对于经济发展方式包容性转变的重大意义：即迷失了市场经济体制改革的社会主义方向，其一，谈不上对公有主体型多种类产权制度的坚持，于是包容性转变便失去了赖以存在的基本经济制度基础；其二，谈不上对劳动主体型多要素分配制度的坚持，于是包容性转变便失去了分配制度上的支撑；其三，谈不上对国家主导型多结构市场制度和自立主导型多方位开放制度的坚持，于是包容性转变便丧失了优势调控能力和自立强大的民族经济支撑。总之，社会主义方向上的坚守，是中国经济发展方式包容性转变须臾不能游离的社会制度基础。市场经济体制改革的方向与当下中国经济发展方式的转变乃是牵线与风筝的关系：明确且坚定的市场经济体制改革的社会主义方向，为加快"转变"提供了公有主体型多种类产权制度、劳动主体型多要素分配制度、国家主导型多结构市场制度和自立主导型多方位开放制度等"四主型经济制度"[①]的强力支撑与价值导引，成为在市场经济体制基本框架下增加弱势群体和劳动群众发展机会、提升其人力支撑以实现包容性转变的根本、基础和前提。

该章也较多着墨于从思维方式上对社会主义市场经济体制改革中多方面形而上学思维方式的起底和剖析，指出党的十八届三中全会前后几年，一些错解市场与政府作用和关系的观点，包括在公有制上流布已久的观点，颠倒黑白，混淆视听，极尽忽悠、蛊惑之能，搞乱了人们的思维，严重地影响着受众尤其是广大基层群众的判断力，不断地制造着在国家大政方针理解上较高比例的民众对立意识和弱势心理认同意识，阻滞着经济发展方式的包容性转变。在宣传群众方面，要做到有效防止"歪嘴和尚念经，蛊惑人心，搬弄

---

① 程恩富：《和谐社会需要"四主型经济制度"》，《长江论坛》2007年第1期。

包容性转变：转变经济发展方式的形上之思与形下之维

是非"，还必须针对一些人的"恶意曲解"进行深刻揭露和全面辨正，从思维方式上起底辨诬，从而为全面深化改革扫清思想障碍。比如，"共产党的执政基础应该是'三个民'"，即民心、民生、民意，而非什么国有经济①；"改革就是不断把私权还给个人"②；"社会主义就是从资本主义到资本主义最长的一条路"③，等等。这是用民粹主义的口号来蛊惑和蒙骗大众却反诬他人是"民粹主义"④的把戏，在广大基层群众中其影响之恶劣，其影响程度之深、之广，实在不能小觑。

上述自由化观点引自2014年新出版的《改革是最大政策》一书。尽管属于结集出版，即书中的观点多年来已经被广泛批判，但其屡批不改的势头，必须引起人们足够的和高度的重视，须进行持续的讨论和批判。鉴此，本课题选取近两年出现的具有典型反面教材性质的"两头冒尖"⑤的两本书——《市场的逻辑》和《重启改革议程》，进行全面摘引，并与两本书口口声声褒奖的邓小平的观点（《邓小平年谱》中的条目）进行比较讨论，指出在改革方向和目标、公有制和共同富裕、计划或政府与市场、中国特色和自力更生、学者立场、解读方法等方面与我们所坚持的包容性转变战略理念的云泥之别。并强调指出：不论是"市场的逻辑"抑或这一逻辑背后所代表的垄断资本主义主流意识形态的"市场"，亦不论是"重启改革议程"抑或这一议程背后别有心机地异化歪曲改革的"重启"，我们都必须以"任何时候都没有让过步"的政治定力，以及"划清是非界限，澄清模糊认识"以把准改革脉搏的战略定力，发出我们的声音，以正视听。学界诸多前辈和师长一致认为，

---

① 吴敬琏、张维迎等：《改革是最大政策》，东方出版社2014年版，第79—82页。
② 同上书，第61页。
③ 同上书，第148页。
④ 吴敬琏、马国川：《重启改革议程：中国经济改革二十讲》，生活·读书·新知三联书店2013年版，"序言"第1页。
⑤ 吴敬琏、马国川：《重启改革议程：中国经济改革二十讲》，生活·读书·新知三联书店2013年版，"前言"第1页。这里借用这一词语来说明这两本书既获得多次再版，又"获得"多年连续不断的、广泛的批判，可谓"两头冒尖"。

这种起底是非常必要的，批判也是极具针对性的，旨在尽可能肃清新自由主义在中国经济发展方式包容性转变上的影响，消除广大群众在国家大政方针理解上较高比例的对立意识和疏离情绪。如习近平总书记所警示的："特别是要防止一些人恶意曲解全会精神，歪嘴和尚念经，蛊惑人心，搬弄是非。要加大正面宣传力度，廓清迷雾，以正视听，避免那些不准确、不全面甚至蓄意曲解的所谓'解读'先入为主，影响全会精神全面贯彻。"①

第八章"包容性转变：体制和机制"：

这一章为综合研究，即从总体上对中国经济发展方式包容性转变的体制机制进行综合阐述，多属于具体制度和政策上的"形而下之维"。该章指出：经济发展方式的包容性转变，需要在相应的体制机制系统的保障下才能实现。这一体制机制系统是由经济、政治、思想文化和社会方面的包容性体制机制因素构成的有机整体。在经济基础方面，经济发展方式包容性转变的体制机制主要包括以公有主体型多种类产权制度为代表的社会主义基本经济制度、资源配置的市场机制以及国家调节资源配置的体制机制等方面；在政治上层建筑方面，经济发展方式包容性转变的体制机制主要是根本政治制度、基本政治制度和社会主义市场经济法律体系等方面；在思想文化上层建筑方面，经济发展方式包容性转变的体制机制主要是社会主义核心价值观等；社会层面的包容性体制机制，包括社会管理体制、基本公共服务体系、现代社会组织体制和社会管理机制等方面。该章还对党的十七大报告所总结的"十个结合"宝贵经验与包容性转变战略思想的关系进行了开创性的解析。

第九章"包容性转变：中印互鉴"：

因最终研究成果既有专著又有论文集之故，而由多国比较缩略

---

① 《习近平关于全面深化改革论述摘编》，中央文献出版社2014年版，第144—145页。

包容性转变：转变经济发展方式的形上之思与形下之维

为"中印互鉴"和"欧盟经验"，这也是"因顺时势有所侧重"而作的调整。第九章的写作受习近平主席在印度世界事务委员会所作的"携手追寻民族复兴之梦"演讲的启发。习近平主席指出："中国被称为'世界工厂'，印度被称为'世界办公室'，双方应该加强合作，实现优势互补。"[1] 从多年来中印各自的经济发展和社会转型实践来看，经济发展方式的包容性转变愈发成为两国进一步发展的互鉴之路。这一章以包容性转变成效为比较视域，从中印基本经济制度和运行方式、政治制度和体制、社会体制和思想文化因素等方面探寻两国包容性转变的优劣或差异，为两国分享发展经验、实现优势互补、携手追寻民族复兴之梦提供一条互鉴之路。该章还对中印比较的方法论问题进行了辨正。

第十章"包容性转变：欧盟经验"：

这一章也是属于比较研究的范畴，主要介绍欧盟在关涉包容性转变方面的做法。党的十八届三中全会《决定》指出：全面深化改革，总目标就是完善和发展中国特色社会主义制度，以推进国家治理体系、治理能力现代化。以包容性转变视角分析欧盟治理体系，本课题认为，欧盟治理具有整合优势和合理规划，通过创建统一而公平的环境和促进人员自由流动来促进机会平等，通过共同农业政策、环境政策、地区政策以及社会政策来促进利益共享等值得借鉴的方面，也存在着政治一体化水平相对滞后、社会整合难度加大和社会保障体制改革滞后等不足。欧盟治理经验对我国推进包容性转变战略以及推进国家治理体系、治理能力现代化具有启示作用。

第十一章"结论与展望"：

"研究结论"认为，注重以改善广大机会弱势群体参与经济社会发展的机会并提升其人力支撑的"包容性转变"，可望是一条必

---

[1] 习近平：《携手追寻民族复兴之梦——在印度世界事务委员会的演讲》，《人民日报》2014年9月19日第3版。

要和可行的"转变"路向,并从多方面列示了本课题的主要观点和结论性意见。研究展望指出:加快转变经济发展方式在经济新常态下将变得更为必要和迫切。怎样保持健康的、可持续的经济发展动力,这是本课题的核心概念"包容性转变"在新常态下应该与时俱进地丰富和发展的内涵。作为继续研究的开篇,在第十一章中,本课题对中国经济新常态下的价值导向问题进行了初步阐述。

目　录

第一章　导言 ……………………………………………（1）
　一　内容提要 ……………………………………………（1）
　二　研究目的和意义 ……………………………………（2）
　三　创新点 ………………………………………………（3）
　四　基本概念 ……………………………………………（3）
　五　结语 …………………………………………………（23）

第二章　文献述评 ………………………………………（25）
　一　内容提要 ……………………………………………（25）
　二　"包容性增长"研究 …………………………………（25）
　三　"包容性发展"研究 …………………………………（48）
　四　结语 …………………………………………………（64）

第三章　包容性转变：实质内涵与核心指向 …………（66）
　一　内容提要 ……………………………………………（66）
　二　概念的生成和实质内涵 ……………………………（66）
　三　包容性转变的核心指向 ……………………………（73）
　四　结语 …………………………………………………（78）

第四章　包容性转变：人民主体 ………………………（80）
　一　内容提要 ……………………………………………（80）
　二　包容性转变的立场问题 ……………………………（81）

1

三　人民主体思想:理论基因和现实根基 …………………(93)
四　人民主体思想视域下包容性转变的实施路向 ………(97)
五　结语 …………………………………………………(103)

第五章　包容性转变:先为教育 ……………………………(104)
一　内容提要 ……………………………………………(104)
二　命题的提出:面向"转变"的教育;面向教育的
　　"转变" …………………………………………………(104)
三　命题的辨正:理论开拓意味与截然迥异的教育
　　"礼遇" …………………………………………………(109)
四　结语 …………………………………………………(118)

第六章　包容性转变:公平与效率互促同向变动 …………(119)
一　内容提要 ……………………………………………(119)
二　"公平与效率互促同向变动假设"思想述要 ………(120)
三　"公平与效率互促同向变动假设"中的包容性
　　发展理念 ………………………………………………(121)
四　包容性转变:公平与效率互促同向变动的
　　"转变" …………………………………………………(125)
五　结语 …………………………………………………(129)

第七章　包容性转变:社会主义方向 ………………………(130)
一　内容提要 ……………………………………………(130)
二　社会主义方向上的"健忘"倾向 ……………………(131)
三　社会主义方向之于包容性转变 ……………………(140)
四　形而上学思维面面观 ………………………………(147)
五　"划清是非界限,澄清模糊认识" ……………………(160)
六　结语 …………………………………………………(184)

目录

第八章 包容性转变:体制和机制 ……………………(186)
 一 内容提要 ……………………………………(186)
 二 经济方面的包容性体制机制 ………………(186)
 三 政治方面的包容性体制机制 ………………(193)
 四 思想文化方面的包容性体制机制 …………(196)
 五 社会方面的包容性体制机制 ………………(198)
 六 设计依据 ……………………………………(200)
 七 结语 …………………………………………(209)

第九章 包容性转变:中印互鉴 ……………………(210)
 一 内容提要 ……………………………………(210)
 二 概念界定与文献综述 ………………………(210)
 三 中印包容性转变的基本经济制度和经济运行
   方式因素 ……………………………………(212)
 四 中印包容性转变的政治制度和体制因素 …(217)
 五 中印包容性转变的思想文化因素 …………(219)
 六 中印包容性转变的社会体制因素 …………(219)
 七 中印包容性转变的具体层面比照 …………(221)
 八 比较的方法论问题 …………………………(222)
 九 结语 …………………………………………(224)

第十章 包容性转变:欧盟经验 ……………………(226)
 一 内容提要 ……………………………………(226)
 二 包容性转变视阈下欧盟的社会治理 ………(226)
 三 欧盟社会治理对我国推进包容性转变战略的
   启示 …………………………………………(235)
 四 结语 …………………………………………(237)

第十一章 结论与展望 ………………………………(238)
 一 研究结论 ……………………………………(238)

二　研究展望 …………………………………………（241）
　　三　继续研究的开篇:论中国经济新常态下的价值
　　　　导向 ………………………………………………（243）
　　四　结语 …………………………………………………（259）

附录1　包容性转变多给力
　　——我国城镇化建设现状和理念蒙太奇 ……………（260）

附录2　包容性转变的迷局与方向
　　——"两个大局""共同富裕论""包容性转变"实现
　　　　理路蒙太奇 ………………………………………（270）

参考文献 ……………………………………………………（282）

后记 …………………………………………………………（295）

第一章 导言

一 内容提要

中国经济发展方式的转变是近年来学界持续讨论的热点。纵观研究现状可以看出，研究成果中普遍存在着对"物的因素"解读多而对"人的因素"解读少的现象。在全社会深层次焦虑凸显、加快转变经济发展方式的思想认识虽得统一而对"转变"的讨论却误读"人的因素"的今天，以关注和提升"机会弱势群体"的发展机会，即包容性发展理念所强调的"机会平等"为基点和切点为加快转变经济发展方式把脉，可望找到一条"包容性转变"的思维路向。

马克思、恩格斯在《德意志意识形态》中有这样一段话，对于我们理解"机会弱势群体"参与经济社会发展的"机会边缘化""机会弱势"等本质特征所表现出的与"发展依靠人民"的悖反、转变经济发展方式实践中"人力支撑"的缺失以及本课题核心概念"包容性转变"的提出，均具有锁钥意味：

"个人怎样表现自己的生命，他们自己就是怎样。因此，他们是什么样的，这同他们的生产是一致的——既和他们生产什么一致，又和他们怎样生产一致。因而，个人是什么样的，这取决于他们进行生产的物质条件。"[①]

---

① 《马克思恩格斯文集》（第1卷），人民出版社2009年版，第520页。

二 研究目的和意义

"魔鬼总是袭击落在最后面的人"。关注包括弱势群体在内的最广大基层劳动群众并使其成为发展的一方面支柱，是实现"经济增长成果的共享和增长过程的社会和解"①的基本要求。在消除"机会弱势群体"的"机会边缘化"已成社会公众最广泛诉求的背景下，"发展为了人民、发展依靠人民、发展成果由人民共享"这一"共享式发展"理念，作为包容性发展理念的中国版本，作为我们党始终恪守的执政为民理念的崭新表述，正是切中"转变"肯綮的执政理念。"包容性转变：转变经济发展方式的形上之思与形下之维"，就是以"发展依靠人民"来促进和实现"发展为了人民"和"发展成果由人民共享"为研究目标的。

本项目研究不是重复"发展为了人民"和"发展成果由人民共享"，因为这是不言而喻的，是人人都知道的道理，也是一些只顾"政绩"的人们装点门面的口头禅。而怎样才能做到"发展依靠人民"，使"'转变'依靠人民"，并防止"转变"排斥人民？这才是项目研究的主体内容和现实意义所在。

本项目的研究成果具有一定的学术开拓意味和重要的实践理性启示。学术上，明确提出并深入分析"机会弱势群体""机会边缘化"概念，旨在警示人们对"物""人"关系的误读，彰显新的研究视域，建立新的解释框架，即拓开一个由"转变"走向"包容性转变"的研究路向。而实践上，旨在破除利益格局中的路径依赖，寻找一个具有现实实践基础且能凝聚社会人力的价值导引和政策取向，即为"加快转变"思考"机会平等"的体制因素，谋划"依靠人民"的发展路向，设计"共享发展"的运行机制，凸显"人力支撑"的政策视域，并希冀在经济新常态下为提升经济发展的新动力而建立起包容性转变的实践理性共识。

---

① 杨春学：《和谐社会的政治经济学基础》，《经济研究》2009年第1期。

三 创新点

在学界率先提出并深入辨正"包容性转变""机会弱势群体""机会边缘化"等概念，甄别两种"机会平等"。指出"转变"的快慢，取决于包括弱势群体在内的最广大人民群众机会边缘化的减除程度和提升其参与经济发展、提供人力支撑并赖以改变自己命运及地位的能力和成效。

提出包容性转变战略思想的实质内涵，以对"机会边缘化"的消除和对包括弱势群体在内的最广大人民群众的扶助为基点和切点，思考在"加快转变"上具有现实实践基础且能凝聚社会人力的真正共识，勾画包容性转变的核心价值指向，谋划由"转变"走向"包容性转变"的体制机制。

四 基本概念

（一）两种"机会平等"

《以共享式增长促进社会和谐》（以下简称《和谐》）指出："共享式增长（又称'包容性增长''包容性发展'。引者注）被界定为机会平等的增长。"[①] 这一界定把产生收入差距或发展机会不平等的根本原因区分为两大类，一类是个人背景或所处环境的不同，如家庭的财富与权势，个人所处的地理环境或工作的行业，甚至宗教信仰，社会关系，肤色性别等。由于这些因素而造成的收入或发展机会上的不平等，大多是由制度缺陷，或市场失灵，或政策失误所造成的。另一类则是因个人的努力与勤奋程度不同而造成的收入或发展机会上的不平等，这是市场机制的奖勤罚懒，反映出良好的激励机制。

---

① 林毅夫、庄巨忠、汤敏、林暾：《以共享式增长促进社会和谐》，中国计划出版社2007年版，第5页。

《和谐》还强调指出："机会平等是共享式增长的核心，而强调机会平等就是要通过消除由于个人背景或所处环境的不同所造成的机会不平等，从而缩小结果的不平等。"① 以共享式增长为中心的发展战略还包括通过高速、有效和可持续的经济增长创造大量就业与发展机会，以及促进机会平等、提倡公平参与两个相辅相成的政策支柱。

基于以上包容性发展理念对机会平等的解读，本课题区分了两种"机会平等"：一种是本课题所主张的坚持和趋于社会主义方向即社会主义本质要求的机会平等，是基于个人背景或所处环境的改善而实现的机会平等，如以公有制和按劳分配为基础的机会平等；另一种则是信奉自由市场经济的新自由主义所说的机会平等，是抛弃和背离社会主义本质要求的机会平等。

其区别，择要列示如下：

本课题主张的机会平等，是建立在宪法规定的公有制为主体、多种所有制经济共同发展的基本经济制度之上的机会平等；而信奉自由市场经济的新自由主义所说的机会平等，则是建立在私有制度基础之上的机会平等。

本课题所说的机会平等，是建立在包容性发展理念基础上的机会平等；而新自由主义所说的机会平等尽管也借用了"包容性的"② 这一词语，但其实质还是他们口口声声鼓吹的"自由市场经济模式（'欧美模式'）"的翻版③，即"机会平等"不过是在人们批判他们所信奉的过度市场化改革取向带来严重贫富悬殊时拿来掩面的一块"布"而已。

本课题认为在实现机会平等中应该"更好发挥政府作用"；但新自由主义所说的机会平等却把"市场决定作用"捧上了天，反而

---

① 林毅夫、庄巨忠、汤敏、林暾：《以共享式增长促进社会和谐》，中国计划出版社2007年版，第5页。
② 吴敬琏：《呼唤包容性的市场经济》，《新经济导刊》2012年第11期。
③ 吴敬琏、马国川：《重启改革议程：中国经济改革二十讲》，生活·读书·新知三联书店2013年版，第243页。

栽赃说"半市场、半统制"①的体制导致了机会不平等。

本课题主张发挥政府主导的以营造相应的"社会制度和各种环境"②来影响"社会网络中的互动行为"的"经济人"而实现机会平等;而新自由主义却偏执地把机会不平等的首要因素归于"腐败"③,说什么"政府是当今世界唯一合法的不需要别人幸福自己就可以幸福的组织"④等。

本课题以提升劳动者的地位,提升他们在经济发展中的人力支撑为实现经济发展方式转变的主要路向;而新自由主义所说的机会平等却在强资本弱劳动的严峻现实中闭目塞听,麻木不仁。

这里仅提纲挈领地列示几点。两种机会平等有天壤之别,其不能"同世而立"的价值观对立,将体现在本课题整个研究过程之中。

(二)"机会弱势群体""包容性转变"

1. 概念的提出

受亚洲开发银行"可以把包容性增长界定为机会平等的增长"⑤和清华大学社会学系李强教授"'没有机会'的群体"⑥等观点的启发,笔者在多年关注弱势群体的基础上,明确提出"机会弱势群体"概念作为课题申报论证的基本概念。目前在百度词条搜索中,没有发现明确阐释"机会弱势群体"这一概念的条目。而学界爆炸式的研究文章中,鲜见以对弱势群体发展机会的重视和提升其人力支撑为基点或切点进而研究如何转变经济发展方式的成果,

---

① 吴敬琏、马国川:《重启改革议程:中国经济改革二十讲》,生活·读书·新知三联书店2013年版,"前言"第1页。
② 《程恩富选集》,中国社会科学出版社2010年版,第249页。
③ 吴敬琏、马国川:《重启改革议程:中国经济改革二十讲》,生活·读书·新知三联书店2013年版,第290页。
④ 张维迎:《市场的逻辑》(增订版),上海人民出版社2012年版,第13页。
⑤ 参见林毅夫、庄巨忠、汤敏、林暾《以共享式增长促进社会和谐》,中国计划出版社2007年版,第34页。
⑥ 李强:《为什么农民工"有技术无地位"——技术工人转向中间阶层社会结构的战略探索》,《江苏社会科学》2010年第6期。

也没有发现明确提出以包容性增长所倡导的"机会均等"为理论视角解读转变经济发展方式的著述。

所谓机会弱势群体，即因发展机会上的弱势而处于生活弱势境地的那部分群体，没有机会或少有机会提升个体命运的群体，同时也是被排斥在经济社会发展之外，或即便为经济社会发展作出了贡献却很少或难以享受到发展成果的那部分群体。一如荷尔德林所说：他们虽"充满劳绩"，但还是难以"诗意的栖居"于这块大地。

这里所强调的，是弱势群体发展"机会"上的缺失。

借用罗尔斯的话，机会弱势群体就是表现为被禁止体验因热情机敏地履行某些社会义务而产生的自我实现感[①]的那部分群体。尽管这是一个自由主义者对"机会"的认知，其理论主旨或与我们的初衷相左，但仅就"被禁止体验"的"自我实现感"来看，罗尔斯是睿智的。

沈立人先生在其"朝闻道，夕死可矣"的专著《中国弱势群体》的开篇便指出："弱势群体是谁？最简单和最通俗的回答，就是：穷人！"[②] 这当然是抓住了问题的关键。弱势群体生存权问题的突出表现，就是经济上的贫困。

然而，贫困应该被理解为权利的缺乏，可行能力的被剥夺[③]，而不仅仅是收入低下。贫困和饥荒表面上看是经济收入和物质匮乏所致，根本上是由于公民特别是弱势群体的权利受到剥夺使然。[④] 当我们把"权利的被剥夺"理解为"机会的缺失"的时候，阿玛蒂亚·森的这段话，也可视为对机会弱势群体的定义。

从世界银行（The World Bank）对贫困的定义也可以看出，机会上的弱势，才是弱势群体的根本特征所在。世行贫困定义的主要

---

① [美] 约翰·罗尔斯：《正义论》，中国社会科学出版社 1988 年版，第 85 页。
② 沈立人：《中国弱势群体》，民主与建设出版社 2005 年版，第 3 页。
③ "被剥夺"的无奈，参见罗昆、刘红英、石先翠《维权：中国民生第五难》，武汉大学出版社 2008 年版。
④ 参见阿玛蒂亚·森《论社会排斥》，《经济社会体制比较》2005 年第 3 期。

含有,第一,缺少机会参与经济活动;第二,在一些决策上没有发言权;第三,易受经济以及其他冲击的影响,如疾病、粮食减少、宏观经济萧条等。

可见,除个人生理上或主观上勤奋程度的原因之外,弱势群体经济社会发展成果享有上的不公正现象和现实贫困的深层次原因,是他们在机会的"分配"和实际拥有上的不公正对待。正是在制度设计上的权利缺失、机会分配的不公正,使得弱势群体处于不利的地位。

故而,我们在"弱势群体"前冠以"机会"二字。

鉴于目前学界关注弱势群体方面的一些研究成果[①]已较为深入,本课题不打算在"弱势群体"这一概念上进行深入探讨,而是集中阐述通过改变弱势群体参与经济社会发展机会的边缘化从而改变其弱势的地位和命运,进而有效提升这一庞大群体参与经济社会发展的人力支撑的现实路向。而这正是课题申报和研究提出经济发展方式的"包容性转变"这一概念的关节点所在。

2. 概念提出的缘由

首先还是要从转变经济发展方式的研究情况说起。近年学界关于转变经济发展方式的研究情况大致如下:

论者在"转变"的意义,基本思路(以科学发展观统领),路径选择上更加注重内需、促进资源节约、加大科技投入、注重产业升级等方面取得诸多共识。

一些关键问题如经济发展方式内涵的构成要素,"转变"的原动力、阶段性特征的实质、重难点和突破口、目标和原则等方面所

---

① 参见沈立人《中国弱势群体》,民主与建设出版社2005年版;余少祥:《弱者的权利:社会弱势群体保护的法理研究》,社会科学文献出版社2008年版;王兴运:《弱势群体权益保护法论纲》,中国检察出版社2006年版;余秀兰:《社会弱势群体的教育支持》,中国劳动社会保障出版社2007年版;李文长等:《弱势群体高等教育权益研究:理念、政策与制度》,人民教育出版社2007年版;刘润葵:《市场竞争中的弱势群体研究》,经济日报出版社2007年版;张彩萍、高兴国:《弱势群体社会支持研究》,兰州大学出版社2008年版;熊友华:《弱势群体的政治经济学分析》,中国社会科学出版社2008年版等。

包容性转变：转变经济发展方式的形上之思与形下之维

见略同者少。

体制机制上，区域振兴、部门协调、动力优化、执行不力等方面研究薄弱；而注重就业、关注公平、和谐发展、调节分配等讨论，其政策选择的有效性和可行性，尚待辨正。

综合看来，学界在一些重要问题上达成共识的难度较大，尤其普遍地存在着对"物的因素"解读多而对"人的因素"解读少的现象。尽管提及"以人为本"这一"核心"的并非少数，但多是把"以人为本"仅作为"转变"的目的，误读了作为手段与目的相统一的"以人为本"。

本课题认为：改变机会弱势群体的命运确是目的，但对于转变经济发展方式而言，首先应该是手段，是前提。不重视以人为本，不重视改变机会弱势群体的命运，把他们排斥在经济社会发展的实际进程之外，又怎么能实现"转变"？换言之，不树立包容性增长"机会均等"的理念，不注重改变机会弱势群体现实命运的实际工作，广大弱势群体不能为经济社会发展提供可持续的人力支撑，又怎么能够做到经济发展方式的转变？质言之，没有了作为发展手段的"以人为本"，遑论什么作为发展目的和结果的"以人为本"？

仅从数量上来看，据有关专家估计，现阶段低收入阶层仍占总人口数的78%，低收入阶层的主体是广大的工人、农民。[①] 十年之后，这种状况又改变多少呢？因此逐步提高广大工人、农民的收入水平，使之上升到中等收入者阶层，应是贯彻党的方针和制定政策的首要着眼点，也是共同富裕这一社会主义本质的具体体现。可以想象，中国转变经济发展方式的实践，怎么能忽视和绕开这占人口七八成的劳动者呢？绕开了他们，转变什么？怎么转变？"转变"会变成什么性质和什么人的转变？还能谈得上"共同享有人生出彩的机会，共同享有梦想成真的机会，共同享有同祖国和时代一起成长与进步的机会"？[②] 一如裴小革研究员所指出的："一个劳动贡献

[①] 李炳炎：《共同富裕经济学》，经济科学出版社2006年版，第205页。
[②] 《十八大以来重要文献选编》（上），中央文献出版社2014年版，第235页。

得不到鼓励的国家，转变经济发展方式必然十分艰难；一个穷人容易通过多做劳动贡献改变自己命运的国家，转变经济发展方式总会硕果累累。"①

自 20 世纪 80 年代起，党中央就提出从粗放到集约的转轨之道，1995 年中共十四届五中全会提出积极推进经济增长方式转变，把提高经济效益作为经济工作的中心等战略思想；进入 21 世纪，党中央又进一步提出科学发展观和"又好又快"发展战略，党的十七大更是明确提出"转变经济发展方式"并提到"关系国民经济全局紧迫而重大的战略任务"的高度。2010 年初，胡锦涛在省部级干部专题班上指出，加快经济发展方式转变关系改革开放和社会主义现代化建设全局。学界亦有"关系现代化建设成败之肯綮"之论。但我们看到的，却是"转而不快""久推难转"。"加快转变"这一历史的和时代的课题，正以前所未有的峻切而期待着破解。②

经济发展方式的转变取决于国情和发展阶段，还取决于占主导地位的发展理念，发展方式是发展理念的体现。因此本课题考虑，以包容性发展理念为基础探讨转变经济发展方式这一课题。目前尚未发现类似研究，仅有个别论者把"转变"当作实现包容性增长的手段的简论。然而，这与本课题论说路向正相颠倒。

以包容性增长即包容性发展理念审视中国经济发展方式的转变，便催生出"包容性转变"的概念。包容性增长理念是亚洲开发银行 2007 年 8 月在京召开的以共享式增长（后译为"包容性增长"）促进社会和谐战略研讨会上提出的，以会议交流报告汇编而成的《和谐》一书指出，可以把包容性增长界定为机会平等的增长。这一发展理念，既强调通过经济增长创造就业与其他发展机会，同时又强调发展机会的平等。该书的主要结论是：以包容性增

---

① 裴小革：《关于转变经济发展方式的几个理论问题》，《中共长春市委党校学报》2008 年第 1 期。
② 任仲平：《决定现代化命运的重大抉择——论加快经济发展方式转变》，《人民日报》2010 年 3 月 1 日第 1 版。

包容性转变：转变经济发展方式的形上之思与形下之维

长为基础的发展战略是中国构建和谐社会的有效途径。[①] 我们注意到，包容性增长成为显性话语受到强力关注，不仅因其新鲜程度，更因胡锦涛在一年多的时间内在国际峰会上的四次倡导而凸显的鲜明指向，且这种指向又与当前"加快转变"这一"不变不行的现实忧患"、与大众最广泛最关切的利益诉求形成共振、共鸣。因此，在全社会深层次焦虑凸显、加快转变经济发展方式的思想认识虽得统一而对"转变"的讨论却误读"人的因素"的今天，以关注和提升包容性增长理念所强调的"机会平等"，亦即"机会弱势群体"的发展机会为基点和切点，为加快转变经济发展方式提供理论视域、谋划政策路向、创新体制机制，便成"包容性转变"的思维路向。

财经评论家叶檀曾指出，30 年前改革之初所有人从改革中受益，但 30 年后有天悬之隔的利益群体却让改革取向、路径形成尖锐冲突。一系列矛盾现象显示冲突之血腥，达成转型共识不易。中国的转型尤须"九死未悔的努力"以及明确的方向。[②] 这说明，转变经济发展方式，首先需要我们去寻找既具公平正义又有实践基础且能凝聚社会人力的真正共识。笔者认为，"九死未悔的努力"，首先就是要在消除"机会弱势"上的努力；"明确的方向"，最鲜明的就是"机会均等"的方向；"有实践基础且能凝聚社会的真正共识"，就是能够让"穷人容易通过多做劳动贡献改变自己命运"的共识。唯此，才能谈得上包容性的"转变"，才能谈得上"转变"的实现。

根据何在？这还要从马克思主义的唯物史观中去寻觅。建立在唯物史观之上的科学发展观，其"以人为本"的核心告诉我们，转变经济发展方式最基本的路向，就是要把人作为实施的主体，以人的发展为基础，在人力的作用下促进经济的健康可持续

---

① 林毅夫、庄巨忠、汤敏、林暾：《以共享式增长促进社会和谐》，中国计划出版社 2007 年版，第 5 页。

② 《叶檀：迎接 2011 没有什么转型可以轻易成功》，参见 http://finance.anhuinews.com/system/20 - 10/12/31/003623556.shtml。

发展。马克思主义经济学在批判西方资产阶级经济学停留于事务表象的见物不见人的倾向中，明确指出经济学研究的不是物，而是人，是社会生产关系；不是生产力配置的物质过程，而是生产力配置的社会形式。因此，把"以人为本"的理念贯彻到转变经济发展方式的研究中，便要求以提升机会弱势群体在"转变"中的人力支撑为主要路向，思考包容性转变的体制和机制因素。沈立人先生在其《中国弱势群体》中把弱势群体直接定义为"穷人"[①]，李炳炎先生把其《共同富裕经济学》直接定义为"穷人的经济学"[②]，熊友华在其《弱势群体的政治经济学分析》中揭示出当下的中国从"第一个大局"到"第二个大局"艰涩逾越的鸿沟[③]，我们或可把包容性转变叫作"包容弱势的转变"，或：唯有包容弱势，才能转变。可见，我们所说的包容性转变，与西方新自由主义思潮在中国的信徒们鼓吹的"代价论""靓女先嫁论""冰棍论""烂苹果论"以及一切社会达尔文主义言论，可谓楚河汉界，泾渭分明。

再明确些说，习惯于以增长的高速度或保持 GDP 的高速度增长的政绩导向，早已远离了"转变"的"初心"，只能是南辕北辙，无异于叶公好龙。"经济社会协调发展"，"以人为本"的发展，让人们共享发展成果的发展，才是"转变"的本真。若达此本真，速度慢一些，岂非好事！多年来"又好又快"的初心，往往变成了现实的"先快后好""多快少好"甚或"只快不好"。没有了"好"的"快"，要之何用？

3. 概念的延展

中国（海南）改革发展研究院院长迟福林 2010 年 4 月在中国新闻网撰文指出，当下我国已进入"不分好蛋糕就做不大蛋糕"的

[①] 沈立人：《中国弱势群体》，民主与建设出版社 2005 年版，第 3 页。
[②] 李炳炎：《共同富裕经济学》，经济科学出版社 2006 年版，第 5 页。
[③] 熊友华：《弱势群体的政治经济学分析》，中国社会科学出版社 2008 年版，第 201—202 页。

关键阶段。① 作为一个发展中的大国，"做大蛋糕"将是经济发展的中长期目标。当前，"做大蛋糕"的约束条件发生了重要变化。30年前，"做大蛋糕"面临的主要问题是要素短缺，尤其是资本短缺。当前，能否"分好蛋糕"则成为"做大蛋糕"的主要约束条件。为什么这样认为？经济学家程恩富、林毅夫、刘培林、樊纲等从不同的视角给出了解答。

作为创立"海派经济学"的奠基和代表作品，程恩富教授多年前提出了关于现代马克思主义政治经济学的"四大理论假设"，其中的"公平与效率互促同向变动假设"指出：经济公平与经济效率具有正反同向变动的交促互补关系，即经济活动的制度、权利、机会和结果等方面越是公平，效率就越高；相反，越不公平，效率就越低。② 这一研究成果对于促进包容性发展理念在中国的深入人心，在矫正"效率优先，兼顾公平"而实际操作中"GDP至上"等方面，影响广泛而深远。林毅夫等通过对包容性增长的第一个战略支柱即"以高速与高效的增长创造大量就业与发展的机会"的政策设计，对一次分配应注重效率，以实现"快"的发展；二次分配注重公平，以实现"好"的发展，提出了质疑。③ 樊纲等探讨了拉美"福利赶超"与"增长陷阱"的经验与教训的启示，提出中国在处理经济增长与收入分配之间关系的时候，要尤为注重初次分配的作用。④ 依笔者理解，"分好蛋糕"不能只是强调再分配，而是要更加注重初次分配，实现公平与效率同向变动和交促互补，切实做到机会均等，像一些东亚国家那样，在经济起飞阶段始终做到使社会

---

① 迟福林：《"国富优先"还是"民富优先"？》，参见 http://politics.people.com.cn/GB/1026/11586892.html. 而刘国光先生则在《关于国富、民富和共同富裕问题的一些思考》一文中指出：不是什么"国富优先"转变为"民富优先"，而是明确宣布"让一部分人先富起来"的政策已经完成任务，今后要把这一政策转变为逐步"实现共同富裕"的政策，完成"先富"向"共富"的过渡。见《经济研究》2011年第10期。

② 程恩富：《现代马克思主义政治经济学的四大理论假设》，《中国社会科学》2007年第1期。

③ 参见林毅夫、庄巨忠、汤敏、林暾《以共享式增长促进社会和谐》，中国计划出版社2007年版，第40—88页。

④ 同上书，第180—212页。

各群体都能够较为均等化地参与经济增长过程并分享到增长的成果，从而有效地避免陷入收入差距扩大和增长停滞的"拉美陷阱"。

前几年，《人民日报》发表北京师范大学收入分配与贫困研究中心的调研数据证明：城乡收入差距还在进一步扩大，而且户籍、出身是拉大收入差距的主要推手，工薪阶层、农民家庭的优秀子弟通过自身努力"鲤鱼跃龙门"、入职高薪管理机构和行业的机会愈来愈少。因此有学者发问：一方面是政府采取了诸多帮助农民和农民工的政策；但另一方面，社会运行的结果却很少带来农民和农民工地位的提高，阶层差距继续扩大，这是为什么呢？[①] 这正是"机会弱势"及其影响的现实诠释。或问，改革开放30多年来，中国居民收入大幅增长，但为什么收入分配问题还是引发了2010年的全民大讨论？表面上看是分配失衡问题，而实则是分配背后的工作机会的强弱和社会权利的多少问题。

遂可再造一个"机会边缘化"概念。这个概念，更贴切地表达出人们那种"被抛弃"的状态。如工人、农民等原先的主流社会阶层与群体的"被边缘化"，这是不容置疑的客观事实。我们在这里所说的边缘化，不是合理竞争型的边缘化，而是制度障碍型的边缘化。经济转轨期间其快速的制度变革和利益分化，使得弱势群体愈发面临着看似未知而却能够预见到的风险和不确定性，其社会地位、市场地位的弱化，历历在目。可见与"弱化"并行的，自然是"边缘化"的问题。制度障碍型边缘化的产生与个体努力的程度及个体与组织合作的默契程度无关，而是制度和体制本身不合理的必然产物。公正的制度和体制机制，使每个个体都能够获得竞争和上升流动的机会；而不公正的制度和体制机制，则使一些人丧失了上升流动的机会，这就是制度造成的障碍或束缚。如教师的公办与民办，事业单位的编内与编外，企业中的"双轨用工"制度，尤其是农与非农的户籍制度等。这种"同劳不能同得、同工不能同酬"，

[①] 李强：《为什么农民工"有技术无地位"——技术工人转向中间阶层社会结构的战略探索》，《江苏社会科学》2010年第6期。

就是不公正的制度所致，是"机会弱势"和"机会边缘化"的根源。制度安排的基本原则应该是机会均等、公平竞争，好的制度应该是不剥夺每一个公民的参与机会。这里需要强调，被剥夺机会与因个体能力的差异而丧失机会，不是一回事。即便因能力差异而丧失机会，我们的社会也应该包容他们，多给以帮助，而不能"抛弃"他们，漠视他们，像"为了达到改革的目标，必须牺牲一代人"之类的改制思想那样，硬生生地夺下了5000万作为共和国功臣（老工人）的饭碗！① 不要忘记：我们把自己的国家叫作社会主义国家，把我们赖以其上生存的"生产和再生产活动"叫作社会主义市场经济。公正的制度，有利于经济社会可持续发展的体制和机制因素，一定能够最大限度地减少"机会弱势群体"的存在。否则，物质资料再生产与人力再生产就要相互掣肘，"物的因素"的作用与"人的因素"的作用也只能背道而驰，毋庸谈什么经济发展方式的转变了。

（三）"人力支撑"

1. 概念的提出

"人力支撑"这一概念，来源于我们对"发展为了人民、发展依靠人民、发展成果由人民共享"的理解。

"发展为了人民、发展依靠人民、发展成果由人民共享"，这是胡锦涛同志2005年在青海考察时对党的执政为民核心理念所作的崭新表述。此后党的历次全会均进行了重点阐述，党的领导人在不同场合也作了反复阐释。如党的十七大就提出，要把最广大人民群众的根本利益作为党和国家一切工作的出发点和落脚点，切实做到"发展为了人民、发展依靠人民、发展成果由人民共享"。这一执政理念，是唯物史观人民群众历史地位和作用的原理在发展问题上的运用，是科学发展观以人为本的核心内涵在发展问题上的体现，它简明而深刻地指出了为了谁发展、倚靠谁发展和发展成果的分配

---

① 参见李炳炎《共同富裕经济学》，经济科学出版社2006年版，第6页。

等问题。笔者在2010年前即把它概括为"共享式发展",并非是在科学发展观之后树立一个新的"关于发展的世界观和方法论"范畴,而是旨在强调:在消除"机会弱势群体"的"机会边缘化"成为社会公众最广泛诉求的背景下,"共享式发展"将是切中"转变"肯綮的一种执政理念,是当下顺应人民过上美好生活新期待的必然要求。

"共享式发展"理念,学界亦有诸多论述,李炳炎先生2009年发表的专著《利益分享经济学》[①]是集大成之作。笔者认为,"共享"与"分享"实质上是完全一致的。"分享"一词在百度词条和现代汉语词典的解释,其中就有"共同享受"的涵义。笔者在撰写申报课题书时受到"利益分享经济学"这一理念的启发,但在安排课题"基本观点"时,为了阐述清楚"发展为了人民、发展依靠人民、发展成果由人民共享"这一论断在课题研究中的重要作用,还是沿用了"共享"一词。本节在遵照"利益分享经济学"核心观点的基础上,主要论述本课题对"发展为了人民、发展依靠人民、发展成果由人民共享"的理解:我们的党员干部谁不知道"发展为了人民"的道理?又有谁不是张口闭口"为了人民"和"让人民共享"呢?!倘若仅仅把"为了人民"和"让人民共享"喊得震天响,而不懂得,不能意识到,不能做到甚至原本就不情愿"发展依靠人民",何谈"为了"和"共享"呢?还能做到"为了"和"共享"吗?

法国著名生态学马克思主义学者安德烈·高兹曾把僭越边界的经济理性产生的恶果概括为四种,其中一种就是新奴隶主义的出现,即一部分职业精英凭借自身后天获得的优势,一人占据多个工作岗位,而另一部分人则不断地从经济活动领域中被排挤出去,或被不断地边缘化,沦为职业精英的奴隶,导致社会风险的增长、社会关系的畸形、人的异化以及生活世界的殖民化现象等[②]。高兹警

---

① 参见李炳炎《利益分享经济学》,山西经济出版社2009年版。
② 转引自田启波《生态文明的四重维度》,《新华文摘》2016年第18期。

示,除非这种经济理性和生产逻辑得到根本性的扭转,否则一个针对不论阶级、不论贫富的全球灾难时代必将在不远处。尽管高兹所警示和希望的,恰如马克思在《资本论》中所说的"在资本主义社会,社会的理智总是事后才起作用"①的现象,但不可讳言,上述生活世界的殖民化现象在我们这样一个社会主义的国度也不同程度地出现了,甚至有些地方和领域还尤其严重。

习近平总书记在新一届政治局常委记者见面会上的讲话中指出:"我们的人民热爱生活,期盼有更好的教育、更稳定的工作、更满意的收入、更可靠的社会保障、更高水平的医疗卫生服务、更舒适的居住条件、更优美的环境,期盼着孩子们能成长得更好、工作得更好、生活得更好。人民对美好生活的向往,就是我们的奋斗目标。"②"十个更"所昭示的美好生活,我们认为只能也必须"依靠人民"去奋斗。"始终与人民心心相印、与人民同甘共苦、与人民团结奋斗"③,原本也就包涵着"发展依靠人民"的理念。"发展依靠人民"是包容性转变的要义所在。不解决怎么"依靠人民"的问题,谈不上"为了人民"和让人民"共享"成果、"分享"利益。

由此我们认为:

"发展依靠人民",就是提升人力支撑,就是最大化的人力支撑。

"发展依靠人民",无论是在工具理性或价值理性的尺度上,历史的还是逻辑的程序上,都先在于"为了人民"和"人民共享"。

这种理解,一反多年来人们对"以人为本"和"发展为了人民、发展依靠人民、发展成果由人民共享"的"目的"认知,把"手段"因素上升到它应该有的前置和先行位置。即:

不能依靠人民的发展,那不叫发展;

不愿依靠人民的发展,实现不了发展;

---

① 《马克思恩格斯文集》(第6卷),人民出版社2009年版,第349页。
② 《十八大以来重要文献选编》(上),中央文献出版社2014年版,第70页。
③ 同上书,第71页。

不是依靠人民的发展，不要奢谈"为了人民"和"人民共享"。

可见，依靠人民的发展，便是中国经济发展方式包容性转变的发展。

提升人力支撑，不是我们的主观意愿就能达到，而是需要诸多"现实的运动"，需要为"现实的运动"和"正在做的事情"提供条件。这便是包容性转变的体制机制，消除机会弱势、谋划机会平等、提升人力支撑的体制机制。

2. 概念提出的缘由

以下从历史的与逻辑的一致视域，以工具理性和价值理性为双重"尺规"，寻觅我们党在"人力支撑"上的理论和实践，历史和现实。

（1）"发展为了人民，发展依靠人民"：学理透视，历史寻踪。

"发展为了人民"，是我们党谋求发展的根本取向或目的；"发展依靠人民"，是我们党推动发展的根本手段或动力，两者构成了中国共产党90多年来"发展"[1] 理论的核心内容，也是我们党90多年来谋求民族独立和国家复兴的实践记录。理论的坚守，来自党对马克思主义唯物史观的殷殷笃信。马克思恩格斯指出："过去的一切运动都是少数人的或者为少数人谋利益的运动。无产阶级的运动是绝大多数人的、为绝大多数人谋利益的独立的运动"，共产党人"没有任何同整个无产阶级的利益不同的利益"[2]。毛泽东也曾指出，"中国一切政党的政策及其实践在中国人民中所表现的作用的好坏、大小，归根到底，看它对于中国人民的生产力的发展是否有帮助及其帮助之大小，看它是束缚生产力的，还是解放生产力的"[3]。这些关于人民群众是共产党谋求发展的根本取向等思想，坚实地建立于唯物史观之上。而实践的执着，则昭示着党来自人民、植根人民、服务人民的拳拳行程：以毛泽东为

---

[1] 以马克思主义社会发展理论和中国共产党90年的宏阔视阈审视"发展"范畴，理应包括新民主主义革命的历史。
[2] 《马克思恩格斯文集》（第2卷），人民出版社2009年版，第44页。
[3] 《毛泽东选集》（第3卷），人民出版社1991年版，第1079页。

核心的第一代领导集体，坚持代表中国先进生产力的发展要求，反映人民大众翻身做主的强烈愿望，经过艰苦卓绝的奋斗，取得了新民主主义革命的伟大胜利。从"翻身做主"的发展，到新中国成立后党谋求"防御性"[①]和赶超性的发展，到邓小平"发展才是硬道理"的开放性和生长性的发展，到江泽民"必须把发展作为党执政兴国的第一要务"的创新性的发展，到胡锦涛阐述的以人为本的科学发展观，再到习近平"人民对美好生活的向往，就是我们的奋斗目标"，在90多年谋求发展的征途上，我们党发展为了人民、发展依靠人民的实践，在较为可能的意义上，实现了发展目的与发展手段，或发展取向与发展动力的具体的和历史的统一。

但是这种发展目的与发展手段的具体的和历史的统一，在中国转变经济发展方式的过程中，却被一些地区和一些人硬生生地给割裂开来。

（2）"发展成果由人民共享"：现实峻切，时代命题。

"发展成果由人民共享"是社会主义的分配原则，是中国共产党所恪守的社会主义本质的根本要求，是改革所希冀的愿景。但在打破"大锅饭"，改革按劳分配原则的实现方式，让资本、技术、管理等生产要素参与分配的同时；在中国经济创造了世界独有的增长奇迹和贫困人口比例大幅下降的同时，人民在"共享"发展成果方面却面临着严峻挑战。仅从收入占比情况看，我国劳动者工资总额占GDP的比重长期处于12%—17%的低水平，不仅与发达国家54%—65%的通常比例有较大差距，而且多年来呈下降趋势，1980—2005年，该比重由17.1%降至11%。居民部门收入在国民收入分配中的占比也在不断下降，由1996年的66.8%降至2007年的50.6%。再看工资水平，中国制造业雇员的工资约是英国的1/27、美国的1/21、韩国的1/13、新加坡的1/12、马来西亚的1/4、

---

① "防御性"发展的说法，包含着对"以世界大战并没有打起来为由而诟病毛泽东'深挖洞广积粮不称霸'的号召"和"'两弹一星'决策影响人民生活"等形而上学思维方式的回应和批判。

巴西的 1/3。劳动者工资水平提升较慢，2002—2007 年间，尽管 CPI 连创新高，但全国 26.7% 的普通工人却从未涨过工资。珠三角农民工的工资近 12 年来仅增长 68 元。显而易见，劳动者并未真正享有国家经济高速增长所带来的好处。[①] 不仅如此，不同社会群体间的收入差距几成天壤，尤其是占总人口 1% 的那部分人群，实际上占据着"既得利益制度化"的地位，他们往往只在意一味地私有化，而较少关注经济和社会的进步，造成社会的割裂和对立。[②] 相关数据显示，近年来我国金融资产出现越来越向高收入家庭集中的趋势，如城市户均储蓄存款最多的 20% 家庭拥有城市人民币和外币存款总额，分别占城市居民储蓄存款总额的 64.4% 和 88.1%；而户均金融资产最少的 20% 家庭，却只占 1.3% 和 0.3%。[③]

不言而喻，多年并未解决好的国民收入分配不合理问题，在高速增长中非但没能得到缓解，反而逐渐加剧。实现人民共享发展成果，已成在市场经济体制基本确立后继续恪守市场经济改革的社会主义方向以实现"共同富裕"的肯綮环节。多年来，我国主要着眼于"做大蛋糕"的经济改革，却没有解决好"分好蛋糕"的问题。从"效率优先，兼顾公平"，到党的十六大的"初次分配注重效率，再分配注重公平"，再到党的十七大的"初次分配和再分配都要处理好效率和公平的关系"，党的文献与时俱进的政策取向，尽管让我们愈来愈清晰地看到了党和政府孜孜追索"发展成果由人民共享"的执政取向，但市场经济体制内在的规律和局限、长期"淤积"的结构性矛盾、不完善的管理体制、不到位的改革措施及各色"左"或右的形而上学认知思维，难辞其"咎"。比如：社会保障制度一向滞

[①] 章辉美、洪泸敏：《劳动关系的现状、困境与影响因素分析》，《社会科学战线》2001 年第 7 期。

[②] 这种割裂和对立，意指占据社会主流地位的阶层或群体在社会意识和政策法规等层面，对边缘化的弱势群体进行社会排斥。1995 年哥本哈根世界首脑会议上，"社会排斥"被视为消除贫困的障碍："各种社会排斥过程无不导致社会环境动荡，终而至于危及全体社会成员的福利。"

[③] 李欣欣：《校准分配领域的效率与公平》，《瞭望》2008 年第 6—7 期。

后于企业改革，不完善的或说已经"被混乱"了的收入分配制度①、在处理劳资关系等问题上盲目的"市场化"做法和"企业家优先"论，诸多领域对社会主义改革方向的偏离和曲解倾向。如此等等，是产生难以共享发展成果的庞大弱势群体的根本原因。

上述导致收入差距过大的深层次问题，制约大量弱势群体走向共同富裕的结构性、体制性乃至制度性问题，根本上均表现为发展不依靠人民的问题，即发展排斥了人民的问题。可见，"共享"的理论和实践在一定程度、一定范围内，被异化成了"排斥"。这种排斥，属于基础性、深层次性和结构性的问题，也是导致"高风险社会"（即社会两极分化严重，弱势群体大量出现，人人共享、普遍受益宗旨的实现受到许多限制）②的根本原因。

（3）提升"人力支撑"：发展肯綮，政策基点。

①提升"人力支撑"：发展肯綮。

"发展为了人民、发展依靠人民、发展成果由人民共享"的"共享式发展"理念，是发展的"目的、手段和改革愿景"三个方面规定性的有机统一。实践中只知发展为了人民而不知发展依靠人民，人民（尤其弱势群体）哪有机会和"资格"去分享或共享？之所以这样说，是因为"以人为本"作为我们党谋求和推进发展的核心理念，是手段和目的的"统一体"，但现实中，一些人却只知"目的"而漠视"手段"。以人为本，首先应该是"现实的运动"，是现实经济活动的前提、出发点、实施手段和首先要遵循的原则。实现经济发展的最基本的路向，就是把人（最广大的人民群众）作为实施的主体，以人的发展为基础，在人力的作用下促进经济的健康发展，真正做到"发展依靠人民"。这是唯物史观的基本原则。

---

① 实际上，党的"以按劳分配为主体，多种分配方式并存"的分配制度一向是十分鲜明和坚定的。效率与公平的关系这一经济学说史上的"哥德巴赫猜想"，经多年爆炸式的讨论后，在当下的中国，已具有不容置疑的清晰度。即：公平与效率具有正反同向变动的交促互补关系。经济（乃至政治）活动的制度、权利、机会和结果等越公平，效率越高；相反越不公平（尤其机会上的不公平），效率越低。

② 参见石红梅《中国弱势群体的社会保障权及其立法保护》，《江海学刊》2014 年第 5 期。

人力决不能像机器原料那样在经济增长中被贬损,相反,必须在经济增长的过程中得到发展壮大。经济发展固然少不了物质再生产,同时更少不了人力再生产,即须臾离不开人的主动性积极性的发挥,这就是"人力支撑"。只有当"两个再生产"相得益彰,经济方能健康发展,从而使"共享"成为可能。否则,"人"与"物"只会背道而驰,协调发展难以维系,从而使"共享"成为空想。因此完全可以说,广大人民分享改革发展成果的程度,取决于弱势群体机会边缘化的减除程度和提升其参与经济社会发展、提供人力支撑并赖以改变自己当下命运的能力和成效。

30多年的改革发展历程告诉我们,促使广大人民群众积极参与改革,并在改革进程中实现人民群众自身的发展,是解放和发展生产力的重要条件,是我国经济社会持续健康发展须臾不可或缺的"人力支撑"。肇始于农村的家庭联产承包责任制之所以取得巨大成功,城镇企业放权让利的改革之所以得到人民群众的持续支持并获得"一枝独秀"的发展速度,就在于广大人民群众从改革中得到了实惠,提高了生活水平,即人民群众享受到了改革发展的成果,因而极大地激发出人们参与改革发展的积极性,为改革发展、体制转型提供了持续的人力支撑。反观以市场为取向的改革发展中出现的种种矛盾和问题,也无不和群众利益受损密切相关。"十二五"规划建议指出,在当代中国,坚持发展是硬道理的本质要求,就是坚持科学发展,更加注重以人为本,更加注重全面协调可持续发展,更加注重统筹兼顾,更加注重保障和改善民生,促进社会公平正义。历史现实均昭示:切实做到上述四个"更加",做好消除机会边缘化和改变弱势群体现实命运的实际工作,真正让每一个社会成员都有途径表达自己的声音,都有力量维护自己的利益,都有机会为经济社会发展提供其人力支撑,才是切中科学发展的肯綮之举。

②提升"人力支撑":政策基点。

胡锦涛在论述"努力做到发展为了人民、发展依靠人民、发展成果由人民共享",要求"着力促进人人平等获得发展机会""不断消除人民参与经济发展、分享经济发展成果方面的障碍"时,提出了"四点建议",即优先开发和培育人力这一"最需培育、最有潜力、最可依靠"的第一资源;制定和完善充分就业和收入分配向劳动倾斜以防止资本利润侵蚀劳动报酬的体面劳动制度,有效改变"赢者通吃"的现象,切实改变部分社会阶层"既得利益制度化"的倾向;全面开展提高弱势群体素质的职业技能培训;建立健全城乡一体化的基本社会保障体制。这四点建议,都是以关注和提升"机会弱势群体"的"人力支撑"作为"共享式发展"政策设计的基点(也应是政策的始点和定点[①])的,同时也是包容性转变的具体实施路径。

曾几何时,一些人只知道"发展为了人民"和"发展成果由人民共享";

曾几何时,一些人不明白为什么"发展依靠人民",只知道依靠社会精英;

曾几何时,一些人在"发展"上漠视人民,看不起人民,排斥人民……

曾几何时,"包容性发展"的问世,让人们知道了那部分庞大的"机会弱势群体"的存在;知道了提升其"人力支撑"对经济社会发展的意义和作用。

唯在此时,"发展依靠人民",才真正成为"包容性转变"思考其政策基点和体制机制因素的根本考量。

2016年第19期《新华文摘》转载了中宣部常务副部长、中央文明办主任黄坤明发表在《光明日报》的文章,指出共享发展的新理念,"突出发展的人民性、普惠性,推进全民共享、全面共享、共建共享、渐进共享,凝聚和激发国家发展最深厚的伟力。"这里的"国家发展最深厚的伟力",说得多好啊!因而本课题强调指出,"国家发展最深厚的伟力"的"凝聚和激发",首先应该是

[①] 有关"始点、基点和定点"的含义,参见《程恩富选集》,中国社会科学出版社2010年版,第244—245页。

"共建"，而后方能"共享"；其次应该是"发展的人民性"，建设的人民性，即"共享"的逻辑起点只能是尽可能地让人民参与经济社会的发展，而非排斥和漠视人民的参与。一言而蔽之：没有"共建"，何谈"共享"！

五 结语

美国经济学家斯蒂格利茨指出，在我们面临建立的"全新社会中，每个人都能实现自己的理想，充分发挥自己的潜能；人们能够共同分享理想和价值；能够建立一个善待环境的团体……这些都是机会。现在，如果我们抓不住这些机会，那才是真正的危险。"[①]抓住这些机会，促进机会平等，已成转变经济发展方式的根本关节点。于是，消除机会弱势→提升人力支撑→实现包容性转变，便这样关联了起来。

沈立人先生在其"路见不平一声吼"的著作《中国弱势群体》的结束语中有这样一段话："从2004年10月20日《参考消息》上读到巴西总统卢拉·达西瓦尔在联合国讨论饥饿与贫困问题的专门会议上说：'世界上杀伤力最大的大规模杀伤性武器是贫困，这句话还需要重复多少遍呢？'"[②]

阿玛蒂亚·森认为，不管经济学如何发展，她最终要回答的是人类如何才会幸福的问题，是人类如何才能避免不幸福的问题。[③]注意这里说的是作为集合概念的"人类"，而非仅占人口1%的那部分群体。

我们同沈先生有着一样的"朝闻道，夕死可矣"的心境，我们坚定地秉持着为了人民的幸福的经济学研究立场，并谨记"不知

---

① ［美］约瑟夫·E. 斯蒂格利茨：《自由市场的坠落》，李俊清、杨玲玲译，机械工业出版社2011年版，第262页。
② 参见沈立人《中国弱势群体》，民主与建设出版社2005年版，第283页。
③ 转引自张平、文启湘《论幸福经济学的伦理价值测度》，《求索》2008年第5期；阿玛蒂亚·森：《以自由看待发展》，中国人民大学出版社2012年版，第145页。

常，妄作，凶矣"（老子语）的祖宗法理。

这"道"，这"常"，在本课题中我们把它定义为"发展依靠人民"、"依靠人民"发展、提升"人力支撑"的"包容性转变"。

这也是我们对马克思、恩格斯的"个人怎样表现自己的生命，他们自己就是怎样"的理解。

第二章 文献述评

一 内容提要

本章首先对包容性增长概念的提出、生成渊源和提出缘由、概念的实质内涵、提倡包容性增长的意义、包容性增长理念的政策和机制选择、包容性增长理念研究中的误区等多个方面研究状况进行综述。

对包容性发展理念的深化研究包括:包容性发展理念的理论基因,即历史唯物主义关于社会历史主体的思想,关于社会有机体、人与自然的关系等理论,关于社会公平、正义的思想;包容性发展理念的思想渊源,即现当代经济增长和发展理念;当代中国化马克思主义最新成果,是包容性发展理念的现实根基,而中国优秀传统文化的包容共生,是包容性发展理念的古老根脉。在此基础上,全面阐述了包容性发展理念的时代价值和现实观照。

二 "包容性增长"研究

(一)"包容性增长"概念的提出、生成渊源和提出缘由

1. 概念的提出

(1) 学界普遍认为,亚洲开发银行(Asian Development Bank)首先提出了"包容性增长"概念。

学界普遍认为,包容性增长这一概念是亚行 2007 年 8 月在京召开的"以包容性增长促进社会和谐战略研讨会"上提出来的。与会中外专家认为，要确保经济繁荣所带来的好处能够惠及百姓，中国的发展战略应重视以机会均等为基础的包容性增长。

而对包容性增长理念作集中阐述的是《以共享式增长促进社会和谐》一书。该书由北京大学经济研究中心主任林毅夫、亚行助理首席经济学家庄巨忠、中国发展研究基金会副秘书长汤敏等学者编写，收录的文章是作者为亚行"以共享式增长促进社会和谐"研究课题准备的背景研究报告。这些报告也在2007年8月9日亚行在北京举办的"以共享式增长促进社会和谐战略研讨会"上进行了交流。其主旨即分析中国经济过去30年增长的特点，收入差距扩大的原因和所带来的问题及挑战，探讨通过实现共享式增长构建和谐社会的政策选择。[1]

（2）胡锦涛多次阐述包容性增长。

"包容性增长"一词，一年之内三次出现在胡锦涛同志的正式讲话中。第一次是2009年11月15日在亚太经济合作组织会议上，他提出"统筹兼顾，倡导包容性增长"[2]；第二次是2010年9月16日第五届亚太经合组织人力资源开发部长级会议上发表的"深化交流合作，实现包容性增长"的讲话，阐述了实现包容性增长的必要性与可能性[3]；第三次是2010年11月14日在出席二十国集团领导人第五次峰会和亚太经合组织第十八次领导人非正式会议上发表讲话，"倡导包容性增长，增强经济发展内生动力"[4]。有论者指出，这一提法之所以引起学界专家和普通大众的热切关注，除了其新鲜度外，更重要的无疑是它在经由国家领导人之口所传递的强烈信号意义；而这种强烈的信号，又恰与当前社会公众最广泛的诉求形成

---

[1] 参见林毅夫、庄巨忠、汤敏、林暾《以共享式增长促进社会和谐》，中国计划出版社2007年版，第1—21页。
[2] 胡锦涛：《合力应对挑战 推动持续发展——在亚太经合组织第十七次领导人非正式会议上的讲话》，《人民日报》2009年11月16日第2版。
[3] 《胡锦涛文选》（第3卷），人民出版社2016年版，第432—435页。
[4] 同上书，第448—450页。

共振、共鸣。①

2. 概念的生成渊源

（1）国际渊源。

学者们追溯了"包容性增长"的渊源，对这一概念生成和演进的历史脉络进行了考察。有论者指出，20世纪中期以来人们关于经济增长的认识不断深化，增长理念经历了从单纯强调增长，到"对穷人友善的增长"，再到"包容性增长"的演进。世行于1990年提出"广泛基础的增长"（broad-based-growth），其后进一步提出"益贫式增长"（pro-poor-growth）的理念，并以此制定世行的贫困减除政策以及指导各国相关实践。进入21世纪，亚行和世行在"益贫式增长"基础上，先后提出了"包容性增长"（inclusive growth）的理念。②

蔡荣鑫近些年一直关注"益贫式增长"问题的研究，在包容性增长概念演进的考察方面，是学界较为细致的学者。他认为，包容性增长与人们对贫困的认识不断深化高度相关，且概念形成并没有一个具体的节点，而是一个渐进的过程。其间，亚行和世行都在包容性增长概念的形成过程中发挥了重要作用。早在1966年，亚行就提出了"要对地区的和谐增长作出贡献"，"这可视作'包容性增长'思想的萌芽"③。亚行还在世纪之交较早地给出了1997年英国的国际发展白皮书所提出的"益贫式增长"概念的定义，认为如果增长是吸收劳动并伴随降低不平等、为穷人增加收入和创造就业的政策，尤其当经济增长有助于妇女等其他传统上被排除在增长及其成果分享之外的群体时，这种增长就是益贫的。④ 2006年6月组建的包括联合国贸发会秘书长、美中印三国著名经济学家、著名企

---

① 徐锋：《用公平为"包容性增长"加油》，《广州日报》2010年9月30日第2版。
② 蔡荣鑫：《"包容性增长"理念的形成及其政策内涵》，《经济学家》2009年第1期。
③ 蔡荣鑫：《"益贫式增长"模式研究》，科学出版社2010年版，第31页。
④ 同上书，第14页。

包容性转变：转变经济发展方式的形上之思与形下之维

业高管的名人小组，旨在研究亚洲的未来发展趋势和亚行的作用，因此可视为其渊源。该小组在2007年3月向亚行行长提交的《新亚洲、新亚洲开发银行》研究报告，提出新亚行关注的重点要从应对严重贫困挑战转向支持更高和更为包容性的增长等重要观点。时任世行首席经济学家林毅夫和美国国家经济委员会主任劳伦斯·萨默斯均为小组成员。由此，亚行在"益贫式增长"概念的基础上，2007年8月率先提出"包容性增长"（亚行称之为"共享式增长"）概念。而作为长期致力于全球贫困减除工作的世界银行，在《1990年世界发展报告》中提出"广泛基础的增长"概念，其后的《世界发展报告2006：公平与发展》在系统阐述对公平与发展的认识的同时又指出，机会不平等是对人类天赋的浪费，它会加剧经济效率的低下、政治冲突以及制度的脆弱性，要建立具有包容性的制度，提供广泛的机会。在此基础上，2008年5月世行发表《增长报告：可持续增长和包容性发展的战略》[①]，进一步明确提出要维持长期及包容性增长，并相信通过建立包容性、确保增长效益为大众所广泛共享。至此，包容性增长理念成为世行和亚行等国际机构致力于减贫的核心指导思想。[②]

可见，包容性增长概念最早由亚行提出，并由亚行、世行（也包括经合组织和联合国）等国际组织在十多年间逐渐完善。有论者就指出，包容性增长概念与联合国秘书长潘基文等政治领导人的关注密不可分。维基百科援引潘基文的原话称，经济增长虽对贫困减少是必须的，但并非充分的；基于动态的结构性经济变革的可持续和平等增长，对于实质性的削减贫困是必需的；它能更快地促进千年发展目标的实现。世行官方网站称，"包容性增长"与"基础广泛的增长""分享型增长""亲穷人的增长"等经常互换。[③]

---

① 参见世界银行增长与发展委员会《增长报告：可持续增长和包容性发展的战略》，中国金融出版社，世界银行，2008年版。
② 蔡荣鑫：《"益贫式增长"模式研究》，科学出版社2010年版，第32—33页。
③ 孙翎：《包容性增长与基本社会保障均等化——基于机会平等的视角》，《光明日报》2010年10月19日第10版。

有论者指出，包容性增长理念的形成，与20世纪80、90年代发展起来的权利贫困理论以及关于社会排斥方面的研究密切相关，"包容性"反映了对公民权利的强调和对社会排斥问题的重视，强调贫困人口不应因其个人背景的差异而受到歧视，不应被排除在经济增长的进程之外，而包容性增长所倡导的机会平等则强调贫困人口应享有与他人一致的社会经济和政治权利，在参与经济增长、为增长作出贡献、并在合理分享增长的成果方面不会面临能力的缺失、体制的障碍以及社会的歧视。[1]

（2）国内渊源。

胡锦涛同志关于"中国是包容性增长的积极倡导者，更是包容性增长的积极实践者。中国强调推动科学发展、促进社会和谐，本身就具有包容性增长的涵义"[2]的阐述，十分清晰地指出了包容性增长概念在中国经济社会发展中的最直接渊源，即多年来，中国一向致力于"推动科学发展、促进社会和谐"。

学者们对此进行了广泛探讨。一些论者指出，包容性增长虽然是个经济概念，但它与近年来我们树立科学发展观、构建和谐社会是一脉相承的，我国推动科学发展、促进社会和谐，本身就具有包容性增长的含义。科学发展观第一要义是发展，核心是以人为本。包容性增长的核心是倡导机会平等、共享发展成果，回归增长本意即以人为本，发展的目的不是单纯追求GDP的增长，而是使经济的增长和社会的进步以及人民生活的改善同步进行，并且追求经济增长与资源环境的协调发展。二者具有异曲同工之处，目的都是为了实现经济社会的可持续发展。[3]

有论者认为，包容性增长具有三大立足点，首先立足的是平衡发展观的思想认识，其次是公平发展观的思想认识，最后是全面发展观的思想认识。因此尽管包容性增长是个新鲜概念，但实际上其

---

[1] 蔡荣鑫：《"益贫式增长"模式研究》，科学出版社2010年版，第31页。
[2] 《胡锦涛文选》（第3卷），人民出版社2016年版，第435页。
[3] 蔡吉跃：《坚持科学发展实现包容性增长》，《岳阳晚报》2010年11月7日第2版。

立足的是近些年发展观的变革,是一种发展模式认识上的精炼和升华。①

3. 概念提出的缘由

学者们多从国际和国内两个视角进行了讨论。

有论者指出,亚行之所以提出包容性增长概念,主要是着眼于国家与国家间发展的不平衡以及国家内部发展的不平衡。从前者说,穷国与富国所享受的经济全球化和经济发展成果是不一样的。从后者说,不同人群对经济增长和公共服务的分享也不一样。故而亚行指出要让更多的人享受全球化成果,让弱势群体得到保护,加强中小企业和个人能力建设,在经济增长过程中保持平衡;与此同时强调投资和贸易自由化,反对投资和贸易保护主义,重视社会稳定,并把这些概括为包容性增长的几个特征。而中国之所以要关注包容性增长,原因在于内部发展的高度不平衡,不同群体所分享的社会公共服务高度不均等,贫富差距惊人。过去 30 余年中国经济在创造了世界少有的增长奇迹和贫困人口比例大幅下降的同时,贫富差距反而越来越大,高于世界绝大多数发达国家和发展中国家。若把中国的城乡差距、地区差距、群体差距考虑进来,中国的发展其实就是世界的缩影,换言之,是一个"不包容性增长"的典型。②

有论者认为,胡锦涛公开倡导包容性增长,是对国际金融危机后国际经济政治复杂而严峻形势的积极回应,是适应国际金融危机后国内外形势新变化、深入贯彻落实科学发展观、加快转变经济发展方式的新思维和新举措。国际上,金融危机爆发说明斯密增长和熊彼特增长所带来的国际分工体系拓展和国际市场扩张已达极限,贸易保护主义的不断上升和贸易与投资自由化受到巨大冲击,严重破坏了包容性增长原则。在国内,以出口为导向的传统发展方式赖以生存的基础和条件已发生根本改变,内需不足昭示中国高速增长

---

① 赵海均:《包容性增长的三大立足点》,《中国经济时报》2010 年 10 月 14 日第 2 版。

② 余闻:《实现包容性增长须去经济增长的 GDP 化》,《学习时报》2010 年 10 月 4 日第 4 版。

背后的包容性存在着问题。因而实现包容性增长就成为转变经济发展方式的关键。①

有论者强调，从全球看，多年经济发展给世界资源环境带来的压力，在高速增长中不但没有些许减轻，反因各国对资源的加速掠取和对环境的破坏而日益增大；多年来基于外界条件和内部因素所导致的南北差距与东西差距，在高速增长中不但没有缩小，反因马太效应的推动而呈愈加扩大之势。从国内看，多年形成的产业结构扭曲和不合理现象，在高速增长中不但没有出现减缓，反因各地区各产业片面追求更高的速度而愈加扭曲；多年尚未解决的国民收入分配不合理问题，在高速增长中不但没能完全解决，反因各群体片面追求效益忽视公平而加剧了不合理。正是在这样的背景下，包容性增长概念既富有前瞻性而又水到渠成地提出来了。②

亚行驻中国代表处有论者指出，2008年世界金融危机的爆发，实际上是对当时经济失衡状况的一种强制性改变，成为"包容性增长"被官方采纳和认可的助推器。国际社会有一种倾向，经济面临较大问题时大家易携起手来；而一旦经济向好并相对稳定则合作意向便会减弱。此刻理应推广一种理念，去更多地寻求双赢、多赢。③

部分学者主要从国内层面进行解读。有论者认为，近年来，一些被过往经济高速增长掩盖的民生问题开始集中凸显，转型过程中市场机制、公共政策与法律法规的不完善，使得机会不平等已成导致我国国民个人收入差异的重要原因，必须采取有效措施予以纠正。正因此背景，胡锦涛提出要着力推进包容性增长，不仅体现我国政府对同步发展经济与社会、改善人民生活质量和优化收入分配格局的重视，也是对科学发展观的深化，从政策选择上看，包容性

---

① 余洋：《转变发展方式关键在实现包容性增长》，《中国高新技术产业导报》2010年10月18日A3版。
② 詹国枢：《关注包容性增长》，《人民日报》（海外版）2010年11月2日第1版。
③ 王红茹：《胡锦涛首次公开倡导"包容性增长"陌生概念引关注》，《决策探索》2010年第10期（上半月）。

增长还为全面构建和谐社会提供了有效途径。①

有论者认为，从现实语境剖析，包容性增长的提出更有其针对性。贫富差距逐渐拉大，中国基尼系数超过警戒线；地区发展不平衡，城乡差距日益拉大；劳动者权益保护不尽如人意，存在诸多掣肘；生态和环境保护不容乐观……从而在一些领域和地方引发社会问题。因而从内涵上似乎可将包容性增长视为社会建设领域的"科学发展"。之所以强调"包容"，其要旨即营造一种"包罗广泛的、众人皆可得的"发展氛围和境界，即公平。② 有论者也指出，当前中国之所以特别关注或强调包容性增长的重要性，是因为中国内部经济发展不平衡以及不同群体分享社会公共服务不均等等因素，导致目前中国按基尼系数指标显示的贫富差距仍在扩大。这种发展与分享的不平衡性，是"不包容性增长"的典型表现。③

一些论者从党的执政理念的高度追溯包容性增长理念的提出缘由，认为胡锦涛提倡包容性增长，十分准确地反映了我国政府所倡导的对外构建和谐世界、对内构建和谐社会的一以贯之的发展道路和执政理念。④

（二）包容性增长理念的实质内涵

1. 现实旨归

包容性增长概念的出场，具有鲜明的现实指向性。包容性增长是世界经济一体化和世界和平发展的必然要求。从全球看，穷国与富国在享受经济全球化和经济发展成果方面是有巨大差异的，不同人群在经济增长和公共服务方面的分享也是有显著差别的。据统

---

① 孙翎：《包容性增长与基本社会保障均等化——基于机会平等的视角》，《光明日报》2010 年 10 月 19 日第 10 版。
② 徐锋：《用公平为"包容性增长"加油》，《广州日报》2010 年 9 月 30 日第 2 版。
③ 邓聿文：《中国需要包容性增长而非单一 GDP 增长》，《上海证券报》2010 年 10 月 18 日第 2 版。
④ 蔡吉跃：《坚持科学发展实现包容性增长》，《岳阳晚报》2010 年 11 月 7 日第 2 版。

计，目前全球尚有 14 亿人生活在每天 1.25 美元的国际贫困线以下，全球有超过八成的人口居住在收入差距正在不断拉大的国家或地区。这种不能惠及所有国家和地区、惠及所有人群的经济发展，既有悖社会公正，也不可持续，尤其在后金融危机时期世界经济形势虽趋好转但基础尚显脆弱的背景下，国际贸易保护主义又甚嚣尘上，无疑给世界和平与发展造成严重威胁。因而亚行指出，倡导包容性增长就是要让更多的人享受到全球化的成果，保护弱势群体，加强中小企业和个人能力建设，在经济增长中保持经济社会发展的平衡；同时反对投资和贸易保护主义，主张投资和贸易的自由化，切实重视社会的稳定。

而在中国，对包容性增长的广泛关注，不仅因其概念的新鲜程度，更因胡锦涛同志的大力提倡而发出的强烈导向意义，且这种导向意义又与当前我国大众最广泛最关切的利益诉求形成共振和共鸣。换言之，包容性增长业已成为我国转变经济发展方式、谋求科学发展、实现共同富裕、促进社会和谐稳定的题中之义。有学者指出，目前我国经济和社会的发展需要极大的包容性。首先，过于注重 GDP 的发展模式，使一些政府部门总是将主要财政资源用于固定资产投资而非注重提供必要的公共服务；其次，居民收入在国民收入中的比重以及劳动报酬在初次分配中的比重过低，并呈相对下降趋势，致使收入差距继续扩大，消费的可持续增长也受到严重影响；再者，弱势群体深感被边缘化，而占据优势社会地位的强势群体，往往只在意既得利益是否安稳，并不去真正关注经济社会的进步，造成与社会的割裂和对立。[①] 这样，一些在高速增长光环下多年形成的利益结构的扭曲现象不但没有出现减缓，反因一些地区和部门忽视公平且片面追求自身狭隘利益而愈加凸显。目前正值着力调整经济结构、转变经济发展方式的关键时期，提倡包容性增长，其实现可持续发展，旨在广大人民群众最大范围地享受到改革发展的成果，保持经济社会平稳、持续、健康发展的现实针对性，可见一斑。

---

① 安宇宏：《包容性增长》，《宏观经济管理》2010 年第 10 期。

2. 内涵解析

"包容性增长"作为发展经济学的新概念，学者们有着不同理解。代表性的有以下几种。

（1）机会平等和利益共享论。《和谐》一书把"包容性增长"界定为机会平等的增长。认为这种增长理念既强调通过经济增长创造就业与其他发展机会，同时又强调发展机会的平等。[①] 这一界定是在分析产生收入差距的根本原因基础上进行的。该书从政策制定视角，将产生收入差距的根本原因甄别为两大类："一类是个人背景或所处环境（individual circumstances）的不同，另一类则是个人的努力与勤奋程度（individual efforts）的不同。"这一分类使得人们能够区分"机会的不平等"（inequality in opportunities）和"结果的不平等"（inequality in outcomes）这两个相关而又具有重要差别的概念。机会（包括就业、受教育、接受基本医疗服务等）的不平等通常是由个人背景或所处环境（如家庭财富与权势、社会关系、宗教信仰、肤色、性别、所处的地理环境、所工作的行业等）不同所造成，反映的大多是制度缺陷、市场失灵或政策失误，它最终会造成结果的不平等。这是不可接受的，必须采取措施加以消除；而结果（如收入）的不平等除一部分反映机会的不平等，还有的则是由个人努力和勤奋程度所致，反映的是市场机制的酬勤罚懒，是良好的激励机制起作用的表现，是可以接受的，也是促进经济增长所必不可少的。在上述界定基础上，该书认为机会平等是包容性增长的核心，而强调机会平等就是要通过消除由个人背景或所处环境的不同所造成的机会不平等，从而缩小结果的不平等。亚行有经济学家也指出，一方面和谐社会必须建立在高速持续的经济增长之上，只有通过增长才能创造就业及发展机会；另一方面和谐社会需要提供充足的社会公共服务及基础设施，并保证享受这些服务和设施的机会均等，使社会全

---

① 林毅夫、庄巨忠、汤敏、林暾：《以共享式增长促进社会和谐》，中国计划出版社2007年版，第34页。

体成员都能够获得经济发展带来的实惠,"这就是包容性增长战略的实质所在"①。

(2) 贫困人群状况改善论。一些学者把贫困人群的状况改善作为包容性增长的核心内涵。如:包容性增长应该有各种各样的含义,包括环保、和谐社会等诸多方面的改变,但最核心的含义却是经济增长让低收入人群受益,最好是让其多受点益,比如怎样增加劳动者的收入占整个 GDP 的比重,怎样增加工资收入,这该是包容性增长中非常重要的部分。② 有观点认为,占世界人口很大比例的贫困人群分享不到经济增长成果,便根本谈不上增长的包容性。贫困人群在发展中处于劣势境地,最不容易在增长中得到包容,很多发展成果难以惠及他们,故而贫困人群的状况改善不但是包容性增长的重点,更是其难点所在,包容性增长首先应是益贫式的。而有观点干脆把包容性增长定义为贫困人群的收入高于社会平均收入的增长。另有观点不但要求贫困状况有所改善,还要求收入分配更为均等才算是包容性增长。还有观点认为,只要贫困人口在减少,就应称作包容性增长。③ 由此也足见"机会弱势群体"在"包容性转变"战略中的"核心"和"归结点"地位。

(3) 开发人力资源充分就业论。有学者认为,包容性增长应以优先开发人力资源、实现充分就业为基础。④ 他们在定义包容性增长时与就业和劳动收入联系在一起,认为穷人赖以获取收入的手段只有自身的劳动力,而富人获取收入的手段主要是资本。要使穷人收入增长速度比富人快,就应使只有劳动力的穷人充分就业,并使

---

① 参见袁蓉君《中外专家认为中国应重视包容性增长》,《金融时报》2007 年 8 月 10 日第 4 版。
② 王红茹:《胡锦涛首次公开倡导"包容性增长"陌生概念引关注》,《决策探索》2010 年第 10 期(上半月)。
③ 林毅夫、庄巨忠、汤敏、林暾:《以共享式增长促进社会和谐》,中国计划出版社 2007 年版,第 130—132 页。
④ 周建军:《如何理解"包容性增长"》,《人民日报》2010 年 10 月 27 日第 7 版。

工资增长速度高于资本报酬的增长速度。①

（4）经济与社会协调发展论。有学者指出，亚行在中国提倡包容性增长，比较重要的一个观点是：保持较快经济增长的同时，增长也必须是可持续的、协调的、更多关注社会领域发展的。单纯地发展经济是不好的，而更加全面、均衡的发展，才能使得经济的增长与社会的进步、人民生活的改善同步进行。这才是发展的目的，这样的发展才能够可持续。也就是说，包容性增长应该包括经济、政治、文化、社会、生态等各个方面，包容性增长就是"互相协调"②，既包括国内的科学增长与和谐增长，也包括国家之间协调与和谐的增长。

3. 实质内涵

学界对包容性增长内涵的解析，因各自关注的侧重点不同而有所差异，但综合来看，他们大多认识到包容性增长对经济增长和社会发展的理念性描述的特点，并认同其以下内涵：可持续的经济增长，发展机会的平等和参与过程的公平，对社会公众的包容，提倡利益共享，尤其要提高对弱势群体的资助力度等。基于对上述几个方面内涵的综合，笔者试作以下理解，即包容性增长的实质内涵，用最简洁的话来说，应该是以机会平等的发展促进科学发展和社会和谐。

这是因为：其一，包容性增长概念在亚行首次提出时，与会中外专家就强调，要确保经济增长所带来的好处能够惠及大众，发展战略应重视以机会均等为基础的包容性增长。而其《和谐》一书的主旨，就是分析中国经济过去30年增长的特点，收入差距扩大的原因和所带来的问题及挑战，探讨通过实现包容性增长构建和谐社

---

① 林毅夫、庄巨忠、汤敏、林暾：《以共享式增长促进社会和谐》，中国计划出版社2007年版，第130—132页。
② 王红茹：《胡锦涛首次公开倡导"包容性增长"陌生概念引关注》，《决策探索》2010年第10期（上半月）。

会的政策选择。[①]

其二,在"深化交流合作,实现包容性增长"的致辞中,胡锦涛首先指出实现包容性增长的根本目的,就是"让经济全球化和经济发展成果惠及所有国家和地区、惠及所有人群,在可持续发展中实现经济社会协调发展",接着详细阐述了三个"应该",并就会议主题提出了"优先开发人力资源""实施充分就业的发展战略""提高劳动者素质和能力""构建可持续发展的社会保障体系"等四点建议。我们看到,不论是根本目的,三个"应该",还是四点建议,其间所主要强调的,就是"创造物质基础""促进人人平等获得发展机会""分享经济发展成果""发展为了人民、发展依靠人民、发展成果由人民共享"等核心理念。[②]

其三,一般认为公平包括权利公平、机会公平、规则公平、分配公平,而唯有机会公平最具全局意义。历史经验证明,经济增长不一定会带来所有社会成员收入的增加,现实反倒是富者愈富、穷者愈穷。若一个社会的发展机会长期被特定人群或特定国度所掌握,不仅容易造成贫富两极分化和极端贫困,更易触发社会公众不满,极端情况下则出现社会动荡,经济也就不可能保持长期持续增长,其他类别的平等也失去了根基。通过经济增长创造发展机会,使社会所有成员都可以平等利用这些机会,并在此过程中提高自身收入和能力,使经济实现可持续增长,社会步入科学发展和和谐发展的轨道,这正是包容性增长理念的根本要求所在。

其四,以我国观之,改革开放以来经济发展一直保持着较高的增速,但个人收入和财富拥有上的贫富差距却在持续扩大。近年一些民生问题的凸显,转型过程中市场机制、公共政策与法律法规的不完善充分说明,机会不平等才是导致国民个人收入差异的主要根由。作为未来中国社会发展的一种价值导向,包容性增长在向全社会倡导一种理念,即要让人民过上一种幸福的、有尊严的生活,使

[①] 林毅夫、庄巨忠、汤敏、林暾:《以共享式增长促进社会和谐》,中国计划出版社2007年版,"前言"第1页。

[②] 参见《胡锦涛文选》(第3卷),人民出版社2016年版,第432—435页。

人们能够平等地参与经济增长，并把经济增长的社会福利最广泛地惠及广大人民。

(三) 提倡包容性增长的意义

1. 国际意义

有论者指出，胡锦涛关于实现包容性增长其根本目的就是让经济全球化和经济发展的成果惠及所有的国家和地区，惠及所有人群，并在可持续发展中实现经济社会协调发展等论述，阐明了实现包容性增长的国际意义。据统计，目前世界上生活在国际贫困线以下的人口数量的减少，主要应归功于中国；而2005年，生活在中国以外地区的贫困人口较之1981年时至少增加了1亿。"不能惠及"所有人群的经济发展，既有违社会公正，也是不可持续的。因此，当前积极倡导包容性增长意义重大。[1]

有论者认为，包容性增长这一具有新内涵的提法对全球经济社会的发展有着极其重要的意义。人类要实现包容性增长，最重要的是达成一定的共识。这就是在同一个地球上生存的人们要摒弃仇视，尤其是要摒弃由传统的意识形态造成的某些偏见。包容性增长要求，国家无论强弱民族无论大小，都应互相帮助互相促进，强者负有帮助弱者的义务。首先，从世界经济发展看，当今世界经济日益全球化一体化，国家之间只有携手共进包容发展，才能互惠互利实现共赢。其次，从维护世界和平看，随着世界经济两极分化趋势日益加重，经济强国凭借武力掠夺他国资源、干涉他国内政的行为时有发生。倡导包容性增长，全世界正义的力量就要共同谴责和制止这些行为。[2]

有论者指出，从国际上看，区域经济一体化、经济全球化的趋势越来越明显，解决诸如国际性金融危机等世界性问题，需要世界各国摒弃一己之小利、通力合作、统一行动。目前世界贫富不均的

---

[1] 周建军：《如何理解"包容性增长"》，《人民日报》2010年10月27日第7版。
[2] 黄铁苗：《包容性增长具国际国内意义》，《广州日报》2010年10月11日第27版。

问题十分突出,两极分化愈发严重,尤其在世界经济形势趋于好转但基础并不牢固的背景下,国际间贸易保护主义又甚嚣尘上,这些无疑对世界的和平与发展构成严重威胁。因此,呼吁包容性增长对于促进国际社会的和谐进步,具有积极而深远的意义。①

2. 国内意义

有论者认为,过去 30 年中国的经济增长是以过度的资源开发和不合理的收入分配为代价的。现在既得利益群体已成阻碍社会改革的最大障碍。收入分配的不公导致人民没有公平地分享经济发展成果,这是社会矛盾和不稳定的源头,甚至会引发社会动荡。在经济转型时期,包容性增长或为解决社会不公问题的新思路。②

有论者指出,提倡包容性增长不仅是解决我国收入分配不公、贫富差距拉大等社会矛盾的有力举措,也是解决我国内需不足、对外依赖性过大等问题的有效途径,因而对我国社会和经济发展具有双重意义。这一理论创新将带来制度上的创新,预示着我国将在制度安排上进一步提高社会包容的程度,消除社会排斥因素,以调整收入分配结构,缩小城乡差别、贫富差距,促使国民之间权利配置的趋同,让处于社会弱势地位的低收入群体的收入和社会保障水平有较大程度的提高,从而将社会公平正义向前推进一大步。③

有论者认为,我国的经济增长需要极大的包容性,尤其是分配不公的局面亟待转变。目前在调整经济结构、转变经济发展方式的关键时期提倡包容性增长,对于实现可持续发展,使广大人民群众最大范围地享受到改革开放的成果,保持经济社会平稳、持续、健康发展具有极为重要的现实意义。④

有的论者对实现包容性增长的中国社会作出展望,指出中国

---

① 安宇宏:《包容性增长》,《宏观经济管理》2010 年第 10 期。
② 参见赵逸男《"包容性增长"可能写入十二五规划》,《民主与法制时报》2010 年 10 月 18 日 A3 版。
③ 黄栀梓:《实现"包容性增长"的双重意义》,《中国审计报》2010 年 10 月 25 日第 6 版。
④ 安宇宏:《包容性增长》,《宏观经济管理》2010 年第 10 期。

包容性转变：转变经济发展方式的形上之思与形下之维

经济包容性增长的序幕正在揭开。在这一最新语境下，"发展才是硬道理"将有着更鲜活丰富、与时俱进的内涵。① 有论者预见今后包容性增长必将使科学发展观在经历了数年实践洗礼之后进一步深化，认为包容性增长该是由国富向民富进一步转型的理念，效率与公平之间的平衡将更加有利于增强国民幸福感。在依靠低成本资金使用低价工业土地和廉价劳动力支撑的工业企业基础向培育现代企业核心竞争力方向转变的过程中，包容性增长将是消除经济转型阵痛和化解社会矛盾的一剂温润良方。② 有论者认为，包容性增长的提出和普及，使中国社会对于温和变革的期望逐渐升温，"调整经济结构""转变发展方式"将是人心所向。海外观察人士也注意到，从既有的政策信号看，除了从"经济增长"转变为"经济发展"，中国经济政策目标将更加注重保障和改善民生，中国经济将迎来又一次华丽的世纪转身!③ 有论者认为，这次重提包容性增长，带有一定的前瞻性含义，它是对未来五年、十年、二十年，中国经济社会发展方向的一个大的判断。④ 也有论者认为，在当前中国经济由过度追求 GDP 增长向寻求财富均衡分享的转型过程中，包容性增长的倡导与提出，突出了发展与分享的公平与平等，这将对未来中国政治、经济和社会生活产生革命性的广泛影响。⑤

---

① 熊欣:《中国经济揭开"包容性增长"序幕》,《证券日报》2010 年 10 月 22 日 A1 版。论者的阐述，秉承了十七届五中全会的基本精神。全会强调,"在当代中国，坚持发展是硬道理的本质要求，就是坚持科学发展，更加注重以人为本，更加注重全面协调可持续发展，更加注重统筹兼顾，更加注重保障和改善民生，促进社会公平正义。"

② 蒋悦音:《"十二五"规划凸显包容性增长主旨》,《中国信息报》2010 年 10 月 29 日第 1 版。

③ 熊欣:《中国经济揭开"包容性增长"序幕》,《证券日报》2010 年 10 月 22 日 A1 版。

④ 王红茹:《胡锦涛首次公开倡导"包容性增长"陌生概念引关注》,《决策探索》2010 年第 10 期（上半月）。

⑤ 邓聿文:《中国需要包容性增长而非单一 GDP 增长》,《上海证券报》2010 年 10 月 18 日第 2 版。

(四) 包容性增长理念的政策和机制选择

1. 两个支柱说

《和谐》一书的多位作者深入地探讨包容性增长的政策含义，给出了较为细致的包容性增长政策和机制建议。如在政策层面，以包容性增长为中心的发展战略需要有两个相辅相成的支柱，一是通过高速、有效和可持续的经济增长创造大量就业与发展机会；二是促进机会平等，提倡公平参与。在促进机会平等方面，政府努力的方面有三：增加对基础教育、基本医疗卫生和其他基本社会服务的投入，以提高民众尤其是弱势群体的基本素质与发展潜能；加强政策与制度的公平性，消除社会不公，完善市场机制，创造平等竞争的条件；建立社会风险保障机制以防止与消除极端贫困。[①]

《和谐》一书有作者对上述包容性增长的第一个支柱在中国的实施提出了具体的政策建议，即通过发展目前有比较优势的劳动密集型产业，以及资本密集型产业里面的劳动密集型区段，中国可以在一次分配领域就兼顾效率和公平。关于初次分配领域的改革，首先，指出要改善金融结构，放开市场准入，大力发展劳动相对密集的中小型制造业和服务企业；其次，是把资源税费提高到合理水平，同时深化国有矿山企业改革，剥离社会性负担，消除压低资源税费水平的理由；再次，尽可能使垄断行业引入竞争机制，而对不宜引入的行业要加强行业监管，使因垄断地位而获得的超额利润交给国家；最后，按照科学发展观的要求改变对地方政府的考核办法，弱化其推行违背比较优势的生产模式的激励。而关于二次分配政策的调整，学者认为：第一，促进而非阻碍统一的劳动力市场形成，提高社会保障统筹层次直到实现全国统筹；第二，建立偏向于生产型而非消费型的公共支出结构，以利于普遍提高劳动者素质，为产业升级创造条件，并有效阻断收入差距在代际之间转移；第

[①] 参见林毅夫、庄巨忠、汤敏、林暾《以共享式增长促进社会和谐》，中国计划出版社2007年版，第30—39页。

三，对丧失劳动能力的弱势群体进行针对性救助。①

该书有作者还给出了如何重建中国的社会福利体系，以确保国家对教育、卫生和基本社会服务的投资，建立有效的社保体系，促进机会平等，从而着重对包容性增长战略框架的第二个支柱在中国的实施提出了具体政策建议：第一，传统的城乡分隔、条块分割的管理体制和办法仍在延续，在城乡日益开放的格局中矛盾日益突出。在政策方向上必须推进社会改革，逐步整合城乡之间、条块之间的管理机制，为最终达到统一的社会保障创造体制条件；第二，打破社保管理体制方面实行多部门分头管理、分离的功能缺乏有效整合、效率低下等局面，实现管理体制的协调、整合和对管理职责的有效监督；第三，尽快改变在诸如经济适用房、廉租房等具体的社会政策执行方面管理不严格而导致政策的瞄准性差，政策执行的效果偏离政策预期目标的局面；第四，在公共服务的供给方面，切实提高政府治理的绩效水平，降低运行成本。②

2. 兼顾效率与公平说

效率与公平的关系被称为经济学说史上的"哥德巴赫猜想"。程恩富教授早在21世纪初就批判了"公平与效率高低反向变动假设"，提出了关于效率与公平关系方面的独特见解，并在其后的研究中，率先明确提出了"公平与效率互促同向变动假设"③的思想，影响深远。上述作者对实施第一个支柱的政策建议，也是建立在对"一次分配应注重效率以实现'快'的发展，二次分配注重公平以实现'好'的发展"提出质疑的基础上的。在包容性增长的政策建议上，《和谐》的多位作者从兼顾效率与公平的角度进行了阐述。他们指出：第一，中国应该选择日本、韩国和中国台湾等东亚国家或地区能够在经济起飞的初始阶段就避免收入差距扩大的

---

① 参见林毅夫、庄巨忠、汤敏、林暾《以共享式增长促进社会和谐》，中国计划出版社2007年版，第40—88页。

② 同上书，第89—129页。

③ 程恩富：《现代马克思主义政治经济学的四大理论假设》，《中国社会科学》2007年第1期。

增长模式,通过发展劳动密集型产业,更多地创造就业机会;第二,发展更多的中小型企业,实现从资本密集型增长方式向劳动密集型增长方式转变;第三,调整目前的投资体系,降低政府在生产领域的投资,进一步增加非政府组织和私人投资的影响和作用;第四,劳动密集型增长方式需要一个有效的金融体系如发展更多的中小型银行和非政府所有的金融机构的支持;第五,需要建立一个统一的劳动力市场和消除所有阻碍劳动力和资本自由流动的体制因素。[①] 也有学者以兼顾效率与公平为视角,深入探讨了拉美的"福利赶超"与"增长陷阱"对中国缩小收入差距政策选择的启示:第一,重视初次分配,即注重经济增长与就业创造,避免很多再分配措施对于增长与就业的负面影响,避免初次分配的不公;第二,提高社会福利水平应与发展阶段相适应。要调动国家、市场、社会三方的力量,形成个人、政府以及非政府组织等共同负担社会性支出的格局;第三,打造民生工程应尊重市场机制,即寻求福利增进与经济增长之间的平衡实际上也是在寻求政府与市场之间的平衡。[②]

3. 促进人力资源发展说

一些学者从着重促进人力资源发展的视角对如何实施包容性增长理念进行了阐述,指出要按照胡锦涛提出的优先开发人力资源、实施充分就业的发展战略、提高劳动者素质和能力、构建可持续发展的社会保障体系等"四项建议"[③],着力加强这方面的工作。有学者认为,人力资本"投资"上,教育、健康医疗等是让劳动力"增值"的前提,国家应尽快织好基本公共服务的大网,让希望改变处境者获得平等的"投资权""投资渠道""投资补助";人力资本"收益"上,必须尽快扭转"初次分配重效率"的状况,在分配方面,切实落实党的十七大"提高劳动报酬在初次分配中的比

---

① 参见林毅夫、庄巨忠、汤敏、林暾《以共享式增长促进社会和谐》,中国计划出版社2007年版,第148—179页。

② 同上书,第180—212页。

③ 杨英杰:《实现包容性增长必须优先开发人力资源》,《中国人口报》2010年10月18日第3版。

重"等要求，改变劳动的"弱势要素"地位，提高劳动力的要素索取权和回报率，以防止贫困代际传递，实现真正意义上的包容性增长。①

4. 社会保障均等化说

有学者认为，基本社会保障均等化的程度是衡量包容性增长的重要指标。要促进基本社会保障均等化就要做到：实施益贫式保障政策，使贫困人群获得高于社会平均水平的收入增长；把握基本社会保障的普惠性与适度性，实现长远的包容性增长；基于就业与社会保障的替代平衡，协调国民收入的初次与二次分配；推进城乡统筹与缩小地区差异并举，为包容性增长提供稳定的安全网。②

5. 转变经济发展方式，促进经济社会协调发展说

有的学者认为，实现包容性增长，一要加快转变经济发展方式，这是紧迫而重大的关系全局的战略任务，是实现包容性增长的前提条件；二要始终坚持经济与社会的协调发展，这既是严峻挑战和考验，更是必须担当的历史使命和重大任务。"十二五"时期必须按照包容性增长的要求，着力解决社会建设这个短板，深化社会领域改革；三要不断推进城乡一体化发展，促进中间多、两头少的"橄榄型"社会结构的尽快形成。③ 另外，较多学者提出了"去GDP化"的观点，指出要实现包容性增长，必须调整官员政绩的考核方式，必须把关注的重点转向财富的分配，而不是仅注重GDP的创造。学者们还强调，尽管可能存在体制惯性和既得利益的阻挠，但必须指出，已到了不得不转变的时刻。只有这样，包容性增长才能实现，财富的公平分享才有可能。④

---

① 徐锋：《用公平为"包容性增长"加油》，《广州日报》2010年9月30日第2版。

② 孙翎：《包容性增长与基本社会保障均等化——基于机会平等的视角》，《光明日报》2010年10月19日第10版。

③ 王勇：《包容性增长奏响"十二五"主旋律》，《证券时报》2010年10月18日A3版。

④ 余闻：《实现包容性增长须去经济增长的GDP化》，《学习时报》2010年10月4日第4版。

《和谐》还给出了中国在政策选择上需要特别注意和避免的两个倾向：一是只顾高速的增长而忽视了增长的包容性；二是过度依赖政府再分配的手段来实现收入均等化。并指出，国际经验已表明，这两种政策倾向都会对经济发展的效率与可持续性产生严重的不良影响。[1]

（五）包容性增长理念研究中的误区

1. 增长理念的主题演变方面

　　有的研究把包容性增长理念的演进脉络概括为"经济综合增长理念→经济全面增长理念→经济可持续发展理念→包容性增长理念"[2]。笔者认为，这是混同了不同层次的增长理念所致。尽管这一表述与"先增长后再分配→广泛基础的增长→益贫式增长→包容性增长"有时间对应和内容重合的地方，但却显得逻辑错位，也易产生理论上的误导。第一，包容性增长理念的形成，与20世纪80、90年代发展起来的权利贫困理论以及关于社会排斥方面的认识深化密切相关，是人们对贫困问题的认识由收入贫困到能力贫困再到权利贫困这一深化过程的反映，从前文亚行对"益贫式增长"和"包容性增长"等概念的界定中可以看出其密切相关性。上述概括或其他类似概括，显然偏离了概念生成的渊源和发展脉络，况且把抽象程度不同的概括混为一"线"。第二，包容性增长理念只能作为贯彻科学发展观、实现科学发展和社会和谐的一种手段或实施理念，或说是对科学发展观的丰富和具体化，而不能把之视作代替科学发展观的一个概念或独立阶段。如学界所说，尽管"包容性增长"相对是个经济概念，但它与我们所提倡的"全面小康""科学发展观""和谐社会"等一脉相承，且"包容性增长"跟"科学发展观""和谐社会"相比，会有更多的量化指标，也将更加具体，

---

[1] 林毅夫、庄巨忠、汤敏、林暾：《以共享式增长促进社会和谐》，中国计划出版社2007年版，第20页。
[2] 冯海波：《"包容性增长"理念的学理澄明及其现实意义》，《南昌大学学报》2010年第6期。

不但能量化GDP，而且提出GDP是怎么分配的。[①] 笔者认为，"十二五"规划建议并没有出现"包容性增长"的字眼，主要是因为相对于科学发展观而言，包容性增长仅仅包含于其间。也就是说，统筹发展、全面协调可持续发展，比包容性增长的意义应该更全面，层次也显得更高，包容性增长理念理应归结到科学发展观的统领之下。

2. 包容性增长理念的内涵理解和政策建议方面

如前所论，内涵解析上表现出的差异性，也是初步研究阶段存在的正常或暂时性现象。因为包容性增长的内涵丰富而又深刻，适用范围宽泛，目前仅是一个发展战略的"概念性框架"，尚未形成相对统一的和公认的定义，关于衡量包容性增长的量化指标方面的研究以及运用这种量化指标对经济增长包容性进行的实证分析和测度也处于起步阶段。需要注意的是，研究中出现了"过于狭隘"与"无所不包"等解读模式。过于狭隘的解读，仅仅针对社会问题的某个方面，抓住一个视角对某一社会问题作针对性的概念解读，难免不及其余，也容易使读者产生理解上的片面；无所不包的解读，尽管没有表现出所谓"体系"情结，但由于把概念泛化，读者在理解上可能面面俱到，反倒难以把握包容性增长理念的精髓。正确的态度，还是以历史的、现实的和逻辑的、学理的视角，对概念作"有限理性"的解析。笔者认为，把握住"经济增长""机会平等""利益共享"这三个方面，既符合概念提出的初衷，也切合概念的现实指向。

3. 包容性增长理念的政策和机制选择方面

这方面的讨论，与学者对概念内涵的理解密切相关。不一致的内涵理解使学者给出不一致的具体政策建议。这并非如有论者所担心的是影响实施效果的现象，而是在包容性增长理念初步研究和讨论中难以避免的。各种观点的出场和碰撞，能够启发人们对概念的

[①] 王红茹：《胡锦涛首次公开倡导"包容性增长"陌生概念引关注》，《决策探索》2010年第10期（上半月）。

深入理解。只是必须指出，一方面，一些政策建议上的完美化和理想化倾向，脱离了目前我国转型时期的现实国情，淡忘了我国并非可以规避的发展瓶颈。这样的完美化和理想化，对于包容性增长实践的负面影响是不言而喻的；另一方面，一些偏颇的绝对化的议论，只能误导人们的思维，反映出研究中的不端学风，也是于事无补的。如：改革开放 30 年形成的最坚固意识形态与方法论是一切以经济建设为中心，经济建设以 GDP 为中心，GDP 以房地产为中心。再如：中国就是一个不包容性增长的典型。毋庸讳言，在取得经济社会发展巨大成就的同时，我国也面临着诸多突出矛盾和挑战。但不能以此而以偏概全，混淆视听，愤世嫉俗。应该清醒地看到，我国仍然是世界上最大的发展中国家，人口多、底子薄、发展不平衡的基本国情没有改变；还应当看到，在发展经济的同时，政府也更加重视发展社会事业和改善民生，经济发展与社会发展的协调性逐渐增强。"十一五"时期我国取消了农业税，实行真正免费的义务教育，建立覆盖城乡的社会保障制度框架，实施标准更高的扶贫开发政策，制定和实施国家中长期科技发展规划纲要等，这些都是经济社会发展中具有重要影响的举措；在应对金融危机的过程中，党和政府提出保增长、保民生、保稳定的方针，实施积极的财政政策和适度宽松的货币政策，积极推动经济发展、提高经济发展质量，加大社会领域投入，加强社会保障体系建设，着力解决民生问题；"十二五"规划建议被普遍认为将掀开由国富到民富、加快转变经济发展方式的新篇章等，这一切，是不应该漠视的。

在胡锦涛访美之际，中国国家形象宣传片迅速成为中外媒体和公众关注的焦点。形象片的"角度篇"，通过开放而有自信、增长而能持续、发展而能共享、多元而能共荣、自由而有秩序、民主而有权威、贫富而能互尊、富裕而能节俭等 8 个章节系统辩证地阐述了科学发展观指导下的中国。这种看问题的态度和方法，对于我们以包容性增长理念来解读当下和继续发展的中国，具有科学的方法论导引作用。

三 "包容性发展"研究

2011年4月博鳌亚洲论坛倡导的包容性发展理念，以其深邃的思想内涵，得到学界和国际社会的高度关注与普遍认可。包容性发展理念的生成，具有多层面的依据：马克思主义的历史唯物主义是其最深厚的理论基因，经济全球化催生的现当代发展理念及主题嬗变是其思想渊源，当代中国化马克思主义最新成果和优秀传统文化是其中国根脉。包容性发展理念的出场，具有鲜明且重大的时代价值。

（一）理论基因

马克思、恩格斯的历史唯物主义，是包容性发展理念最深厚的理论基因。

历史唯物主义关于社会历史主体的思想，是包容性发展追求"所有人的参与和所有人的发展"的理论依据。

在迄今为止的人类思想发展史上，马克思、恩格斯首先开创了"因为人而为了人"的"以人为根本"的哲学思维范式。他们指出："全部人类历史的第一个前提无疑是有生命的个人的存在。"[1]即人们为了生活，首先就需要吃喝住穿以及其他一些东西。因此他们认为第一个历史活动就是生产满足这些需要的资料，即生产物质生活本身。马克思还指出，人是最名副其实的政治动物，不仅是一种合群的动物，而且是只有在社会中才能独立的动物，"人的本质不是单个人所固有的抽象物，在其现实性上，它是一切社会关系的总和。"[2] 社会历史活动其本质是什么？马克思说，所谓社会不过是人们交互活动的产物，而所谓历史，不过是追求着自己目的的人的活动而已，"历史活动是群众的活动，随着历史活动的深入，必

---

[1] 《马克思恩格斯文集》（第1卷），人民出版社2009年版，第519页。
[2] 同上书，第501页。

将是群众队伍的扩大。"① 这就清楚地表明，只有人民群众才是社会生产活动的主体，是社会历史的创造者，人类的任何经济发展和社会活动，只有以人民群众为主体，倾听他们的呼声，代表他们的利益，才能成为社会历史发展的动力。

上述社会历史主体思想清楚地说明，一切时代的"迫切问题"，都只能是"人"和"人类社会"的问题。人类的生存和发展，才是人和人类世界的最基础、最核心和最根本的问题。社会的进步，社会关系的发展，最终总要通过人而表现出来，通过人自身的生存、发展和解放表现出来，通过人的价值实现程度表现出来。离开了人的发展，就谈不上社会历史的发展。所以，社会进步的根源即在人本身，在人民群众本身，促进和实现每一个人的自由全面发展才是社会进步的物质前提。这种社会历史主体思想，自然成为包容性发展追求"所有人的参与和所有人的发展"的理论依据。追求所有人的参与和所有人的发展，是一种以主体为中心的"主体理性"，是符合科学的整体主义的类主体性（或人类整体性）②。只有所有人的参与和所有人的发展，才是社会发展和人类进步的正确道路。

历史唯物主义关于社会有机体、人与自然的关系等理论，是包容性发展谋求"健康有序的发展"的理论依据。

马克思、恩格斯认为，人类社会的运行存在着和有机体相类似的机制，并进而明确地把人类社会称作社会有机体。马克思说："现在的社会不是坚实的结晶体，而是一个能够变化并且经常处于变化过程中的有机体。"③ 他在相关论述中还把国家生活称为现实的、有机的国家生活，国家生活的机体，社会生产机体等。恩格斯也指出，有机体经历了从少数简单形态到今天我们所看到的日益多样化和复杂化的形态，一直到人类为止的发展序列。在马克思、恩

---

① 《马克思恩格斯文集》（第1卷），人民出版社2009年版，第287页。
② 参见陈金美《整体主义探析》（http://www.gmw.cn/01gmrb/1998-09/18/GB/17819%5EGM5-1802.htm）。
③ 《马克思恩格斯文集》（第5卷），人民出版社2009年版，第10—13页。

格斯看来，社会有机体就是在人的劳动实践过程中，在人们的交往过程中形成和发展起来的，历史唯物主义则是"在劳动发展史中找到了理解全部社会史的锁钥的"[①]。

马克思、恩格斯阐述了由生产力、生产关系（经济基础）、上层建筑三方面要素所组成的社会有机体结构。他们指出，人们用以生产自己的生活资料的方式，首先取决于他们已有的和需要再生产的生活资料本身的特性，取决于他们进行生产的物质条件。生产者与生产的物质资料的结合便构成了生产力，而以一定的方式进行生产活动的一定的个人，发生一定的社会关系和政治关系，社会结构和国家总是从一定的个人的生活过程中产生的。后来，马克思在《政治经济学批判序言》中，对上述"推广运用于人类社会及其历史的唯物主义的基本原理"，作了"完整的表述"[②]，即人们耳熟能详的"物质生活的生产方式制约着整个社会生活、政治生活和精神生活的过程"[③]等经典表述。关于社会有机体的结构，马克思还论述了作为社会结构重要因素的地区、民族和国家关系的重要地位："各民族之间的相互关系取决于每一个民族的生产力、分工和内部交往的发展程度。这个原理是公认的。然而不仅一个民族与其他民族的关系，而且这个民族本身的整个内部结构也取决于自己的生产以及自己内部和外部的交往的发展程度。"[④]

在人与自然的关系问题上，一方面，马克思深刻地揭示了人对于自然界的依赖性，指出自然界是人为了不致死亡而必须与之处于持续不断的交互作用过程的人的身体。马克思通过与动物生产的比较，阐述了人类生产的特点，即动物的生产是片面的，而人的生产是全面的；动物只生产自身，而人再生产整个自然界。他还进一步分析了人和自然之间的物质变换关系："劳动首先是人和自然之间的过程，是人以自身的活动来中介、调整和控制人和自然之间的物

[①] 《马克思恩格斯文集》（第4卷），人民出版社2009年版，第313页。
[②] 《列宁专题文集·论马克思主义》，人民出版社2009年版，第13页。
[③] 《马克思恩格斯文集》（第2卷），人民出版社2009年版，第591页。
[④] 《马克思恩格斯文集》（第1卷），人民出版社2009年版，第520页。

质变换的过程。"① 另一方面，马克思、恩格斯敲响了人类要保护自然、善待自然的警钟，揭示了历史发展的代际传承关系和影响。马克思揭露了资本主义生产对土地的滥用和破坏，指出"资本主义农业的任何进步，都不仅是掠夺劳动者的技巧的进步，而且是掠夺土地的技巧的进步"②，恩格斯更是尖锐地提出了著名的"不要过分陶醉"的警示。③ 在谈到代际关系时他们明确指出："历史的每一阶段都遇到一定的物质结果，一定的生产力总和，人对自然以及个人之间历史地形成的关系，都遇到前一代传给后一代的大量生产力、资金和环境，尽管一方面这些生产力、资金和环境为新的一代所改变；但另一方面，它们也预先规定新的一代本身的生活条件，使它得到一定的发展和具有特殊的性质。"④

马克思、恩格斯深刻地论述了正确解决人与自然关系的制度设想。马克思指出，共产主义"是人和自然界之间、人和人之间的矛盾的真正解决，是存在和本质、对象化和自我确证、自由和必然、个体和类之间的斗争的真正解决"⑤。他认为，"这个领域内的自由只能是：社会化的人，联合起来的生产者，将合理地调节他们和自然之间的物质变换，把它置于他们的共同控制之下，而不让它作为一种盲目的力量来统治自己；靠消耗最小的力量，在最无愧于和最适合于他们的人类本性的条件下来进行这种物质变换"⑥。恩格斯也强调："我们每走一步都要记住：我们决不像征服者统治异族人那样支配自然界，决不像站在自然界之外的人似的去支配自然界——相反，我们连同我们的肉、血和头脑都是属于自然界和存在于自然界之中的；我们对自然界的整个支配作用，就在于我们比其他一切生物强，能够认识和正确运用自然规律。"⑦

---

① 《马克思恩格斯文集》（第5卷），人民出版社2009年版，第207—208页。
② 同上书，第579页。
③ 《马克思恩格斯文集》（第9卷），人民出版社2009年版，第559—560页。
④ 《马克思恩格斯文集》（第1卷），人民出版社2009年版，第544—545页。
⑤ 同上书，第185页。
⑥ 《马克思恩格斯文集》（第7卷），人民出版社2009年版，第928—929页。
⑦ 《马克思恩格斯文集》（第9卷），人民出版社2009年版，第560页。

包容性转变：转变经济发展方式的形上之思与形下之维

以马克思、恩格斯关于社会有机体、人与自然的关系等理论为依据，包容性发展理念所谋求的健康有序的发展，蕴涵着多方面的现实追求。首先，健康有序的发展追求各国各民族互利共赢、共同进步的发展。在全球化时代，没有哪个国家或地区能够闭关锁国进行建设以实现自身发展，也没有谁能够在全球性的危机或突发事件中独善其身，滥觞于美国的全球金融和经济危机就是生动的现实版进行时教材。面对经济增长、粮食和能源安全、气候变化等诸多世界性课题，各个国家或民族应在平等互信、互利共赢的原则基础上协同应对，共谋发展，这才是应对挑战、确保安宁的必由之路，也是包容性发展理念的题中之义。其次，健康有序的发展追求各种文明互相激荡、兼容并蓄的发展。世界多极化、文明多样性是当代社会的基本特征。不同文明的历史文化、社会制度、发展模式等差异，不能成为国家或民族交往的障碍、对抗的理由。不同文明间的互相尊重、求同存异，少些对抗和偏见，多些对话和沟通，才能做到发展进步上的平等、互补、兼容，才能实现和而不同和共同发展。最后，健康有序的发展追求人与社会、自然和谐共处、良性循环的发展。工业革命以降，经济发展大多是以挥霍资源、糟蹋环境为代价，而人类在"陶醉于"战利品之时，却不得不支付自己的"尊严"。尽管一些发达国家通过产业转移和技术进步一定程度上缓解了经济发展与资源环境的矛盾，然而在不合理的国际经济政治秩序下，广大发展中国家依然心有余而力不足，依旧行走在粗放式发展的道路上。在正确认识和运用自然规律、尊重经济和社会发展规律的前提下，建立全球化背景下可持续的经济发展模式、健康合理的生产与消费模式，实现人与自然的和谐发展，这才是包容性发展理念的根本要求所在。

历史唯物主义关于社会公平、正义的思想是包容性发展秉持"机会平等""利益共享"的理论依据。

公平正义是人类社会共同的和永恒的追求，是实现包容性发展的基本前提。在马克思、恩格斯看来，公平从来都是历史的和具体的，是阶级的和相对的，不存在任何超越特定历史条件、超越阶级的抽象的"永恒公平"。在《哥达纲领批判》中，马克思详细阐述了他对"平等"的看法。他指出资产阶级的平等的权利比起封建等级制度是"进步"的，但总还是被限制在资产阶级的框框里。因为"权利，就它的本性来讲，只在于使用同一尺度；但是不同等的个人（而如果他们不是不同等的，他们就不成其为不同的个人）要用同一尺度去计量，就只有从同一个角度去看待他们，从一个特定的方面去对待他们"①。马克思指出，资本主义的这种平等实际上只是"形式上的公平"，况且这种用同一尺度去对待天赋本来就有差异的个人的"形式上的公平"，在资本主义社会中也不可能真正做到，因为在这个社会中"原则和实践"是"互相矛盾"的。未来共产主义社会第一阶段不可避免地还要实施这种形式上的"公平"，当然也不可避免地要承受由这一"公平"所带来的弊端，区别之处仅在于，"原则和实践在这里已不再互相矛盾"②。马克思强调指出，未来社会的人们必须不断地创造条件，如重视社会的普遍调剂，向"事实上的平等"，即把个人体力与智力的差异以及个人家庭情况的差异也考虑在内的真正的平等方向前进。在《共产党宣言》中，他们提出了诸如征收高额累进税、废除继承权、把农业和工业结合起来、对所有儿童实行公共的和免费的教育等措施。马克思、恩格斯还经常把公平与正义联系在一起，认为公平正义是经济发展过程中所要解决的核心问题，是对人类的"终极关怀"。如恩格斯指出：现代的平等"要求更应当是从人的这种共同特性中，从人就他们是人而言的这种平等中引申出这样的要求：一切人，或至少是一个国家的一切公民，或一个社会的一切成员，都应当有平等的政治地位和社会地位"③，并认为平等是正义的表现，是完善的政治制度或社会制度的原则，"真正的自由和真正的平等只有在共产主义制度下才可能实现；而这样的制度是正义所要求的。"④ 总

---

① 《马克思恩格斯文集》（第3卷），人民出版社2009年版，第435页。
② 同上书，第434页。
③ 《马克思恩格斯文集》（第9卷），人民出版社2009年版，第109页。
④ 《马克思恩格斯全集》（第1卷），人民出版社1956年版，第582页。

之，在马克思、恩格斯看来，社会公平正义的基本依据，即生产力及与之相应的"经济事实"和在这种"经济事实"中人的生存和发展样态；社会公平正义的标准，即社会的经济、政治和法律制度是促进还是阻碍社会生产力的发展，是促进还是阻碍人的自由全面发展。

包容性发展理念正是建立于经典作家关于社会公平正义的思想之上，以实现所有人"机会平等、成果共享的发展"为其理论的最核心价值取向。经济发展过程不断产生机会，但由于历史、地理以及所处的制度环境不同，往往导致不同群体之间和个人之间发展机会的不均等，这是造成不均衡发展的主要原因。一个积极向上的社会其发展机会应具有开放性和普遍性；一个公平正义的政府必须提供机会均等来改善收入分配，使发展所产生的利益和财富惠及所有人。包容性发展理念不允许人们之间有不同的权利配置，不包容社会各阶层之间的垄断特权或多元分割，也不容忍制度化地相互敌视或群体性地彼此仇视。包容性发展理念就是要随着社会历史的进步所提供的条件，不断消除人们参与经济发展、分享发展成果方面的障碍，逐步实现"事实上的平等"，让每个社会成员都能公平地享受基本公共服务，把经济增长的社会福利最广泛地惠及社会公众，做到"权利公平、机会公平、规则公平、分配公平"，"让人民体面的劳动，有尊严的生活"，最终实现人的全面发展。

（二）思想渊源[①]

包容性发展概念成为显性话语，受到学界和社会舆论的强力关注，在促进人们思考进一步转变经济发展方式、谋求科学发展、促进社会和谐方面，起到了重要的导引作用，提供了崭新的思考空间。

包容性发展理念的生成，是人们不断深化的关于贫困减除、经

[①] 这一方面的文献梳理，参阅了蔡荣鑫的《"益贫式增长"模式研究》一书。该书由科学出版社 2010 年 1 月出版，蔡荣鑫也被学界认为是较早进行益贫式经济增长模式研究的学者。

济增长和社会发展等方面认识成果的结晶。20世纪中期以来，人们关于经济增长的理念和模式，经历了从"先增长后再分配"的单纯强调增长，到"广泛基础的增长"（broad-based-growth），到"益贫式增长"（pro-poor-growth），以及"共享式增长"（即"包容性增长"，"包容性发展"：inclusive growth）的演进脉络。

20世纪中期，在长期占据主流地位的收入贫困理论、"涓滴假说"以及人均收入和不平等的"倒U型假说"等影响下，人们几近盲目地笃信经济增长的成效会自动地扩散到全社会各个阶层和部门，从而社会的贫困人口会随着经济增长而自然减少。基于这种认识，在实践上，人们立足于谋求实现持久和快速的经济增长，这就是传统发展经济学的"先增长后再分配"模式。这种模式尽管也遭到一些批评，但其单纯强调经济增长的影响力却是实际存在的。由于在经济增长与不平等之间复杂关系上的肤浅认识，建立在这种单纯强调增长的贫困减除实践并未在20世纪后期给人们带来预期的效果。这也成为联合国召开千年首脑会议提出《千年发展目标》并得到各国坚定承诺的主要诱因。

20世纪90年代，随着信息技术的扩张，大量国际间可比的国民收入和增长率数据的出现，经济学家们以增长理论的发展为理论基础，开始重新审视不平等与经济增长间的权衡替代关系，并得出了与传统增长理论相悖的观点，即不平等的存在及恶化将损害经济增长的前景，使增长率下降。在这种认识基础上，通过理论研究和实证分析两方面的努力，经济学家们基本达成"共识"：经济增长、收入分配与贫困减除三者之间可以具有良性互动的关系。随后，世界银行考察了第二次世界大战以来第三世界的贫困问题，并在《1990年世界发展报告》中提出了"广泛基础的增长"（broad-based-growth）理念，强调要将贫困人口吸纳到经济增长过程之中，并指出可以通过提供机会和提升得益能力两方面努力，在改进贫困人口生活质量方面取得快速且政治上可持续的进步。不过，"广泛基础的增长"的内涵，一直没能得到清晰的定义。20世纪90年代中后期，当经济学家们开始寻求政策组合，以期通过促进经济增长而实现贫困更快地下降时,"益贫式增长"(pro-poor-growth)理念逐渐被人们所关注,并取代"广泛基础的增长"理念。

"益贫式增长"(又称"对穷人友善的增长")概念最早见于1997年英国的国际发展白皮书,其后在1999年亚洲开发银行的报告和2000年世界银行的世界发展报告中均得到应用。最早给出"益贫式增长"定义的是亚洲开发银行,亚行指出,如果增长是吸收劳动并伴随降低不平等、为穷人增加收入和创造就业的政策,尤其当经济增长有助于妇女等其他传统上被排斥在增长及其成果分享之外的群体时,这种增长就是益贫式的。经合组织(OECD)及联合国(UN)等国际组织曾一度将"益贫式增长"定义为能使贫困显著减少的增长,并强调这种增长应该能够使穷人得益,并为他们提供机会以改善经济处境。"益贫式增长"理念的形成及其在经济增长实践中的应用,表明人们对于贫困和经济增长的认识已经突破了收入贫困理论及"涓滴假说"的桎梏,自觉地意识到有必要检讨既往的经济增长理念和模式,追求旨在针对贫困问题采取特定的经济增长政策措施,而非坐等经济增长本身能自动实现社会的贫困减除。从单纯强调增长,到"益贫式增长"理念普遍被人们所接受,反映了人们从收入贫困到能力贫困再到权利贫困的认识深化。

进入21世纪,亚洲各国在普遍实现经济持续增长的同时,收入和非收入不平等状况却在恶化的趋势逐渐被人们所认识。出于对亚洲地区经济的持续增长以及社会政治稳定形成冲击的担忧,亚行在上述"益贫式增长"理念的基础上,率先提出了"共享式增长"的理念,亦即目前被学界改译并被广泛认同的"包容性增长"(即"包容性发展")理念。学界普遍认为,"包容性发展"这一概念是亚行2007年8月在京召开的"以包容性增长促进社会和谐战略研讨会"上提出来的。而对包容性发展这一理念作集中阐述的便是上文多次提及的《和谐》一书。至此,包容性发展的理念成为世行和亚行等国际机构的核心指导思想。可见,包容性发展概念最早由亚行提出,而其推介和完善则是亚行、世行(也包括经合组织和联合国)等国际组织在近十几年间逐步进行的。比如学界就指出,包容性发展与联合国秘书长潘基文等政治领导人的关注密不可分。①

（三）中国根脉

当代中国化马克思主义最新成果，是包容性发展理念的现实根基。

在中国，包容性发展理念具有科学发展这一当代社会深层的时代内容。科学发展观作为中国化马克思主义最新成果，是指导中国21世纪经济社会发展的重要指导思想。科学发展观坚持以人为本的核心理念，把人作为发展的根本前提，把提高人的素质作为发展的根本途径，以人的发展为根本目的，追求发展为了人民、发展依靠人民、发展成果由人民共享的理念；科学发展观坚持全面协调可持续的基本要求，推进经济建设、政治建设、文化建设、社会建设和生态文明建设共同进步，推进物质文明、精神文明、政治文明、生态文明共同地和可持续地发展；科学发展观坚持统筹兼顾的根本方法，努力做到统筹城乡发展、统筹区域发展、统筹经济社会协调发展、统筹人与自然和谐发展、统筹国内发展与对外开放。正是在中国这片追索科学发展的热土上，包容性发展的理念"顺利且迅速地扎下了根须"②，中共十六届三中全会提出的"坚持以人为本，树立全面、协调、可持续的发展观，促进经济社会和人的全面发展"的科学发展思想，也成为4年后亚行提出的"包容性增长"和5年后世行增发会《增长报告》推出的"包容性发展"的基本调式。③ 科学发展观与包容性发展理念"所有人的参与和所有人的

---

① 孙翎：《包容性增长与基本社会保障均等化——基于机会平等的视角》，《光明日报》2010年10月19日第10版。

② 郑杭生：《让"包容"牵手"和谐"——包容性增长里的中国智慧》，《光明日报》2011年3月3日第16版。

③ "包容性发展"一词首见于世行增发会《增长报告：可持续增长和包容性发展的战略》（中国金融出版社2008年版），中国人民银行行长周小川作为增发会成员参加了报告起草的实质性工作，且中国作为报告中选取的成功实现经济发展的经济体，其30年改革的成功实践以及所面临的挑战、未来目标、发展战略和价值取向等，居于报告核心地位，成为报告的主要内容。

包容性转变：转变经济发展方式的形上之思与形下之维

发展""健康有序的发展""机会平等、利益共享的发展"等核心思想是内在统一和一脉相通的，而包容性发展理念又是科学发展观的进一步深化和具体化，在坚持科学发展观基本思想的基础上，包容性发展理念深化了以人为本的内涵，丰富和拓展了科学发展的内容，突出了和谐发展和可持续发展。

中国优秀传统文化的包容共生，是包容性发展理念的古老根脉。

包容性发展理念以当代中国化马克思主义最新成果为主体，同时吸收了中国优秀传统文化的精粹。"包容"是中国优秀传统文化的集中体现。包容共生、海纳百川从来都是中国人文精神的重要特征。作为一个多民族国家，中国历来是一个五方杂处、多元共存的国度，中国文化最具包容性、开放性和持久性。连绵不断的五千年文明史，就是以华夏文明为主体的中华民族各地域文化（如中原文化、齐鲁文化、荆楚文化、巴蜀文化、吴越文化、岭南文化、闽台文化等）和各民族文化（如壮、满、蒙古、回、藏等56个民族文化）长期地交流、渗透、竞争和融合的历史。绵延八百年的周朝基业，先秦诸子百家的交互融通，海纳百川的盛唐情怀，儒释道与百家诸子的精华融会，你中有我，我中有你，中华文化的许多重要理念都是在这样的互相激荡、融会百家、兼收并包中得以生生不息，发扬光大。中国文化在其发展史上，先后受容了中亚游牧、波斯、佛教、阿拉伯、欧洲等文化精华，中华文化就是在多元文化的互相交流、互相吸收之中发展起来的。完全可以说，包容性是中国文明绵延数千年的主因。张维为在进行了古埃及、古两河流域、古印度、古希腊等古今主体文明的比较研究后指出："环顾今日之世界，数千年古老文明与现代国家形态几乎完全重合的国家只有一个，那就是中国。"这种"文明型国家"有能力汲取其他文明的一切长处而又不失自我，并对世界文明作出原创性的贡献。[1] 张颐武也指出，

---

[1] 张维为：《中国震撼：一个"文明型国家"的崛起》，上海人民出版社2011年版，第2页。

中国文明是人类文明中从未中断过的具有完整连续性的伟大文明，这是中国崛起的文化内涵，是中国的文化能量。①

张岱年先生认为，几千年来中国古代哲学中的精湛思想主要有天人合一、以人为本、刚健自强、以和为贵。②"天人合一"即"人与自然的统一"，或者如恩格斯所说"人与自然的一致""自然界与精神的统一"；"以人为本"即人本主义无神论；"刚健自强"即发扬主体能动性；"以和为贵"即肯定多样性的统一，这就是中国传统文化的基本精神。学界也普遍认为，追求人与人之间、人与社会之间和谐共处的人伦和谐说，倡导人与自然、社会与自然之间协调发展的天人合一说，警示不能通过牺牲一方来使另一方得益获利的"己所不欲，勿施于人"以及"和而不同"等理念，高度概括了中华文化的普遍价值，中华文化传统的"善""仁"等理念在当今世界大变动格局中，对于世界的和平与发展将发挥着不可估量的巨大作用。中华文化传统集中体现了包容发展、和谐共生的理念，成为包容性发展理念生成的古老根脉。

综上可见，作为一个历史悠久且秉持科学发展的国度，中国为包容性发展理念的生成和出场作出了重要贡献，为国际社会包容性发展实践作出了光辉榜样。包容性发展理念的中国根基说明，中国始终不渝地把自身的发展与人类共同进步联系在一起，主动积极地与世界"建立具有进取性、认同性和共享性的价值关系"③，通过这种价值关系而影响世界，促进建设和谐世界，凸显出负责任大国的形象，体现出泱泱大国的博大胸襟。

（四）时代价值

历史往往如此，只有当一种价值的失落令人切肤之痛时，方才

---

① 参见张颐武《中国崛起的文化内涵》，《科学中国人》2010 年第 1 期。
② 张岱年：《中国文化的基本精神》，《齐鲁学刊》2003 年第 5 期。
③ 庞中英：《建设中国与世界的价值关系》，参见《南方都市报》2004 年 7 月 19 日（http://www.sout-hcn.com/nflr/llzm/200407190358.htm）。

包容性转变：转变经济发展方式的形上之思与形下之维

引起人们重视。人类好像天生就有一种收拾残局的偏好。[1] 长期以来，人们谋求经济增长的实践导致了严重失业的"无工作增长"、贫困和收入分配严重不公的"无情增长"、失去了民主和自由的"无声增长"、生态严重破坏的"无未来增长"、毁灭文化的"无根增长"。人们仰天而问，怎样"充满劳绩"但还能"诗意的安居"于这块大地？包容性发展理念的生成和出场，正是因应人们仰天而问的应答。

包容性发展理念凸显马克思主义对人的终极关怀，追索经济增长实践中的人本生存状态，指出了一条人类经济活动的沧桑正道。

历史唯物主义是"科学的社会认识论和方法论"，是"科学的社会历史观和以人为本的价值观"[2]，它十分重视人在社会发展中的主体地位，鲜明地强调"历史是人的真正的自然史"[3]，指出未来社会是"人和自然界之间、人和人之间的矛盾的真正解决"的社会，在这一社会中人们可以"在最无愧于和最适合于他们的人类本性的条件下来进行这种物质变换"[4]。包容性发展理念秉持这种科学的社会历史观和以人为本的价值观，对处于危机中的西方文明支配下的"物质变换"进行了革命性的解剖。

声势浩大的"占领华尔街"等运动说明，资本失控的幽灵在贪婪地侵蚀着99%的草根阶层，财富生产与民生需求的脱节致经济严重失衡，劳资天悬之隔，社会矛盾激化，当今"从资本的统治中解放出来"的迫切性远超马克思所处的19世纪，连英国财政大臣奥斯本也惊呼：资本主义有失去"营业执照"的危险。其实，随着资本的世界扩张和经济全球化的推进，"资本主义的营业执照受到质疑"早已成为国际社会的显性话语。当今西方马克思主义界享有崇高声誉的英国学者 I. 梅扎罗斯指出，需求与财富生产的脱节——这恰好是在资本的统治下产生财富的必然的特征。他认为，

---

[1] 徐贵权：《论价值理性》，《南京师大学报》2003年第5期。
[2] 吴元梁：《唯物史观：科学发展观的理论基础》，《哲学研究》2005年第7期。
[3] 《马克思恩格斯文集》（第1卷），人民出版社2009年版，第211页。
[4] 《马克思恩格斯文集》（第7卷），人民出版社2009年版，第928—929页。

资本主义社会的再生产实践"从属于不断扩张的资本生产的异化规则",而"不考虑它对人类需求的意义"。为了使财富的生产成为人的目标,就必须把使用价值和交换价值分离,并使之处于后者的支配之下,而恰是这一点构成资本取得成功的主要秘密。问题的关键在于,由于交换价值支配着使用价值,从而需求的既定界限就限制不了资本的发展。"因为资本就指向于交换价值的生产和扩大再生产,从而可以在很大程度上走在现存需求的前面,并成为对后者的强大刺激。"①"占领华尔街"运动的喧嚣,伴随着国际社会中涌现出的替代新自由主义和凯恩斯主义的各种思潮,并引发出各类替代资本主义计划的探讨。如 2012 年初召开的达沃斯世界经济论坛就以"大转型:塑造新模式"为主题,并在"20 世纪的资本主义是否适合 21 世纪"论题之下对资本主义进行了更加全面深刻的批判。

为什么资本主义的合法性会受到如此广泛深刻的质疑?显然,西方文明支配下的"物质变换"形式不能做到"人和自然界之间、人和人之间的矛盾的真正解决",资本主义做不到最无愧于和最适合于人类本性条件下的"物质变换"。因为,任何经济活动,归根结底其最终目的只能是满足民生的需要,非民生的经济活动必然是人类行为的异化,是无理性的和非经济的,是无价值的物质损毁或消耗。②"生产对人的生存、发展、享受没有效用的产品"这本身就是一个悖论。资本主义社会单纯市场机制驱动下的经济增长不仅不能保证是亲贫的、包容性的,在很大程度上甚至是"嫌贫爱富"的。一个负责任的政府"必须在变革社会结构、扩展平等发展机会的基础上,调整增长方式、引导增长方向、疏浚增长利益润泽社会民众的通道。"③ 而这正是包容性发展理念的主旨所在。包容性发

---

① 参见陈学明《人类超越资本不但是必要的,而且是可能的——读梅扎罗斯的〈超越资本〉一书》,《天津行政学院学报》2007 年第 3—4 期。
② 参见金碚《论民生的经济学性质》,《新华文摘》2011 年第 8 期。
③ 参见叶初升、张凤华《发展经济学视野中的包容性增长》,《光明日报》2011 年 3 月 18 日第 11 版。

展理念还强调，低收入阶层和弱势群体不是经济增长福利的被动接受者，而是获取机会、争取权利、发展自身能力，进而参与经济增长过程的经济主体。不言而喻，包容性发展理念这种对经济增长实践中人本生存状态的追索，对经济活动的民生取向的高扬，对"有效需求、改善民生"这一真正"属人"的经济活动宗旨的恪守，为规避资本统治下民生需求与财富生产的脱节等结构性和制度性危机指明了前进的路途，为各国政府谋求推动普惠于社会民众的经济发展规定了切实可行的实践路向，昭示出一条人类经济活动的沧桑正道。

科学发展观指导下的包容性发展理念针对经济社会发展的现实诉求，为中国加快发展方式转变、缩小财富和收入差距等发展肯綮提供了价值导引。

学界指出的中国经济发展方式"久推难转""转而不快"，居民收入差距"愈加分化""难以抑制"，反映出人们对"转变"和"缩小"艰巨性的切肤感受，对加快转变和缩小差距的热切期盼，因此人们又把"转变"和"缩小"看作是当下中国的发展肯綮问题，是决定国家命运的重大抉择问题。怎样才能实现"加快"转变？怎样抑制和缩小"没能缓解反而加剧"的收入差距，让人民共享发展成果？"转变"和"缩小"作为时代的命题、发展的课题、现实的难题，正以前所未有的峻切，矗立在国人面前。科学发展观指导下的包容性发展理念针对中国经济社会发展的现实诉求，提供了鲜明的价值导引，这就是：要努力实现经济发展方式的"包容性转变"。多年来的改革历程说明，促使广大群众积极参与改革并在改革进程中实现人民群众自身的发展，是解放和发展生产力的根本体现，是经济社会持续健康发展须臾不可或缺的"人力支撑"。然而，庞大弱势群体参与经济发展和共享发展成果的机会边缘化，使其主、客观上均难以成为"转变"的推动者，反成政府被动调节二次分配的庞大对象，严重制约着经济社会的健康发展。加快转变经济发展方式最基本的路向，就是把人作为实施"转变"的主体，真正做到"发展依靠人民"。这是历史唯物主义的基本观点,也是包容性转变的核心原则。党的"发展为了人民、发展依靠人民、发展成果由人民共享"的执政理念,是发展的"目的、手段和包容性"三个方面规定性的统一。然而现实中一些人和一些地区,口头上能说出"发展为了人民",却丝毫不懂得为什么要"发展依靠人民",工作中更是漠视、打压、边缘化人民,这样人民(尤其庞大弱势群体)哪有机会和"资格"去共享?换言之,不树立包容性发展的机会平等理念,切实地做好改变机会弱势群体现实命运的实际工作,"转变"也就失去了赖以生长的根基——"人力支撑"。以人为本首先是"现实的运动",是现实经济活动的前提、出发点、实施手段和首先要遵循的原则。历史现实均昭示,切实做好消除机会边缘化和改变弱势群体现实命运的实际工作,激发并提升人力支撑,使"转变"走向"包容性转变",理应上升为政府责任和国家意志并强力执行。真正的经济学同高尚的伦理学是不可分离的,我们的经济工作和社会发展都要更多地关注穷人,关注弱势群体,因为他们在社会中是多数。包容性发展理念昭示人们:转变"物本"式的传统经济发展方式,让人民在发展中分享红利、满足人的全面发展需求,是经济社会持续健康发展的不竭动力。从这个意义上也可以说,中国政府反复强调和倡导的包容性发展理念,"正是当下中国的政治经济学,也就是具有中国特色的现代经济学。"[①]进而言之,科学发展观与包容性发展理念一道,推动着马克思主义政治经济学的理论创新[②],推动着马克思主义经济学中国化的历史进程。

包容性发展理念秉持经济全球化时代普遍认可的和平与发展、参与与共享的诉求,为实现时代主题、建设和谐世界探索出崭新的发展模式。

[①] 邵宜航、刘雅南:《从经济学再到政治经济学:理解包容性增长》,《经济学家》2011年第10期。

[②] 程恩富:《近十年我国政治经济学的两大理论成就》,《中国社会科学报》2012年8月24日第4版。

经济全球化可以理解为不同经济体之间相互理解和认同程度的日益加深,以致相互依赖,"一系列的文明或文化传统将不得不学会如何在一个政治体制下和平共处"①,由此便凸显了包容性发展理念的重要时代价值。经济全球化趋势的深入发展,使各国发展路径的选择既有显著的竞争性和多样性,也呈现出一定的合作性和趋同性。各国利益相互交织、各国发展与全球发展密不可分。这就必然要求不同的经济实体积极展开对话、沟通和交流,相互学习、模仿和借鉴,寻求相互间的彼此尊重、肯定和协同,以和平、合作与和谐的发展方式,获取差异化基础上的增长包容、市场兼容和文化共容。从应对国际金融和经济危机的视角看,包容性发展理念是对危机后国际经济体系乃至政治体系变革的积极回应。只有建立起互利共赢、彼此交流合作、有利于贸易和投资自由化的国际分工体系,让经济全球化和经济发展成果惠及所有国家、地区和人群,促进各国经济共同发展,世界的和谐稳定才能实现;从世界和平发展的视角看,如果富国更富、穷国更穷的"马太效应"日益严重,世界不可能实现和谐稳定。包容性发展理念强调世界均衡发展、共同发展的内涵,无疑是和平与发展时代主题最直接的反映,代表着国际社会普遍共有的对和平与发展、参与与共享的诉求,成为建设和谐世界促进人类文明的崭新的发展模式,即实现包容性发展,其根本的目的就是让经济全球化和经济发展的成果惠及所有的国家和所有的地区,惠及所有的人群,在可持续发展中实现经济社会协调发展。由此,包容性发展理念便获得了"世界历史事件"②的地位,取得了世界历史意义。

四 结语

本章在全面评述包容性增长研究状况的基础上,对包容性发展

---

① 转引自刘云德《世界文明需要多元包容》,《红旗文稿》2011年第24期。
② 张峰、冯海波:《"包容性增长"的科学内涵及其世界历史意义》,《吉首大学学报》2011年第1期。

理念作了进一步的深化研究，主要阐述包容性发展理念的生成，包括包容性发展理念的理论基因、思想渊源、中国根脉和时代价值，以为"包容性转变"这一概念的阐述作出坚实的理论准备。

"包容性转变"这一本课题的核心理念，正是建立于对包容性发展理念的理解之上，在反思中国转变经济发展方式的理论和实践中，尤其是在我们党的执政理念的与时俱进中而提出的。

第三章 包容性转变：实质内涵与核心指向

一 内容提要

包容性转变的实质内涵，就是要把最广大的人民群众作为实施"转变"的主体，真正做到"转变"依靠人民，切实防止"转变"排斥人民。这既是唯物史观的基本思想，也是思考和谋划包容性转变体制机制因素的基本原则。切实做好消除机会边缘化和改变弱势群体现实命运的实际工作，激发并提升其人力支撑，使"转变"走向"包容性转变"，应该上升为政府责任和国家意志并强力执行。

遵循课题立项通知书所要求的国家社会科学基金项目研究工作要"体现有限目标，突出研究重点"的要求，本课题选取和确定最能突出反映包容性转变核心指向的四个方面理念或原则，即面向最广大人民群众的"转变"、面向教育的"转变"、公平与效率互促同向变动的"转变"和牢固坚持社会主义方向的"转变"，作一概要介绍。

二 概念的生成和实质内涵

（一）孜孜追索的重大课题，决定现代化命运的重大抉择

中国转变经济发展方式的理论和实践，虽壮志雄心，却步履踟蹰。

早在改革开放的第三年，即在1981年底五届人大四次会议通过的《当前的经济形势和今后经济建设的方针》的报告就指出,我国国民经济的发展必须走速度比较实在、经济效益比较好、人民可以得到更多实惠的"经济建设新路子";1982年党的十二大提出,要继续坚定不移地贯彻执行"调整、改革、整顿、提高"的方针,厉行节约,反对浪费,把全部经济工作转到以提高经济效益为中心的轨道上来。报告约有7处强调"经济效益"的问题。1987年党的十三大指出,矛盾的焦点,还是经济活动的效益太低。归根到底还是要从粗放经营为主逐步转向集约经营为主的轨道。强调只有在提高经济效益上扎扎实实地做好工作,争取年年有所进步,才能逐步缓解我国人口众多、资源相对不足、资金严重短缺等矛盾,保证国民经济以较高的速度持续发展。可见,在改革开放伊始,党和政府在经济增长方式上也是较为清醒的,对问题的认识是较为深刻的。当然,执行中的问题,就不能说是科学和清醒了。这在国家各项事业百废待兴,改革开放还处在摸着石头过河的起始阶段,或能理解。

1992年党的十四大在提出经济体制改革的目标是在坚持公有制和按劳分配为主体、其他经济成分和分配方式为补充的基础上,建立和完善社会主义市场经济体制,同时强调,要努力提高科技进步在经济增长中的含量,促进整个经济由粗放经营向集约经营转变。报告十多次地提及经济的"效益"问题。

明确提出转变经济增长方式,是1995年召开的中共十四届五中全会。受国际、国内日益重视的环境问题以及提倡可持续发展理念等因素的影响,十四届五中全会不仅明确提出积极推进经济增长方式转变,把提高经济效益作为经济工作的中心的战略思想,而且鲜明地提出要实现"两个根本转变",一是经济体制从传统的计划经济体制向社会主义市场经济体制转变;二是经济增长方式从粗放型向集约型转变。这是多年来我国在孜孜谋求"转变"的道路上具有里程碑意义的历史节点。

1997年党的十五大重申要积极推进经济体制和经济增长方式的根本转变,并强调要坚持社会主义市场经济的改革方向,在优化

包容性转变：转变经济发展方式的形上之思与形下之维

经济结构、发展科学技术和提高对外开放水平等方面取得重大进展，真正走出一条速度较快、效益较好、整体素质不断提高的经济协调发展的路子。这里强调要坚持社会主义市场经济的改革方向，具有现实的针对性和长远的指导意义。由于新自由主义思潮的影响，市场经济改革的社会主义方向在转变经济发展方式的实践中竟致若隐若现，有时甚至是方向"翻转"。广大基层群众在渐成气候的新自由主义等思潮忽悠和蛊惑之下，对党和政府的大政方针有着不同程度的误解、疏离和对立意识。这种情况新世纪以来愈发严重。

2002年党的十六大提出了坚持以信息化带动工业化，以工业化促进信息化，走出一条科技含量高、经济效益好、资源消耗低、环境污染少、人力资源优势得到充分发挥的新型工业化路子。2003年党的十六届三中全会指出：要坚持以人为本，树立全面、协调、可持续的发展观，促进经济社会和人的全面发展。这是我们党在对长期"转而不快"增长模式的艰苦反思中催生出的科学发展理念，并在2007年党的十七大上作了全面阐述。科学发展观的提出并被确定为党的指导思想，是我国经济社会发展理念的重大转折和升华，它与党的十七大提出的"加快转变经济发展方式"，与促进国民经济又好又快发展的战略思想一起，成为党的发展理念上的又一里程碑。由"又快又好"到"又好又快"，由"增长"到"发展"，由"增长方式"到"发展方式"，由"转变"到"加快转变"，体现出党和政府在"转变"理念上的高度自觉。

2012年党的十八大指出：以科学发展为主题，以加快转变经济发展方式为主线，是关系我国发展全局的战略抉择。党的十八届三中全会再次强调：要加快转变经济发展方式，加快建设创新型国家，推动经济更有效率、更加公平、更可持续发展。联想到2010年胡锦涛同志在省部级主要领导干部专题研讨班上的讲话中所强调的关涉经济、社会、文化等方面的8个"加快"，以及从党的十七大报告的30多个"加快"，党的十八大报告的50余处"加快"，再到党的十八届三中全会《决定》的 40 多处"加快",加快转变经济发展方式的紧迫性,已是刻不容缓。步履踟蹰的"转变",已经走到了又一个"攸关未来的路口","加快转变"已经成为"决定现代化命运的重大抉择"。

(二)"久推难转""转而不快"的现实归因

由以上回望可知,转变经济发展方式这一"时代的命题、发展的课题、现实的难题"①,与改革开放相伴而生,与建立社会主义市场经济体制如影随形。我们常说改革开放为社会主义市场经济体制的确立拉开了交响乐的序幕;建立社会主义市场经济体制则确立了改革开放最为重要的核心内容,奏响了改革大业最激荡人心的乐章,那么再加上与两者相伴而生、如影随形的转变经济发展方式,三者现实地组成了中国发展进步的恢宏乐章的"和弦"。然而,"久推难转""转而不快"的现实一再向我们展示出"转变"的艰巨性和复杂性,"和弦"中的"和声"并非那么和谐。时至今日,党的十七大所提出的"促进经济增长由主要依靠投资、出口拉动向依靠消费、投资、出口协调拉动转变,由主要依靠第二产业带动向依靠第一、第二、第三产业协同带动转变,由主要依靠增加物质资源消耗向主要依靠科技进步、劳动者素质提高、管理创新转变"这三个方面"转变"的目标进程,并没有多少明显的或说实质性的进展。现实好似给我们多年来的一百多个"加快"字眼开了个玩笑似的。

那么在经济新常态的背景之下,在 GDP 按照以前的高增幅增长"是不能也,不是不为也"的境况下,转变经济发展方式是否能够做到"加快"一些了呢?

这当然是我们的美好期望。

但是,只要看一看长期以来我们所走的这条"人的福利难以增

---

① 任仲平:《决定现代化命运的重大抉择——论加快经济发展方式转变》,《人民日报》2010 年 3 月 1 日第 1 版。

包容性转变：转变经济发展方式的形上之思与形下之维

长的'物本之路'"至今难以反转；只要看一看在这条"物本之路"之下天悬之隔的利益群体使改革取向和路径等形成的尖锐冲突；只要看一看当下一系列矛盾冲突的尖锐程度，我们对"加快转变"真的很难乐观起来。而且尽管"转变"的提法不断变换和深化，但是经过多年的努力，许多问题非但没有得到彻底解决，甚至在一些地方越来越严重。① 当下，"百姓热切盼望共享改革发展成果、解决收入分配问题；盼望公平化、绿色化、国民福利最大化的经济发展方式。转变以单纯物质增长为核心内容的传统经济发展方式，让人民从发展中分享红利、满足人的全面发展需求，是继续发展的重要动力。"②

显然，继续沿着"人的福利难以增长的'物本之路'"走下去，便丧失了包括庞大弱势群体在内的人民群众这一继续发展的重要动力，那么既谈不上发展方式的实质转变，更谈不上恢宏乐章的美妙和弦。多年的"转变"实践说明：即便是外向发展难以持续的"风险之路"，资源环境难以支撑的"负重之路"，国际竞争力难以提升的"低端之路"，也均成"物本之路"的延展。换句话说，党的十七大报告所提出的"三个转变"目标进程的迟缓，每一个都与"物本"发展模式有着扯不断理还乱的联系，与"缺少"③ 最广大人民群众的人力支撑这一继续发展的重要动力直接相关。

"三个转变"揭示了包括庞大弱势群体在内的劳动群众在"转变"中的边缘化处境，这才是制约经济发展方式转变速度和质量的瓶颈所在。首先，需求结构上，促进经济增长由主要依靠投资、出口拉动向依靠消费、投资、出口协调拉动转变，意在有效促使经济

---

① 邵慰：《经济发展方式的全面转型：基于政府转型的视角》，《经济与管理研究》2014年第9期。
② 任仲平：《决定现代化命运的重大抉择——论加快经济发展方式转变》，《人民日报》2010年3月1日第1版。
③ "缺少"，既有机会弱势群体本身的因素，更多的则因制度安排上有意、无意地把机会弱势群体排斥在经济社会发展的实践之外使然。

增长由外延式向内涵式转变，即依靠国内消费需求的扩张来带动经济增长。可是由于包括庞大弱势群体在内的劳动群众的收入和财产窘状，以及被边缘化的发展机会，其消费能力的弱势也就不言而喻，这必然严重制约国内消费需求的扩大。换句话说，消费需求扩大的关键在于提高广大人民群众尤其是庞大弱势群体的收入水平。其次，产业结构上，促进经济增长由主要依靠第二产业带动向依靠三个产业协同带动转变，这自然要求第一产业尤其是第三产业具有大量的现代生产和服务技能人才。可是包括庞大弱势群体在内的劳动群众，由于其"教育弱势"的"特质"，也只能被"排斥"在具有现代生产和服务技能的人才队伍之外。再者要素结构上，促进经济增长主要由依靠物质资源消耗向依靠劳动者素质提高、科技进步、管理创新转变。显而易见，这一点直接点出提高劳动者素质、科技进步和管理创新在"转变"中的关键作用。而包括庞大弱势群体在内的人民群众符合现代化大生产的劳动素质的提高，包括参与科技进步和管理创新能力的习得，却因其较低的收入水平而难上加难。可见，"三个转变"分别从不同的经济层面揭示出经济健康发展所倚赖的动力结构，而时下这一动力结构的缺失，即类似马克思所说劳动力"只能在萎缩的状态下维持和发挥"[1]的状况，与由国民收入的分配结构所决定的庞大弱势群体的较低收入水平，直接相关，因果相连。倘撇开社会制度性质仅就一般市场经济的价值实现来说，亦如马克思所言："商品的出售，商品资本的实现，从而剩余价值的实现，不是受一般社会的消费需求的限制，而是受大多数人总是处于贫困状态、而且必然总是处于贫困状态的那种社会的消费需求的限制"[2]。

从对多年转变经济发展方式的研究成果中普遍存在着的对"物的因素"解读多而对"人的因素"解读少的现象的反思中，从全社会深层次焦虑凸显、加快转变经济发展方式的思想认识虽得统一

---

[1] 《马克思恩格斯文集》（第5卷），人民出版社2009年版，第201页。
[2] 《马克思恩格斯文集》（第6卷），人民出版社2009年版，第350页。

而对"转变"的讨论却误读"人的因素"的反思中,从关注和提升"机会弱势群体"的发展机会,即包容性发展理念所强调的"机会平等"为基点和切点为加快转变经济发展方式把脉来看,本课题认为,注重以改善广大机会弱势群体参与经济社会发展的机会以提升其人力支撑的"包容性转变",可望是一条必要的和可行的"转变"路向。

(三)"包容性转变"概念的生成和实质内涵

综上所述,可以把"包容性转变"概念的生成概括为以下几方面主要环节:

从提出背景来看,包容性转变是建立于包容性发展理念这一理论背景和中国30多年转变经济发展方式这一实践背景而提出的"转变"路向;

从生成机理来看,包容性转变是在对"机会弱势群体""机会边缘化""人力支撑"等概念的深入考察中,遵照马克思"两个再生产理论"和我们党"发展为了人民、发展依靠人民、发展成果由人民共享"的执政理念而形成的一种"转变"路向;

从核心指向来看,包容性转变是针对"三个转变"中人的因素缺失、人力支撑匮乏的症结而提出的通过改变人的地位、提升人力支撑以实现"转变"的路向。

因此,包容性转变的实质内涵,就是要把最广大的人民群众作为实施"转变"的主体,真正做到"转变"依靠人民,切实防止"转变"排斥人民。这既是唯物史观的基本思想,也是思考和谋划包容性转变的体制机制因素的基本原则。

对包容性转变实质内涵的揭示告诉我们,在转变经济发展方式的实践中,对待最广大人民群众的人力,决不能像对待机器原料那样在经济增长和"转变"中被漠视、排斥甚至贬损,相反,必须在其中得到保护和提升,使其不断发展壮大。经济的发展繁荣固然少不了物质的再生产,同时更少不了人力的再生产,即须臾离不开包括最庞大弱势群体在内的人们主动性和积极性的发挥,这就是包容性转变赖以施行的"人力支撑"。只有当"两个再生产"相得益彰,"转变"才能因倚仗主动积极、强大持续的人力参与而走上科学转变、加快转变的轨道,从而避免新中国成立60多年举世瞩目成就付诸东流的严重后果[①]。否则,"人"与"物"只会背道而驰,协调发展难以维系,和谐发展也无从谈起,人们因其弱势地位和弱势心理的认同而与社会离心离德,从而使"转变"成为不可能,更遑论"加快转变"了。

党的"发展为了人民、发展依靠人民、发展成果由人民共享"的执政理念,是发展的"目的、手段和包容性"三方面规定性的统一。而科学发展观"以人为本"的核心,首先要视作一种"现实的运动",是现实经济社会发展的前提、出发点、实施手段和首先要遵循的原则。历史现实均昭示:切实做好消除机会边缘化和改变弱势群体现实命运的实际工作,激发并提升其人力支撑,使"转变"走向"包容性转变",应该上升为政府责任和国家意志并强力执行。

三 包容性转变的核心指向

包容性转变的核心指向,即包容性转变的内涵所要求的核心价值判断和价值取向,是行为主体(国家或国家机关、具体实施"转变"的行为人)在转变经济发展方式中所遵循和秉持的规范体系或理念,这里主要指的是在安排和构建包容性转变的制度、体制和机制因素时所必须遵循的,具有关键和核心价值导向的几方面要求、规范或原则,属于包容性转变的形而上维度。

遵循课题立项通知书所要求的"国家社会科学基金项目研究工作要体现有限目标,突出研究重点"的要求,本课题选取了最能突出反映包容性转变核心指向的四个方面要求或原则,即面向最广大

---

① 程恩富:《科学发展观与中国经济改革和开放》,上海财经大学出版社2012年版,第338页。

包容性转变：转变经济发展方式的形上之思与形下之维

人民群众的"转变"、面向教育的"转变"、公平与效率互促同向变动的"转变"和牢固坚持社会主义方向的"转变"，本章先作一概要介绍，并在以后各章作详细阐述，其中每一个方面也关涉到包容性转变的具体制度、体制和机制维度。这是在深入学习和借鉴近年来学界在转变经济发展方式研究诸多成果[①]之后，本课题所重点关注的对包容性转变最具重要意义的几方面要求和原则。

（一）面向最广大人民群众的"转变"

不言而喻，包容性转变首先就应该是面向最广大人民群众的"转变"，包容性转变概念生成的逻辑起点就是最广大的人民群众。这里强调面向最广大人民群众，是指包容性转变就是为了最广大人民群众而去谋求的"转变"，是依靠最广大人民群众才能实现的"转变"，是注重增强庞大机会弱势群体参与经济社会发展机会、改善其现实命运、提升其人力支撑的"转变"。

那么为什么要把"面向最广大人民群众"作为包容性转变的第一个核心取向呢？

这便取决于任何社会科学研究工作所难以规避的研究立场问题。我们在从事经济问题研究、提出经济政策的建议、阐述经济改革的主张时，必须也只能坚定地站在无产阶级的立场之上，站在最大多数劳动群众的利益一边，以对党、国家和人民高度负责的精神

[①] 参见张宇、卫兴华《公平与效率的新选择》，经济科学出版社2008年版；方福前：《如何才能转变经济发展方式》，《经济研究参考》2008年第12期；任保平：《中国经济增长质量报告（2011）：中国经济增长包容性》，中国经济出版社2011年版；文魁：《转变经济发展方式的理论思考》，《首都经济贸易大学学报》2009年第1期；简新华、李延东：《中国经济发展方式根本转变的目标模式、困难和途径》，《学术月刊》2010年第8期；张秀岩：《转变经济发展方式的实现机制分析》，《新长征》2007年第23期；王振中：《人在经济学中崛起》，《学术研究》2000年第7期；李炳炎、孙然：《迈向中国特色的发展经济学：转变经济增长方式的理性思考》，《中共长春市委党校学报》2009年第4期；丁堡骏：《用历史唯物主义方法论分析中国改革的经济学新范式》，《毛泽东邓小平理论研究》2014年第1期等。

去观察问题、思考问题和处理问题，而不是站在"利益集团"[①]一边，发表一些不负责任的议论，甚或混淆视听，忽悠和蛊惑大众，误导改革方向和政策取向。尤其是在目前客观上已经出现了资产阶级这一"我国现阶段阶级结构中的重要组成部分"的"新生阶级"[②]的现实背景下，强调坚持马克思主义的无产阶级立场，始终做到面向最广大人民群众而谋求"转变"，显得尤为重要。

只要看看当下中国的收入和财富两极分化的现状，看看不同群体之间的天悬之隔，看看一些社会矛盾的尖锐冲突，就会明白我们为什么把"面向最广大人民群众"作为包容性转变的首要核心取向了。

只要看看中国的新自由主义者是怎样叫嚣私有化、市场化和完全自由化，使整个社会充斥着"私权的逻辑""市场的逻辑""丛林的逻辑"和社会达尔文主义，就会明白我们为什么把"面向最广大人民群众"作为首要的一个核心取向了。

（二）面向教育的"转变"

之所以把"面向教育的'转变'"作为包容性转变的一个核心指向，主要是基于以下两个方面的思考。

首先，是在申报书研究述评的写作和在本课题的文献综述研究中笔者发现，人们在有关转变经济发展方式的研究中，总是把发展教育（包括培训）作为改善弱势群体生存境遇的一个政策取向。这本身当然是正确的。但是，我们要追问的是，为什么人们总是在最后才想到教育呢？为什么总是如此被动地想起教育呢？

---

① 中国社科院学部委员程恩富教授在《当前我国利益集团问题分析》（见《毛泽东邓小平理论研究》2015年第10期）一文中，把"利益集团"分为损害公企的利益集团、损害中方的利益集团、非法经营的利益集团、充当买办的利益集团、主张西化的利益集团、贪污腐败的利益集团、官僚主义的利益集团、言行僵化的利益集团和分裂国家的利益集团九类，其危害性主要表现在阻挠改革进程、扭曲市场体制、妨害公平正义、恶化执政生态和挑战政权安全等方面。

② 陈跃、熊洁、何玲玲：《关于马克思主义阶级分析方法理论与现实的研究报告》，《马克思主义研究》2011年第9期。

包容性转变：转变经济发展方式的形上之思与形下之维

不仅如此，只要翻开有关探讨转变经济发展方式的相关研究，便很容易发现诸如教育为"转变"服务的字眼，如"加快促进教育发展模式与经济发展方式转变相适应"[1]，"人力资源开发向经济发展方式转变的传导机制分析"[2]，"浙江教育面向经济建设主战场——浙江突出教育主动适应经济发展方式转变"[3] 等。再如有学者慷慨陈词："面对以经济体制改革为核心的社会转型的新形势的要求，面对世界全球化、信息化、知识化的国际竞争背景，我国教育在教育思想、教育体制、教育结构、人才培养模式以及教育教学的内容和方法等方面还相对滞后，还不能与经济体制、科技体制、政治体制等方面的改革和发展相配套、相适应。"[4] 看到以上论说模式，笔者总是觉得，这是与面向未来教育科学发展的育人为本的教育发展观和教育价值观相背离的。这种思维模式依旧是教育发展的"经济主义模式"，也是难以跳出"教育产业化"的思维窠臼的，应该叫它"面向'转变'的教育"。这种为"转变"而服务的"面向'转变'的教育"理念说明，教育依然是不得不提的无奈，难逃其"亦步亦趋俯首帖耳"的命运。可以想见，当我们被动地想到教育的时候，何谈什么经济发展方式的"加快转变"。

而本课题主张的"面向教育的'转变'"，为"久推难转""转而不快"的经济发展方式规划出了一条清晰的"先为教育"之路：即在一个个体以辛勤劳动也改变不了自己弱势地位的国度，因"教育尺度"理念的缺失，"转变"注定步履维艰，甚或北辙南辕；而在一个个体通过其"机会边缘化"和"教育弱势"的消除而有效地改变了自己命运的国度，因"教育第一"和"优先发展"战略

---

[1] 李欣欣：《加快促进教育发展模式与经济发展方式转变相适应》，《中国党政干部论坛》2010 年第 8 期。
[2] 参见李群、王巧云《人力资源开发向经济发展方式转变的传导机制分析》，《中国科技论坛》2009 年第 2 期。
[3] 吴红霞：《浙江教育面向经济建设主战场——浙江突出教育主动适应经济发展方式转变》，《今日浙江》2010 年第 20 期。
[4] 和学新：《社会转型与当代中国的教育转型》，《华中师范大学学报（人文社会科学版）》2006 年第 2 期。

的实施,"转变"必将因倚仗主动积极、强大持续的人力参与而顺利实现。

这恐怕不是仅仅简单地颠倒一下次序的问题。由"转变"才想到教育,教育难免继续重复着多年踽踽前行的步履,一旦发展有所好转,教育便又被冷落了起来。而先为教育、多为教育的面向教育的"转变",将为"转变"提供持续而强大的人力支撑,成为国家经济发展、社会进步和民族振兴的强大动力。这正是当下所有发达国家的"崛起"之道。

2013 年"两会"期间,全国政协委员,复旦大学教授葛剑雄在接受央视《面对面》栏目记者采访时,饱含深情而又十分坚定地指出,国家目前的财力已经相当可观,在加快教育均等化步伐方面完全可以做得更好,否则,借用一句古话,就是"非不能也,是不为也"。此情此景,令人唏嘘。

那么,只要看看当下中国教育均衡发展的现状,想想教育在促进弱势群体提升参与经济社会发展的能力和机会上的无可替代的作用,想想我国的教育均衡发展已经到了"非不能也,是不为也"的境地,就会明白我们为什么把面向教育的"转变"作为包容性转变的又一个核心取向了。

(三)公平与效率互促同向变动的"转变"

经济发展方式的包容性转变,内在地要求公平与效率之间的和谐统一。但长期的"转变"实践说明,对包容性转变的进程侵蚀较大的,是公平与效率关系上只顾效率不管公平的新自由主义倾向。多年来新自由主义思潮对公平与效率之间科学关系的异化,是误导政策取向和政策执行从而使收入分配和财富占有上的两极分化逐渐严重的主因。这种只顾效率不管公平的社会达尔文主义意识形态和丛林逻辑,与马克思所揭示的资本增殖的本性如出一辙,对这个世界的祸害程度之深是毋庸赘言的。因此,必须以科学发展观和包容性发展理念为指导,对这种异化行为和异化现象进行揭露和起底。本课题在具体章节中将以近些年影响较大的"公平与效率互促同向变动假设"为基点，阐述包容性发展理念所秉持的公平与效率之间互促同向变动的科学关系，以及包容性转变对公平与效率互促同向变动科学关系的遵从和追求。并指出"公平与效率互促同向变动假设"与学界和社会上关于包容性发展的讨论、与国家谋求转变经济发展方式的政策设计，与包容性转变的实质内涵和现实指向，具有高度的契合特征，既体现出理论假设的前瞻效应，也对包容性转变的体制机制设计具有导引意义。

（四）牢固坚持社会主义方向的"转变"

多年来我国转变经济发展方式的实践"久推难转""转而不快"，其间因由，尽管关涉国情和发展阶段，但更为主要的或说更具根本和决定意义的因素，却在我国市场经济体制改革的方向，即改革所赖以其上的社会制度性质或意识形态价值导引问题上：多年来"社会主义"这一"改革的方向"，竟有意无意地、不同程度地被"市场经济体制"这一"改革的目标"所遮蔽甚或取代。当前经济社会出现的一些深层次矛盾，多缘于此。

基于上述认识，本课题认为：市场经济体制改革的方向与当下中国经济发展方式的转变，可谓牵线与风筝的关系：明确且坚定的市场经济体制改革的社会主义方向，为加快转变经济发展方式提供了"四主型经济制度"的强力支撑与价值导引，成为在市场经济体制基本框架下实现包容性转变的根本、基础和前提。本课题在以下具体章节将对市场经济体制改革过程中对社会主义方向的"健忘"倾向予以起底揭露，并深入阐释坚持经济体制改革的社会主义方向对于经济发展方式包容性转变的重大意义。

四 结语

中国转变经济发展方式的理论和实践，走的是一条壮志雄心却步履蹒跚的路子。从对多年转变经济发展方式的研究成果中普遍存在着的对"物的因素"解读多而对"人的因素"解读少等现象的反思中，我们在尝试着寻找一条必要的和可行的转变路向。本课题把它叫作"包容性转变"的路向。

我们认为，本课题选取和确定的最能突出反映包容性转变核心指向的四个方面原则或要求，即面向最广大人民群众的"转变"、面向教育的"转变"、公平与效率互促同向变动的"转变"和牢固坚持社会主义方向的"转变"，与新常态下遵循经济规律的科学发展导向、遵循自然规律的可持续发展导向和遵循社会规律的包容性发展导向，具有内涵上的高度一致性。

第四章 包容性转变：人民主体

一 内容提要

立场问题在科学研究中躲不开、绕不过。无产阶级的立场是马克思主义阶级分析方法的必然要求，是马克思主义学者必须坚持的研究立场。它要求研究者必须站在最大多数劳动者的利益一边，以对党、国家和人民高度负责的态度观察和思考问题。刘国光先生在70多年的学术生涯中，以一个正直经济学人应有的良心，"坚定不移和始终一贯"[①] 地秉持经济学研究的无产阶级立场，为国家、为人民捧出拳拳赤心，作出了无愧于历史、时代和人民的杰出贡献。经济发展方式包容性转变的制度体制条件和运行机制，理应立足于无产阶级立场进行研究和设计。

党的十八大提出的人民主体思想具有深厚的唯物史观理论基因，并与党的群众观点和群众路线理念相通，与党的根本宗旨和执政理念一脉相承。中国经济发展方式的包容性转变，正是建立于人民主体思想之上，倚靠最广大人民群众的"转变"。充分尊重人民群众的实践和认识主体地位，发挥其实践和认识主体作用；尊重人民群众的利益主体地位，发挥其动力主体作用；尊重人民群众的权利和义务主体地位，发挥其权利和义务主体作用，应是人民主体思想所昭示的包容性转变的实施路向。

---

① 《马克思恩格斯文集》（第10卷），人民出版社2009年版，第532页。

二　包容性转变的立场问题

2011年5月，全球性学术团体世界政治经济学学会（WAPE）第6届论坛在美国麻省理工学院开幕，刘国光先生被授予首届"世界马克思经济学奖"（Marxian Economics Award）。先生在获奖答词中说："现在，在中国由于多元化思潮的侵蚀与泛滥，研究经济学要有正确的立场、观点和方法的说法，不太时兴了。但我总认为，马克思主义的立场，劳动人民的立场，大多数人民利益的立场，关注社会弱势群体的立场，是正直的经济学人应有的良心，是不能丢弃的。马克思主义经济学最基本观点和方法是要坚持的。"①

刘国光先生所恪守的无产阶级立场，为我们思考经济发展方式包容性转变的制度体制条件和运行机制，提供了最明确的价值导引。

（一）立场问题是社会科学研究不可规避的首要问题

"立场"一词，《现代汉语词典》中的解释是：（1）认识和处理问题时所处的地位和所抱的态度。（2）特指阶级立场。人们在提出问题、解决问题、发表意见或建构理论时，不可规避地要站在一定的地位，秉持一定的态度，具有一定的阶级利益倾向，而这正是立场问题。

立场问题之所以是科学研究的首要问题，这是由主体的世界观所决定的。一般地说，主体在认识世界和改造世界的过程中，总有一个世界观问题。世界观是由立场、观点和方法这三个方面组成的逻辑的内在的有机统一体。在这个统一体中，立场较之于观点和方法，"当仁不让"地成为主体世界观最突出、最鲜明的表征，主体总是自觉地或不自觉地以其所秉持的立场而反映其世界观。借用现

---

① 参见刘国光《"世界马克思经济学奖"答词》，《海派经济学》2011年第3期。这一研究立场作为"正直经济学人的良心"的表白，散见于先生多年来的著述、访谈和演讲中。

代科学技术的说法,世界观是主体立场的"内核",立场则是主体世界观的"外围"。有什么样的世界观,自然就决定着有什么样的立场。因此可以说,立场因其主体世界观的"代表"而在"立场、观点和方法"中居于前提性、根本性的重要地位,即主体的立场时刻决定着主体的观点和方法。面对同一件事物,主体所处的立场不同,那么各自所秉持的观点就各不相同,而各自所运用的研究和思考方法也会迥然有异。可见,立场问题在科学研究中躲不开、绕不过,成为主体科学研究首先要回答的问题。

(二)无产阶级的立场是马克思主义阶级分析方法的必然要求,是马克思主义学者必须坚持的基本立场

马克思主义的阶级观点和阶级分析方法是马克思主义世界观和方法论在阶级社会中的具体运用,是科学认识和正确把握阶级社会中复杂的阶级关系和阶层现象必须遵守的世界观和方法论。作为全世界共产党人共同纲领的《共产党宣言》,其开宗明义的第一句话就是,自有文字记载以来的全部历史"都是阶级斗争的历史"[1]。《共产党宣言》的全部论述都是以此为基点的,可见阶级斗争理论在马克思主义理论中居于核心地位。离开了阶级观点和阶级分析方法,马克思主义亦不能存续。经济学作为研究人与人之间经济关系的一门社会科学,其研究对象,其倚赖的研究材料等均具有强烈的阶级性,因而研究者也总是自觉不自觉地从一定阶级的利益出发,为一定阶级的利益而服务的。这一点,古今中外概莫能外。一如列宁所指出的:"问题只能是这样:或者是资产阶级的思想体系,或者是社会主义的思想体系。这里中间的东西是没有的(因为人类没有创造过任何'第三种'思想体系,而且在为阶级矛盾所分裂的社会中,任何时候也不可能有非阶级的或超阶级的思想体系)。"[2]

马克思主义的阶级分析方法逻辑地要求马克思主义经济学家要

---

[1] 《马克思恩格斯文集》(第2卷),人民出版社2009年版,第31页。
[2] 《列宁专题文集·论无产阶级政党》,人民出版社2009年版,第85页。

坚定地站在无产阶级的立场上。公然昭示自己的理论、学说是为无产阶级和最大多数人而服务的，这是马克思主义创始人从一开始就确立的阶级立场。在《青年在选择职业时的考虑》这篇高中毕业论文中，17岁的马克思就深情地写道："我们在选择职业时应遵循的主要方针，是人类的幸福……如果我们选择了最能为人类幸福而劳动的职业，那么，重担就不能把我们所压倒，因为这是为人类而献身。那时，我们所感到的就不是可怜的、有限的、自私的乐趣，我们的幸福将属于千百万人。我们的事业是默默的，但她将永恒地存在，并发挥作用。面对我们的骨灰，高尚的人们将洒下热泪。"[①]如果说以往的一切理论学说，都是为统治者、强势者和少数人的利益服务的，那么马克思主义则是为世界上的被压迫阶级、弱势者和大多数人的利益而服务的。这一鲜明的阶级立场，是马克思主义同以往一切理论学说最根本的区别。

关于无产阶级的阶级立场，马克思曾十分明确地指出："哲学把无产阶级当做自己的物质武器，同样，无产阶级也把哲学当做自己的精神武器。"[②]恩格斯也在《共产主义者和卡尔·海因岑》一文中对无产阶级的阶级立场作了明确表述："共产主义作为理论，是无产阶级立场在这种斗争中的理论表现，是无产阶级解放的条件的理论概括。"[③]这一立场要求一切作为社会科学研究的经济理论工作者，在从事经济问题研究、提出经济政策的建议及经济改革的主张时，必须坚定地站在无产阶级的立场之上，站在最大多数劳动群众的利益一边，以对党、国家和人民高度负责的精神去观察问题、思考问题和处理问题，而不是站在小集团的利益一边，发表一些不负责任的议论，甚或混淆视听，误导改革方向和政策取向。尤其是在目前出现了资产阶级这一"新生阶级"，且这一"新生阶

---

① 卡尔·马克思：《青年在选择职业时的考虑》，《德语学习》2011年第1期。
② 《马克思恩格斯文集》（第1卷），人民出版社2009年版，第17页。
③ 同上书，第672页。

级"已经成为"我国现阶段阶级结构中的重要组成部分"[①]的现实背景下，运用马克思主义的阶级分析方法，坚持马克思主义的无产阶级立场，显得尤为重要。

（三）刘国光先生的经济学研究及其所秉持的无产阶级立场描素

"马克思主义的立场、劳动人民的立场、大多数人民利益的立场、关注社会弱势群体的立场"这一经济学研究的无产阶级立场，"正直的经济学人应有的良心"这一价值取向，是刘国光先生"坚定不移和始终一贯"的研究立场和价值准则。翻开刘先生2000多万字的著述可以看出，在长达70年的经济学学习和研究生涯中，先生始终不渝地秉持无产阶级的阶级立场，为中国的经济发展和改革开放政策的制定，为马克思主义经济学的创新和发展作出了杰出贡献。李扬副院长代表中国社会科学院党组在庆贺先生九十华诞暨完善社会主义市场经济体制研讨会上指出：先生最值得我们学习的，就是他鲜明的无产阶级立场，在"我是谁"和"为了谁"的根本问题上，先生作出了十分清晰和毫不含糊的回答，这也正是先生作出无愧于时代、无愧于祖国、无愧于人民的杰出贡献的根本原因。以下我们按时间顺序对先生的经济学研究及其所秉持的无产阶级立场作一描素：

1. 刘国光先生的经济学研究回溯

据先生自述，还是在高中时，先生就"通读了郭大力、王亚南翻译的《资本论》第一卷，逐渐形成了对马克思主义经济学理论的兴趣和信仰"[②]。先生在西南联大求学5年，毕业论文写的就是《地租理论纵览》。在莫斯科国立经济学院留学期间，先生考虑社会主义建设时期的祖国亟待解决的是国民经济平衡问题，便选取《论物资平衡在国民经济平衡中的作用》作为学位论文的题目。针

[①] 陈跃、熊洁、何玲玲：《关于马克思主义阶级分析方法理论与现实的研究报告》，《马克思主义研究》2011年第9期。

[②] 刘国光：《我的经济学探索之路》，《毛泽东邓小平理论研究》2012年第1期。

对"大跃进"、"文化大革命"给国民经济和社会发展带来的损害与挫折，先生"不能不在苦闷中思考祖国的未来"。怀着一颗经济学研究者的责任心，先生致力于从实际出发研究社会主义经济的管理体制和机制、发展速度与比例问题、社会主义再生产问题、固定资产再生产问题和积累与消费问题等，形成了一整套符合国情的真知灼见。

直面改革开放伟大事业，先生的经济学研究进入崭新阶段。他曾深情地说，是时代的推动使其在经济学探索道路上不断前行，是改革大业所面临的一系列新问题召唤他深入思考和研究。这一时期先生的思考进展较快，成果突出。现撷要综述如下：

改革伊始，先生就敏锐地认识到：中国乃至整个社会主义阵营的经济体制改革在理论和实践上要认识和处理的基本问题，就是社会主义与商品经济的关系问题。先生围绕社会主义经济中计划与市场的关系展开探讨，并在1979年发表了《社会主义经济中计划与市场的关系》这篇具有突破作用的文章，指出计划与市场既不是相互排斥的，也不是因外在原因而制造的一种形式上的凑合，而是由社会主义经济的本质决定的，是一种内在的和有机的结合关系。当时中央主要领导人给予很高评价，称之为是研究新问题和探索改革之路的"标杆文章"。随后在1982年9月，先生撰写的《坚持正确的改革方向》一文在《人民日报》发表，提出削减、取消指令性计划，强化市场取向的指导性计划等观点，学界公认是最早主张"缩小指令性计划和市场改革取向"的第一人。[①] 尽管饱受指责和批判，但改革的实践早已证明了先生的睿智和正确。

1987年，学界和宏观决策界对1988—1995年的中期改革思路进行讨论，其间，先生主持的中国社科院课题组提出以整顿经济秩序、治理通胀、有选择地深化改革这一稳中求进的改革思路。接着

---

① 参见程恩富《〈"刘（国光）旋风"——掀翻新自由主义经济思潮〉感评》，《海派经济学》2007年第1期。

包容性转变：转变经济发展方式的形上之思与形下之维

先生在1988年初党的十三届二中全会上发言，后来以《正视通货膨胀问题》为题发表，文章深入分析通胀机理，力陈治理对策，强调不能放弃稳定物价的方针，引起广泛反响。1988年之后的经济过热及随后的宏观调控实践，已证实先生稳中求进的改革思路的真理性。回顾这段历史，我们自然地想到先生在首都经贸大学校庆研讨会上的讲话：针对一些经济学家固守菲利普斯曲线和新古典综合派关于通胀与失业率之间此消彼长的负相关关系理论而主张通胀政策，先生一针见血地指出：通货膨胀是鸦片烟，容易上瘾。处于社会强势地位的利益集团很喜欢，他们推动这个东西很容易，也很乐意把低通货膨胀推向高通货膨胀，来牺牲社会弱势利益集团，如果没有宏观调控是很不好的，所以，我一再反对。我认为作为政策目标不应该这样提，否则很不容易控制。上述讲话深深地感染着在场的每一位听众，体现出一位为百姓建言、为国运呼号的经济学家的职业良知。

之后，先生根据自己对中国经济演变实际的把握所提出的"双重模式转换"理论，为党的"两个根本性转变"决策作出先行论证，"双重模式转换"思想被党的十四届五中全会采用。先生还强调，我国面临的"加快经济发展方式转变"的艰巨任务，也与"双重模式转换"和"两个根本转变"有着逻辑的一致性和历史的延续性。

党的十四大召开前夕，先生指出要从"坚持社会主义方向、坚持市场取向、坚持从国情出发"这三个选择原则出发，由"计划与市场有机结合的模式"顺理成章地发展到更为明确的"社会主义市场经济为目标模式"，并发表《关于社会主义市场经济理论的几个问题》的研究成果，为党的十四大确立"建立社会主义市场经济体制"的改革目标，在舆论上和思想上作出了一个经济学家的前瞻性贡献。这并不是说先生先知先觉，实则是先生马克思主义经济学的深厚学养和求实、求新的马克思主义学风的反映。

最能反映先生这一时期杰出贡献的是著名的"刘国光旋风"。"刘国光旋风"源起于先生在2005年7月15日的一次访谈，后在

《高校理论战线》上公开发表。先生在访谈中提出许多重大意见和看法，如经济学教学和研究中，西方经济学的影响上升而马克思主义经济学的指导地位被削弱；经济学界当下突出的倾向是资产阶级自由化的声音在"顽强"地蔓延；现代西方经济学不适合于社会主义中国，不应成为中国经济学的主流；有少数人用自由化、私有化为暴富阶层代言，干扰社会主义经济建设；中国建立的只能是社会主义市场经济，而不是什么资本主义市场经济，要坚持公有制为主体多种所有制共同发展的社会主义初级阶段基本经济制度，而不是搞私有化。由于先生在我国经济学界的地位和影响，更由于其意见和看法切中时弊，且直接关系到两种改革观的对立，因此在我国经济学界刮起了一股强劲的"刘旋风"，2005年8月在北京举办的"刘国光经济学新论研讨会"成为这次影响的集中表现。人们只需读读先生的"自白"，便能深刻地体会到先生极其鲜明的阶级立场。先生说：我感到，中国的改革一旦由西方理论特别是新自由主义理论来主导，那么表面上或者还是共产党掌握政权，而实际上逐渐改变了颜色。对大多数人来说，这将是像噩梦一样的危险。

近年针对一些错误思潮和倾向，先生发表了诸多针砭时弊、振聋发聩、掷地有声的观点，为改革开放沿着健康的道路向前推进起到了重大作用。这些观点主要有：在体制改革方向和经济发展道路上，必须反对市场原教旨主义，反对新自由主义；在公平与效率问题上，要反对把公平置于"兼顾"的次位；在有关改革收入分配的众多复杂关系中，最重要的只能是分配制与所有制的关系；要反对那种否定社会主义市场经济的计划性的倾向，要尊重而不可迷信市场；不迷信计划但也不能弃计划而不用；要坚持社会主义基本经济制度，既不搞私有化，也不搞单一公有化。

2. 刘国光先生经济学研究的无产阶级立场素描

综观刘先生70多年的经济研究，可以看出每每在事关"河山"（国家富强）和"万民"（人民幸福）的理论节点上，先生总能以其"正直的经济学人应有的良心"，发出利国利民的声音。老一辈

包容性转变：转变经济发展方式的形上之思与形下之维

革命家朱德的"锦绣河山收拾好，万民尽作主人翁"的诗句，恰成先生为国家富强和人民幸福进行经济学研究的素描。

忧国恤民，恪守良知。2005年3月24日，中国经济学奖首届颁奖典礼在北京人民大会堂隆重举行，先生荣获中国经济学杰出贡献奖。在获奖答词中，先生对自己多年秉持的"马克思主义的立场，劳动人民的立场，大多数人民利益的立场，关注社会弱势群体的立场"这一"正直的经济学人应有的良心"，作出了十分动情的表述。答词好似"不合时宜"地表现出对国家改革前路和人民生活的深深关切，他说："好像这些年来，我们强调市场经济，是不是相对多了一点；强调社会主义，是不是相对少了一点。在说到社会主义市场经济时，强调它发展生产力的本质即效率优先方向，相对多了一些；而强调它的共同富裕的本质即重视社会公平方面，则相对少了一点。这是不是造成目前许多社会问题的深层背景之一？在中国这样一个法治不完善的环境下建立的市场经济，如果不强调社会主义，如果忽视共同富裕的方向，那建立起来的市场经济，必然是人们所称的权贵市场经济，两极分化的市场经济。"[①] 随后，在接受《光明日报》记者采访中，谈到改革的问题时先生的神情更严肃了，他说，我们的改革取得了很多成绩，没有改革就没有今天国家欣欣向荣的发展局面，但改革的分寸怎样把握，需要反思。现在有许多事情假改革之名而进行，市场扭曲到了一种非常严重的程度，远不是我们主张市场取向改革的当初所想象的。如医疗和教育乱收费，穷学生考上大学读书难，穷人生病看病难，一般老百姓买不起住房。话题至此，先生似乎难以克制，连说这些现象"令人忧虑、令人感慨"[②]。相形在改革之初与先生一样主张市场取向改革而说出"中国没有别的出路"，但当下却倒向完全市场化的个别所谓"泰斗"经济学家，刘国光

[①] 本刊记者：《中国经济学奖刘国光、吴敬琏获奖理由及答辞》，《经济理论与经济管理》2005年第4期。

[②] 张玉玲：《刘国光：思考闲不住》，《光明日报》2005年11月16日第1版。

先生的无产阶级立场和马克思主义经济学家的良知,难能可贵。①尤其是在党的十八届三中全会再次强调"必须毫不动摇巩固和发展公有制经济,坚持公有制主体地位,发挥国有经济主导作用,不断增强国有经济活力、控制力、影响力"的当下,个别经济学家却在《经济学人》"中国峰会2013"上固执地污名化国有企业,急不可耐地叫嚣"国有企业私有化是政府最应该进行的改革",其立场倾向,不言而喻;其偏执一端,了然一目。而孰是孰非,历史和实践已经并将继续给出清晰的答案。

铁肩担道,仗义执言。在先生多年的研究生涯中,面对多次被批判、被指责,先生总是心胸坦彻,无怨无悔。尤其是面对"晚年刘国光"的纷纷议论,先生并没有患得患失、罔顾左右地说一些无关痛痒的话,而是直面纷扰和争议,以一位"不计得失的志士",以其胆魄和学识仗义执言,不断发出自己的"有时几乎是倔强的"② 观点,批判偏颇的杂音,护佑着改革的航线。在公平与效率的关系、市场经济条件下的宏观调控、"国富"与"民富"及其关系以及改革的方向等诸多焦点、热点问题上,先生铁肩担道的气魄,令人敬仰。比如,先生敏锐地指出:科学地看,所谓"国富"与"民富"及其先与后的问题,在我国并不存在。真正存在的,却是"一部分人先富起来"后,如何转向"共同富裕"的问题。先生耿耿不寐的是:随着新自由主义对社会主义市场经济改革目标的异化,所有制结构上和财产关系中过分地降"公"升"私"和化公为私,以致财富积累迅速集中于少数私人,造成比较普遍下移的阶层认同现象的发生,以及较高比例的底层认同和弱势认同群体的生成。先生一针见血地说:多年的实践证明,"让一部分人先富起来"的目标虽然在很短的历史时期迅速完成,但"先富带后富,实现共同富裕"的目标却迟迟不能够自动实现,市场化、私有化的大

---

① 这里必须强调,无产阶级立场当然是经世济民的首要条件,而刘国光先生深厚的唯物辩证法功底,也是作出理论贡献的至关重要因素。只要看看中国的新自由主义信徒各自的知识结构,其形而上学做派,其教条主义情结之根,便了然一目。
② 陈东琪:《良知与责任——刘国光经济思想述评》,《财贸经济》2007年第8期。

包容性转变：转变经济发展方式的形上之思与形下之维

浪淘沙下也不大可能实现。相反地，随着市场化、私有化的发展贫富差距将越来越大，两极分化趋势"自然出现"。产生这种现象的根本原因在于实行让一部分人先富起来的政策的时候，对于私人资本经济往往偏于片面支持刺激鼓励其发展社会生产力的积极方面，而不注意节制和限制其剥削和导致两极分化后果的消极方面。先生提出了解决"先富"转向"共富"的思路：即从分配领域本身着手解决，从所有制结构上强化公有经济和按劳分配为主体着手解决。再如，每每在事关改革和发展的方向这样的大是大非问题上，先生都发出了自己的声音。先生鲜明地指出："有人说，批判新自由主义就是'反对改革'。不错，中国人民要反对的正是这种导向资本主义方向的'改革'，要坚持的正是邓小平的以社会主义自我完善为方向的改革。"[①]"改革有资本主义和社会主义两个方向，不能简单地说，不改革就是死路一条。准确地说，不坚持社会主义方向的改革同样是死路一条；坚持了资本主义方向的改革，也是死路一条。先生强调：这个问题太重要，不仅是改革方向问题，更关系到社会主义国家的前途和十几亿人民的命运。"[②] 这是一位坚定恪守无产阶级立场的马克思主义经济学家，一位牢固坚守社会主义市场经济改革目标、坚决捍卫中国特色社会主义理论和实践的学者的铿锵宣言和世纪警示。可以设想，没有"试看今日之域中，竟是谁家的天下"的担承意识和责任意识，没有一颗马克思主义经济学学者的清醒头脑，怎能作出这样的仗义执言和坚定判断！即便有了一些思考和想法，倘失却对锦绣河山的热爱，为万民做主的良心，那么也只能是或瞻前顾后、明哲保身，或混淆视听、误导大众。诚如梅荣政等人所说：历史和现实都证明，像刘国光先生这样的主张改革开放必须坚持社会主义方向的学者，正是大声呼唤、论证和切实

---

① 刘国光：《坚持正确的改革方向——读胡锦涛同志3月7日讲话有感》，《马克思主义研究》2006年第6期。

② 张文齐：《中国社会主义市场经济的特色——为纪念经济体制改革目标提出20周年访经济学家刘国光》，《中国社会科学报》2012年9月12日A4版。

践行改革的尖兵。①

唯真求实，勇于创新。刘国光先生是"中国经济学理论研究的领跑人"，是"旗帜性人物"，先生的经济思想体系学界用"一条主线、五大理论观点"②进行了概括。不论是"经济体制转变和发展方式转变"的主线，还是"双重模式转变论""计划与市场有机结合论""公平与效率并重论""宏观稳健调控论""综合平衡发展论"等理论观点，都是先生在马克思主义经济思想的指导下，密切联系我国经济社会发展实际、不断追求真理、与时偕行地进行理论创新的成果。尤其对于一位接受了传统计划经济的熏陶，且亦受苏联政治经济学教科书熏陶多年的老一辈经济学人来说，这不啻说是先生不断地在进行自我否定和自我超越，是一种自我革命。其间体现出的不唯书、不唯上、只唯实的马克思主义学风，巨大的理论勇气，强烈的创新精神，以及老骥伏枥、"思考闲不住"的不懈追求，为我们晚辈后学作出了光辉榜样。在先生九十华诞之际，我们依然看到一位精神抖擞，笔耕不辍，慷慨陈言且有时还在积极地参加网上讨论的老者，这正是马克思主义经济学者的主人翁姿态。世界马克思经济学奖评委会指出，刘国光先生兼收并蓄现代东西方经济理论，深入系统地研究中国经济体制改革和经济发展以及宏观经济管理，建立了具有独特学术风格的社会主义市场经济思想体系，在诸如经济基本理论、经济体制改革、经济发展战略、宏观经济调控等方面均作出了开创性的贡献。

（四）经济学研究的无产阶级立场对中国经济发展方式包容性转变的启示

"包容性转变"概念的提出，是对中国转变经济发展方式研究

---

① 梅荣政、白显良：《中国特色社会主义与新自由主义——评析〈当代中国八种社会思潮〉》，《马克思主义研究》2013年第10期。

② 胡乐明、毛立言：《评首届世界马克思经济学奖获得者刘国光的学术思想》，《中华外国经济学说研究会第19次年会暨外国经济学说与国内外经济发展新格局会议文集》，中华外国经济学说研究会、西北大学经济管理学院，2011年，第241—243页。

包容性转变：转变经济发展方式的形上之思与形下之维

和实践中重"物"轻"人"且误读以人为本倾向的反对。倘以包容性发展理念审视转变经济发展方式的实践便可看出，庞大"机会弱势群体"参与经济发展和共享发展成果的"机会边缘化"，使其在主、客观上均难以成为"加快转变"的推动者，反成政府被动调节二次分配的庞大对象，严重制约着"转变"的进程和经济社会的健康发展。这种状况若持续下去，经济发展的根本动力即劳动者的积极性将逐渐丧失，发展将难以持续，甚至有可能会形成新中国60年的举世瞩目成就付诸东流的严重后果。包容性转变的要义，就是要切实地做好消除机会边缘化和改变机会弱势群体现实命运的实际工作，注重"共享式发展"，激发并提升包括庞大弱势群体在内的广大基层群众的人力支撑，使经济发展倚仗主动积极、强大持续的人力参与而走上科学发展的道路。

显然，本课题所主张的包容性转变理念与刘国光先生恪守的无产阶级立场具有相同的立足点，一致的理论视阈，一样的恤民情怀。中国经济发展方式包容性转变的制度体制条件和运行机制，均需立足于马克思主义的无产阶级立场进行研究和设计。如在制度体制条件设计方面，关于提升人力支撑这一"最需培育、最有潜力、最可依靠"的第一资源体制，充分就业和收入分配向劳动倾斜以防止资本利润侵蚀劳动报酬的体面劳动体制，提高弱势群体素质的职业技能培训体制，城乡一体化的基本社会保障体制等；而在运行机制设计上，形成消除"机会弱势"，提升"人力支撑"→弱势群体能力提升，收入增长，地位改变→消费增长，内需扩大→社会整体人力支撑得到提升→"加快转变"的机制，依然需要牢牢奠立于无产阶级立场之上，充分尊重并彰显人民群众的主体地位，发挥其主体作用，以做到科学的顶层设计，实现良性的经济运行，使包容性转变成为可能。

质言之，刘国光先生恪守无产阶级的立场，在社会主义建设和改革开放的各个时期，勤奋躬耕，身体力行，为国家和人民奉献出拳拳赤心，作出了无愧于历史、时代和人民的杰出贡献。先生信奉的，是"正直的经济学人应有的良心不能丢弃"的人生格言；先生坚守的，是"为劳动人民服务"的学术目标；先生崇尚的，是"把前人的东西钻研好，在掌握正确方向的基础上调查研究，不能人云亦云，要有独立的思想"等科学求实的学风。一如先生所说："从我走上经济学探索之路起，我就希望我们国家日益强大，人民生活日益富裕和幸福。我坚信，通过社会主义市场经济的成功构建，一定可以实现我的这一心愿，当然也是全国人民的心愿。"[①] 今天，党的十八届三中全会吹响了全面深化改革的集结号，然而"重启改革议程"等新自由主义言论却在异化和绑架"全面深化改革"精神并已造成十分不良的影响。[②] 他们打着"改革"的幌子极力推进全面私有化和完全市场化，别有用心地颠倒黑白、混淆视听，严重地影响着受众尤其广大基层民众的判断力，不断地催生出国家大政方针执行上的较高比例的对立面。针对这种状况，习近平总书记在2013年12月10日中央经济工作会议上指出，特别要防止有些人恶意曲解全会精神，"歪嘴和尚"念经，蛊惑人心，搬弄是非。我们学习刘国光先生的经济学思想，像先生那样恪守无产阶级的阶级立场，就能够深刻揭露"歪嘴和尚"的蛊惑和忽悠，有效防止其所谓"解读"的先入为主，做到明是非正视听，从具体内容上辨正什么是真改革、正改革，什么是假改革、负改革，从而为全面深化改革扫清障碍。

三 人民主体思想：理论基因和现实根基

（一）十八大人民主体思想的理论基因

十八大报告的一个重要创新点，就是全面深刻地总结了在新的历史条件下夺取中国特色社会主义新胜利所必须牢牢把握的八条基

---

① 刘国光：《我的经济学探索之路》，《毛泽东邓小平理论研究》2012年第1期。
② 参见吴敬琏、马国川《重启改革议程：中国经济改革二十讲》，生活·读书·新知三联书店2013年版。这样一部与全面深化改革精神严重背离的书，竟然获得国家图书馆文津图书奖，出版一年多来已第6次印刷，印数达11万册。当然也遭到学界愈加严厉的批评。

包容性转变：转变经济发展方式的形上之思与形下之维

本要求。其中的第一条，就是关于中国特色社会主义依靠力量的阐述，即"必须坚持人民主体地位。"① 在全面建成小康社会的决定性历史阶段，深刻认识和践行人民主体思想，意义重大。作为学习和贯彻十八大精神的心得体会，本节拟以人民主体思想的视域，考察和解析中国经济发展方式的包容性转变。

人民主体思想，指的是人民群众在认识和改造客观世界过程中所表现出来的主体作用和自主性质。在迄今为止的人类思想发展史上，马克思、恩格斯首先开创了"因为人而为了人"的哲学思维范式，创建了人民主体思想基本的理论形态。马克思、恩格斯认为：全部人类历史的第一个前提，无疑是有生命的个人的存在，因此"首先应当确定一切人类生存的第一个前提，也就是一切历史的第一个前提，这个前提是：人们为了能够'创造历史'，必须能够生活。但是为了生活，首先就需要吃喝住穿以及其他一些东西。因此第一个历史活动就是生产满足这些需要的资料，即生产物质生活本身，而且，这是人们从几千年前直到今天单是为了维持生活就必须每日每时从事的历史活动，是一切历史的基本条件。"② 进而他们指出，这种"生产物质生活本身"又是以"个人彼此之间的交往［Verkehr］为前提的。"③ 即"为了进行生产，人们相互之间便发生一定的联系和关系；只有在这些社会联系和社会关系的范围内，才会有他们对自然界的影响，才会有生产。"④ 由此马克思认为，人是最名副其实的政治动物⑤，"人的本质不是单个人所固有的抽象物，在其现实性上，它是一切社会关系的总和。"⑥ 社会历史活动的本质是什么？马克思认为，所谓社会不过是人们交互活动的产物⑦；而所谓历史，马克思、恩格斯在《神圣家族》中鲜明地指

---

① 《胡锦涛文选》（第3卷），人民出版社2016年版，第623页。
② 《马克思恩格斯文集》（第1卷），人民出版社2009年版，第531页。
③ 同上书，第520页。
④ 同上书，第724页。
⑤ 《马克思恩格斯文集》（第8卷），人民出版社2009年版，第6页。
⑥ 《马克思恩格斯文集》（第1卷），人民出版社2009年版，第501页。
⑦ 《马克思恩格斯文集》（第10卷），人民出版社2009年版，第42页。

出,"历史不过是追求着自己目的的人的活动而已。"① "历史活动是群众的事业,随着历史活动的深入,必将是群众队伍的扩大。"② 他们还强调指出:思想只有反映了社会的现实需要,反映广大群众的利益,才能成为推动社会发展的力量。

马克思、恩格斯的以上论述告诉我们,任何时代或社会的"迫切问题",都只能是"人"和"人类社会"的问题,人的生存和发展,才是人类社会最核心、最根本、最基础的问题。社会的发展和进步,最终也只能通过人自身的生存、解放、发展而体现出来,通过人的价值实现的程度表现出来。因此,社会进步的根源就在人的自身,在人民群众本身,只有人民群众才成为社会生产活动的主体,成为社会历史的创造者。人类的一切经济行为和社会活动,只有以最广大人民群众为主体,听其呼声而彰其利益,才能成为历史发展的动力。这种社会历史主体思想,成为党的十八大人民主体思想最深厚的理论基因。

还应指出,马克思、恩格斯在深入剖析资本主义生产方式的过程之中,揭示出工人的劳动与其贫困的悖反,并以唯物史观的视阈,指出资本自我否定并走向覆灭的历史必然性,进而描绘出工人阶级获得劳动解放,实现自由人联合体的未来社会生活状况。在这一过程之中,经典作家每每表达出他们对劳动群众过上幸福生活的向往,反映出以自由劳动为基础的人民主体思想在其理论创新中的至上地位和导引作用。劳动是人民美好生活的泉源,在于"对社会主义的人来说,整个所谓世界历史不外是人通过人的劳动而诞生的过程,是自然界对人来说的生成过程,所以关于他通过自身而诞生、关于他的形成过程,他有直观的、无可辩驳的证明。"③ 以政治学视阈来看,在社会主义的中国,人民主体思想既是国家的价值原则,更是国家架构的基础和国家根本所在。社会主义国家建设的逻辑起点、行动议程和目标追求,尤其是共产党领导与执政的合法

---

① 《马克思恩格斯文集》(第1卷),人民出版社2009年版,第295页。
② 同上书,第287页。
③ 同上书,第196页。

性，只有在人民主体思想为根本的理论与实践中才能得以建构和实现。①

由此可见，本课题把提升包括弱势群体在内的最广大人民群众参与经济社会发展的机会，即参与劳动的机会作为包容性转变的基点和切点，作为提升其人力支撑从而促进"转变"的论说路向，是有其厚重的唯物史观理论根基的。

（二）十八大人民主体思想的现实根基

党的十八大提出的人民主体思想，与党的群众观点和群众路线理念相通，与党的根本宗旨和执政理念一脉相承。在长期的革命和建设实践中，中国共产党遵循唯物史观社会历史主体思想逐渐形成并恪守践行的一切为了人民群众、向人民群众负责、相信群众自己解放自己、向人民群众学习的群众观点，一切为了群众、一切依靠群众、从群众中来、到群众中去的群众路线，全心全意为人民服务的根本宗旨和执政为民的理念，尤其是在世情、国情、党情继续发生深刻变化，我们面临的发展机遇和风险挑战前所未有的新阶段继续改善人民生活、增进人民福祉的现实实践，成为党的十八大所强调的人民主体思想的现实根基。党的十八大报告中有145处使用了"人民"一词，习近平总书记在新一届政治局常委与中外记者见面时的简短讲话中17次使用了"人民"一词，可见人民主体思想犹如一根红线，贯穿党的十八大报告始终，贯穿新一届党中央和中央政府的执政理念中。尽管人民主体思想并非十八大报告第一次提出②，但把"坚持人民主体地位"作为夺取中国特色社会主义新胜利的第一条"基本要求"，作为全党全国各族人民的第一条"共同信念"，说明我们党对人民主体地位和人民主体作用的认识达到了

---

① 参见林尚立《以人民为本位的社会主义国家建设理论：政治学对科学社会主义的发现》，《政治学研究》2014年第4期。

② 在胡锦涛"七一"讲话和十七大报告中，均有"尊重人民主体地位"的论断。但从阐释视角看，十八大报告在新的历史条件下对人民主体思想的阐述，更具创新意义和全局意义。

更加自觉自为的崭新高度，这也正是党和人民的道路自信之本、理论自信之基、制度自信之源，文化自信之根。

四 人民主体思想视域下包容性转变的实施路向

科学发展观的人民主体思想，是在新世纪新阶段改革开放和现代化建设的伟大实践中逐渐深化的当代中国共产党人的马克思主义世界观和方法论，它形成了对人民群众在社会关系和国家生活中的地位和作用的规律性认识，解答了社会主义事业的出发点和落脚点、力量源泉和主要动力、根本原则和基本方法等重大问题。人民主体思想，贯穿于马克思主义中国化时代化大众化的最新成果中，贯彻于全面建成小康社会和建成富强民主文明和谐的社会主义现代化国家的新征程中，体现于实现中华民族伟大复兴中国梦的每一步中。十八大报告指出："中国特色社会主义是亿万人民自己的事业。要发挥人民主人翁精神，坚持依法治国这个党领导人民治理国家的基本方略，最广泛地动员和组织人民依法管理国家事务和社会事务、管理经济和文化事业、积极投身社会主义现代化建设，更好保障人民权益，更好保证人民当家作主。"[①] 因此，报告对人民主体思想的这种宣示，同样也是对人民群众在转变经济发展方式中的地位和作用的确立。当我们把"加快转变经济发展方式这场硬仗"放之人民主体思想的视域内考察时，"包容性转变"的实施路向就显得清晰和明确起来。学界愈来愈多的研究成果也表明，改变劳动和劳动者的现实境遇，提升其人力支撑，是产业结构升级和转变经济发展方式的关键。[②]

---

① 《胡锦涛文选》（第3卷），人民出版社2016年版，第623页。
② 参见程恩富《新一轮改革仍需突出民生导向》，《理论学习》2013年第11期；丁晓钦、郭艳青：《马克思主义视阈下的劳动修复及其当代意义》，《马克思主义研究》2014年第9期等。

（一）必须充分尊重人民群众在"转变"中的实践和认识主体地位，发挥其实践和认识主体作用

唯物史观关于人民群众是社会物质财富和精神财富的创造者等基本原理，从科学的社会历史观视角，启示我们要时刻尊重人民群众在"转变"中的实践和认识主体地位，充分发挥人民群众在"转变"中的实践和认识主体作用。改革开放30多年来实践和认识的每一次突破和进展，无不来自群众的创造和推动。邓小平就曾指出，农村搞家庭联产承包，这个发明权是农民的。农村改革中的好多东西，都是基层创造出来的，而我们只是把它拿来加工提高作为全国的指导。没有人民群众的积极探索和大胆创造，许多改革实践就不能产生，许多改革思想尤其是改革共识就难以形成。中国特色社会主义理论体系也不是凭空产生的，而是在总结人民实践经验的基础上提出来的，凝结着广大人民群众不懈探索的智慧和心血。正如胡锦涛同志在庆祝中国共产党成立90周年的大会上所指出的，90多年来我们党取得的所有成就都是依靠人民共同奋斗的结果：党紧紧依靠人民完成了新民主主义革命，实现了民族独立、人民解放；紧紧依靠人民完成了社会主义革命，确立了社会主义基本制度；紧紧依靠人民进行了改革开放新的伟大革命，开创、坚持、发展了中国特色社会主义。多年谋求"转变"的实践充分说明，经济发展方式的每一步转型，都离不开人民群众的伟大创造和支持；未来要打胜加快转变经济发展方式这场硬仗，把我国经济发展活力和竞争力提高到新的水平，同样离不开人民群众的伟大创造和支持。党的十八大提出的"一个立足点""四个着力"和"五个更多"的"加快形成新的经济发展方式"的要求，无一不是要在充分发挥人民群众实践和认识主体作用的前提下才能实施的。

在包容性转变中充分尊重人民群众的实践和认识主体地位，发挥其实践和认识主体作用，要防止边缘化弱势群体，看不起穷人的错误倾向。在一些人的眼里，弱势群体仿佛成了他们成就政绩的包袱。他们不懂得，党的"发展为了人民、发展依靠人民、发展成果

由人民共享"的执政理念,是发展的"目的、手段和包容性"三方面规定性的统一。他们仅仅口头说说"发展为了人民",却丝毫不懂得为什么要"发展依靠人民",工作中更是打压、漠视和边缘化人民,把人民群众(特别是庞大弱势群体)当作累赘,排斥在经济发展和社会进步之外,造成了严重失业的"无工作增长"。这样,"转变"也就失去了赖以生长的根基——"人力支撑"。科学发展观的"以人为本",首先是"现实的运动",是现实经济和社会活动的前提、出发点、实施手段和首要原则。只有把消除"机会边缘化"并改变"机会弱势群体"现实命运的实际工作上升为政府责任、国家意志并强力执行,激发并提升起包括庞大弱势群体在内的最广大人民群众的人力支撑,使"转变"走向"包容性转变",中国的经济发展才能因倚仗主动积极、强大持续的人力参与而驶入科学发展的轨道。恰如温家宝2010年"两会"在回答新加坡《联合早报》记者时所说:现在社会上还存在许多不公平的现象,收入分配不公、司法不公,这些都应该引起我们的重视。一个真正的经济学同高尚的伦理学是不可分离的。我们的经济工作和社会发展都要更多地关注穷人,关注弱势群体,因为他们在社会中是多数。借用学界所言:中国政府反复强调和倡导的包容性发展理念,"正是当下中国的政治经济学"[1]。而不论是从转变经济发展方式的紧迫性、重要性,经济新常态下对经济发展动力的寻寻觅觅,从经典作家人民主体思想以及我们党对人民主体思想的遵从和阐释,还是从历史和现实实践的得失成败中来看,本课题所强调的"包容性转变"思想,都将是"当下中国的政治经济学"的时代主题。

(二)必须充分尊重人民群众在"转变"中的利益主体地位,发挥其动力主体作用

唯物史观认为,人民群众既是历史主体,同时也是价值主体,

---

[1] 参见邵宜航、刘雅南《从经济学再到政治经济学:理解包容性增长》,载《经济学家》2011年第10期,第5—13页。作者把包容性增长比作"当下中国的政治经济学,也就是具有中国特色的现代经济学"。

包容性转变：转变经济发展方式的形上之思与形下之维

即人民群众不仅是价值的创造者，而且还是自己所创造价值的享用者。30多年的改革发展历程昭示：促使广大人民群众积极参与改革并实现人民群众自身的发展，是解放和发展生产力的重要前提条件，是我国经济社会持续健康发展须臾不可或缺的人力支撑。邓小平认为，旧的那一套阻碍了生产力的发展，妨碍了人民和基层积极性的发挥。[①] 邓小平一生孜孜追求的社会主义现代化建设目标，其实质就是对人民群众的愿望和利益的认定。江泽民指出，要"在社会不断发展进步的基础上，使人民群众不断获得切实的经济、政治、文化利益"，并强调："我们党进行的一切奋斗，归根到底都是为了最广大人民的利益。"[②] 胡锦涛也强调："必须始终把人民利益放在第一位，把实现好、维护好、发展好最广大人民根本利益作为一切工作的出发点和落脚点，做到权为民所用、情为民所系、利为民所谋，使我们的工作获得最广泛最可靠最牢固的群众基础和力量源泉。"[③]

多年来单纯物质增长而致人的福利难以增长的传统经济增长模式，导致了种种矛盾和问题。这些矛盾和问题，无不与群众利益尤其以弱势群体的利益受损密切相关。如一些地方驱之不散的"GDP崇拜"令民生凋敝，人力丧失；利益群体间的天悬之隔令公众离心，社会失序。而按照经济学的激励相容原则，一个科学的制度设计应该使人们追求个人利益的行为与社会所要实现的价值最大化的目标相向契合。眼下，百姓热切盼望共享改革发展成果、解决收入分配问题；盼望公平化、绿色化、国民福利最大化的经济发展方式。"十二五"规划纲要所指出的坚持把保障和改善民生作为加快转变经济发展方式的根本出发点和落脚点，党的十八大报告所强调的要坚持社会主义基本经济制度和分配制度，调整国民收入分配格局，加大再分配调节力度，着力解决收入分配差距较大问题，使发展成果更多更公平惠及全体人民等"坚持走共同富裕道路"的基本

[①] 《邓小平年谱（1975—1997）》（下），中央文献出版社2004年版，第1194页。
[②] 《江泽民文选》（第3卷），人民出版社2006年版，第279页。
[③] 《胡锦涛文选》（第3卷），人民出版社2016年版，第532页。

要求，是最广大人民的利益所系，反映了广大人民的热切期盼。因此在我们的转型和"转变"中，必须充分尊重人民群众在"转变"中的利益主体的地位，发挥其动力主体的作用，强力扭转眼下贫困和收入分配严重不公和资本侵蚀劳动的"无情增长"，才能得到人民群众的理解、支持并身体力行，才能激发出人民群众的积极性、主动性和创造性，从而为"加快转变"注入不竭的动力源泉。一如有学者所强调的，只有增加劳动群众的收入，才能使发展经济的目的从"物本"转向"人本"；发展的路向实现从主要依靠简单劳动转向依靠技术进步；发展的动力实现从外需转变为内需、转向经济结构升级和资源节约，扩大就业，解决生产过剩等问题，才能从根本上转变发展方式。[①]

（三）必须充分尊重人民群众在"转变"中的权利和义务主体地位，发挥其权利和义务主体作用

充分尊重人民群众在包容性转变中的权利和义务主体地位，发挥其权利和义务主体作用，一个重要的体现就是坚定不移地发展社会主义民主政治，切实保障人民群众当家做主的权利，使广大人民群众有机会、有能力且积极主动地参与到党和国家的政治生活中来。尤其要保障和落实人民的知情权、参与权、表达权、监督权，健全民主制度，丰富民主形式，拓宽民主渠道，依法实行选举、决策、管理和监督等环节的民主，最大限度地反映人民群众的心声、表达人民群众的主张、体现人民群众的意志。从根本意义上说，改革应当是旨在实现让人民群众享有管理国家事务和社会事务、管理经济和文化事业的民主权利，真正做到人民群众当家做主。权利和义务向来是统一的，只有人民群众当家做主的权利得到切实保障，且能够有机会、有能力并自觉主动地尽职尽责，蕴藏在人民群众之中的创造活力才能最大限度地迸发出来。

[①] 周志太：《转变发展方式的根本出路是增加劳动收入》，《现代经济探讨》2011年第7期。

包容性转变：转变经济发展方式的形上之思与形下之维

审视我们当下一些地方那种失去了民主和自由的"无声增长"，哪里能看得出一点儿尊重人民群众的权利和义务主体地位，发挥其权利和义务主体作用的影子？仅就我国城镇化过程的"众生相"来看，便见一斑。我国的城镇化建设是以承认城乡二元结构，"三农"问题成为现代化建设的重中之重为前提的。城镇化是我国经济发展的强大动力，社会进步的必然趋向。这也是发达国家所昭示的一条现代化之路。尤其是广大农民兄弟，他们要抛却贫穷，奔向小康和现代化；他们也有幸福的梦想，也要温暖的家园。城市仅仅打开了一条缝隙，他们就挤进了一亿多人，他们对有朝一日洗脚进城是梦寐以求的。然而不时出现的违法调整、收回和强迫流转农民承包地，违背农民意愿搞大拆大建、盲目建高楼等"被上楼""被拆迁"现象，着实地让农民兄弟的心凉了一把。不少城市借助区区一纸户口登记便拥有了更多的土地资源，同时也产生了众多从乡村涌向城市的失地农民。《半月谈》杂志指出：当我们的城市化难以为农民提供基本的生存条件、足够的就业机会和有效的福利保障时，"变市民"换来的，只能是"失地"又"失业"。近几年《半月谈》杂志连篇累牍的有关城镇化错误倾向的揭示和批判，使人们看到了党和政府根治城镇化错误倾向的决心和信心；"城镇化"再次成为2013年"两会"显性话语，人民代表对一些地方政府主导甚至行政强制的城镇化做派的谴责，正是对人民群众的权利和义务主体的地位及作用的维护和彰显。邓小平早在20世纪60年代就曾指出："生产关系究竟以什么形式为最好，恐怕要采取这样一种态度，就是哪种形式在哪个地方能够比较容易比较快地恢复和发展农业生产，就采取哪种形式。"[1] 借用阿玛蒂亚·森的话来说，就是要使人民群众享有实质性（Substantive）的自由和权利，即享有人们有理由珍视的那种生活和愿意过的那种生活的"可行能力"（Capability）。因而可以说，真正的城镇化其内质和价值，不是那空中的花花楼宇，而应是具有坚实基础的民生和民权的系统工程，应是平等

---

[1] 《邓小平文选》（第1卷），人民出版社1994年版，第323页。

的生存权利和发展机会的体现，应是有利于生产力的解放和发展。

五 结语

刘国光先生经济学研究中"坚定不移和始终一贯"的无产阶级立场，对于包容性转变的制度体制条件和运行机制的研究和设计的启示意义在于，中国经济发展方式"包容性转变"的路向是必要的，可行的，正确的。包容性转变为十八大人民主体思想的基本要求提供了具体的实践操作路向。倚靠最广大人民群众的包容性转变，正因为奠立于人民主体思想之上并彰显了人民群众的历史主体地位，理应成为中国加快转变经济发展方式的核心取向。

第五章　包容性转变：先为教育

一　内容提要

为"转变"而服务的"面向'转变'的教育"理念说明，教育依然是不得不提的无奈，难逃其"亦步亦趋俯首帖耳"的命运。而"先为教育"的"面向教育的'转变'"理念，则是源本意义上的教育价值的回归，具有较强的理论开拓意味，彰显出教育"天上地下惟我独先"的风采。只有摒弃为"转变"而不得不发展教育的"面向'转变'的教育"路向，转向以首先和主动为人的成长和发展服务的"面向教育的'转变'"，才能真正实现具有强大的和可持续的人力支撑基础的经济发展方式的转变。

二　命题的提出：面向"转变"的教育；面向教育的"转变"

这里所说的"转变"，特指当下中国作为一场"硬仗"（十八大语）的经济发展方式的转变（为简略，本书多处或称"转变"）。"面向'转变'的教育"，指的是教育要适应经济发展方式的转变，要为"转变"服务，要面向"转变"来探讨教育的发展之路。而"面向教育的'转变'"则与"面向'转变'的教育"相反，即经济发展方式的转变要适应教育的发展，要为教育服务，要面向教育来探讨"转变"之路，简言之，即要"先为教育"。对上述两个命题提出缘由的考察及对其关系的辨析，将促进人们深入思考新形势下教育的根本属性、教育发展方式转变和经济发展方式转变等关涉当下中国科学发展的一些重大现实问题；同时，对两个命题所关涉的教育元理论问题的讨论，也是对学界"诸多带有根本性的教育哲学问题正等待我们去回答"的回应，希冀启示人们反思教育价值感觉方式的外在化、功利化等倾向，以彰显源本意义上的教育价值，彰显从根本上促进人的自由而全面发展的路向。

（一）面向"转变"的教育

1."面向'转变'的教育"这一命题的提出，是对当下学界连篇累牍地探讨和众口一词地期盼的教育要适应经济发展方式的转变、要为"转变"服务、要面向"转变"来探讨教育的发展之路等现象的概括和写照。

经济发展方式的转变是多年来国人孜孜追索的重大课题。20世纪80年代，中央就提出要从粗放经营为主逐步转向集约经营为主的经济发展轨道；1995年中央提出"积极推进经济增长方式转变，把提高经济效益作为经济工作的中心"的方针；进入21世纪中央又进一步提出了科学发展观和促进国民经济又好又快发展的战略思想；党的十七大则明确地把加快转变经济发展方式，推动产业结构优化升级作为关系国民经济全局的紧迫而重大的战略任务；党的十八大更是强调指出，以科学发展为主题，以加快转变经济发展方式为主线，是关系我国发展全局的战略抉择，并指出一定要打胜全面深化经济体制改革和加快转变经济发展方式这场硬仗，把经济发展活力和竞争力提高到新的水平。由之，"加快转变"这一时代的命题和现实的难题，以前所未有的峻切矗立在国人面前。显然，是转变经济发展方式"久推难转""转而不快"的现实，促使人们把视角转向了教育。这正因应了一句俗话：人类好像天生就有一种收拾残局的偏好，教育地位的失落到了如此切肤之痛之时，人们才想起了它。联合国发展计划署1996年的《人类发展报告》列举了单纯追求经济增长而导致的5种有增长无发展的状况，毋庸讳言，五种状况在中国多年的经济和社会转型中，也不同程度地存在

包容性转变：转变经济发展方式的形上之思与形下之维

着，一些方面甚至还较严重。于是，转变经济发展方式的实践和研究中，那种天生收拾残局的"偏好"，便自觉不自觉地在思维中显现出来。我们只要翻开有关探讨转变经济发展方式的相关研究，便很容易发现诸如教育为"转变"服务的字眼，现撷取如下："加快促进教育发展模式与经济发展方式转变相适应"①"人力资源开发向经济发展方式转变的传导机制分析"②"浙江教育面向经济建设主战场——浙江突出教育主动适应经济发展方式转变"③……一如有学者所指出的："面对以经济体制改革为核心的社会转型的新的形势要求，面对世界全球化、信息化、知识化的国际竞争背景，我国教育在教育思想、教育体制、教育结构、人才培养模式以及教育教学的内容和方法等方面还相对滞后，还不能与经济体制、科技体制、政治体制等方面的改革和发展相配套、相适应。"④ 诸如此类，不一而足。这种论说模式，与面向未来教育科学发展的育人为本的教育发展观和教育价值观相背离，依旧是教育发展的"经济主义模式"，也难以跳出"教育产业化"的思维窠臼。因为只有站得更高，才有可能看得更远，如果教育仅仅成为满足功利目的的工具或手段，那么它就失去了存在的根基。⑤

2. "面向'转变'的教育"现象，其更深层次的缘由，是长期以来教育在人们心目中的"服务""从属"甚或"应声虫"地位的惯性认知所致。

学界总结出了一些流布久远的思维方式和观念，如"应答式""被动式""单向式"等运思方式：研究者总是强调教育和教育者

---

① 李欣欣：《加快促进教育发展模式与经济发展方式转变相适应》，《中国党政干部论坛》2010年第8期。
② 参见李群、王巧云《人力资源开发向经济发展方式转变的传导机制分析》，《中国科技论坛》2009年第2期。
③ 吴红霞：《浙江教育面向经济建设主战场——浙江突出教育主动适应经济发展方式转变》，《今日浙江》2010年第20期。
④ 和学新：《社会转型与当代中国的教育转型》，《华中师范大学学报（人文社会科学版）》2006年第2期。
⑤ 徐继存：《教育哲学是没有答案的学问》，《中国教育报》2008年3月24日第7版。

要有时代关怀,敏锐体察时代精神,在把握时代脉搏中发觉时代对教育的挑战,思考在社会转型与发展过程中教育如何为其提供所需服务、满足社会转型的教育需求。教育的价值与角色是为社会转型与发展服务,在对时代挑战和社会需求的应答中,成为社会变迁的附庸;再如"要求论""先行论""适应论""配套论"等观念:主张教育转型是在社会转型的外在"要求"下实现的,它自身并无内在的转型需要,我们只需要探究社会的发展"要求"教育有什么变化,会产生什么影响,强调社会转型始终先行于教育转型,教育只是亦步亦趋地跟在后面[①],即"在后"的教育转型其存在的价值只是为了与"在先"的社会转型"适应"与"配套"而已。

与其说长期以来教育的"服务""从属""应声虫"地位滋长了"面向'转变'的教育"现象,不如说恰是"面向'转变'的教育"现象反向印证了教育的根基地位。试问:为什么人们最后想到的总是教育?当下社会何止三千六百行,为什么就没有想到其他的什么行当?这难道不是教育根本作用和基石地位的反证?

(二) 面向教育的"转变"

1. "面向教育的'转变'"这一命题的提出,以学界所提出的"教育尺度"等概念为价值先导和理论依据。

"教育尺度"这一概念是华东师范大学叶澜教授在 2011 年 6 月 22 日举行的"211 课题"——"当代中国社会的教育基础及其改造"研讨会上提出的概念。该课题认为,人们常用"政治尺度""经济尺度""文化尺度"等研究中国社会的转型与发展,但唯独缺少"教育尺度"。"教育尺度"概念的提出,是对多年以来林林总总的研究范式和思考尺度中唯独缺少"教育尺度"的反对。所谓"教育尺度",即一种基于教育立场的眼光、视角和参照系。这种尺度的形成和运用来自教育的任务和使命,教育就是要有意识、有

---

① 参见李政涛《中国社会发展的"教育尺度"与教育基础》,《教育研究》2012年第3期。

计划地促进人的生命健康、主动地成长和发展①。因此"能否促进并实现人的生命成长和发展",成为"教育尺度"衡量世间万事万物的基本参照系和标准。"教育尺度"启发人们提出并回答的问题是:到底是什么才有利于人的生命健康、主动发展?我们又如何为人的生命健康、主动发展创造条件和基础?"教育尺度"下的人的生命,不仅仅是"手段",而更重要的,是"目的",即一切资源和活动都应该指向人的生命成长。这种尺度不只是要考虑如何通过培养人来为社会发展服务,更主要的,或说首先要思考的,则是社会转型与发展过程中如何为人的成长和发展服务,如何为教育创造适合的条件和基础。对于社会的转型与和谐发展而言,"教育尺度"是不可或缺的,却又是长久以来被遗忘和忽略的尺度;而对于在大力实施教育优先发展战略的当下中国而言,"教育尺度"的提出又适逢其时。可见,"面向教育的'转变'"命题,正是以"教育尺度"为其价值导向和理论渊源的。2012年初《教育研究》杂志推出"教育尺度"概念以来,获得了广泛的学术和社会影响②。我们有理由期待,以"教育尺度"为价值导向和理论渊源的"面向教育的'转变'",将随着联合国"教育第一"全球倡议行动③的启动而深入人心,彰显教育培育为人之道的核心作用,助推我国教育优先发展战略的实施。

2. "面向教育的'转变'"命题的提出,也来自对中国转变经济发展方式实践和研究中重"物"轻"人"且误读以人为本倾向的反思。

从对中国转变经济发展方式实践和研究中重"物"轻"人"

---

① 参见李政涛《中国社会发展的"教育尺度"与教育基础》,《教育研究》2012年第3期。

② 李政涛教授的《中国社会发展的"教育尺度"与教育基础》一文,见《教育研究》2012年第3期,《新华文摘》2012年第12期转载,并被广泛转发摘引。

③ 时任联合国秘书长潘基文2013年9月26日在纽约联合国总部启动了"教育第一"全球倡议行动,旨在调动国际社会的广泛支持,将教育作为全球的最优先事项,从而推动联合国千年发展目标在2015年之前如期实现。中国国家主席习近平特别为活动发去录像致辞,承诺中国将继续响应联合国倡议,始终把教育摆在优先发展的战略位置,并努力建设学习型社会。

且误读以人为本倾向的审视中可以看出，庞大"机会弱势群体"（尤其教育弱势群体）参与经济发展和共享发展成果的"机会边缘化"，使其主、客观上均难以成为"转变"的推动者，反成政府被动调节二次分配的庞大对象，严重制约着"转变"的进程以及经济社会的健康发展。"转变"的要义，即必须切实地把最广大人民群众作为实施"转变"的主体，真正做到"发展依靠人民"，"转变"依赖人民，防止排斥人民。这是符合唯物史观人民主体思想的"理论理性"和"实践理性"，是对十八大人民主体思想的坚守。只有摒弃"物本"发展理念，切实做好消除弱势群体"机会边缘化"和改变其现实命运的实际工作，注重"机会平等的发展"，激发并提升包括庞大教育弱势群体在内的最广大人民群众的人力支撑，即首先面向教育而谋求"转变"，中国的经济发展才能因倚仗主动积极、强大持续的人力参与而走上可持续的和健康的发展之路。由此可见，"面向教育的'转变'"与"教育尺度"有着共同的"人"的向度，即"一切资源和活动都应该指向人的生命成长和主动发展"的价值观，彰显了《国家中长期教育改革和发展规划纲要（2010—2020年）》（以下简称《纲要》）所提出的"优先发展""育人为本"等教育发展观和教育价值观。

三 命题的辨正：理论开拓意味与截然迥异的教育"礼遇"

（一）一改传统认知上的决定论、二元论倾向，突出教育的"基石"地位

1. "面向教育的'转变'"的理论开拓意味

（1）在教育与社会的关系这一教育基本理论的核心问题上，"面向教育的'转变'"催生出更加清晰和明确地看待教育的思维路向。

教育与社会的关系作为教育基本理论的核心问题，其具体语境之下的性质、内涵，以及两者的联结方式，随着时代特质和学术研究旨趣的不同而不同。在当下常常运用"政治尺度""经济尺度""文化尺度"等研究中国社会的转型与发展而唯独缺少"教育尺度"的境况下,"面向教育的'转变'"将一改过去总是把教育作为一种被决定之物,总是把教育问题"还原"为社会的政治问题、经济问题或一般文化问题来进行研究的决定论和二元论倾向,从而构建和奠立起教育的"基石"地位。《纲要》在"序言"中开宗明义地指出:百年大计,教育为本。教育是民族振兴、社会进步的基石,是提高国民素质、促进人的全面发展的根本途径。反观传统认知,一般认为社会是教育的基础,教育的发展离不开政治、经济和文化环境为教育提供的物质前提和诸多条件。这样的"基础观"使得人们在探讨教育改革的时候,总是从教育的外部归因方式来探讨教育改革的前提和条件,即只有社会提供了变革的前提条件,教育才可能发生根本性的改变。理由在于,如果前提不变,条件亦不变,教育改革亦只是"隔靴搔痒",失却动力,更不可能有什么成效,教育改革好似原本就不具有促进社会变革的独力力量。[①] 然而在时代特质、现实峻切正通过各种途径与教育世界发生着不能割舍、难以规避的联系,教育在经济社会发展中的特殊作用日益突出且愈发不可替代,教育已经凸显其"人类最富有理想的事业"地位的当下,教育与社会关系的传统认知,便在人们自觉或不自觉地考量中给颠覆了:即人们有充足的理由把一切发展的归宿和根本都归结于教育,教育业已成为人们解决个人和社会诸多问题的首要的和根本的途径。正是因此,旨在匡正传统认知模式,改变人们在教育功能问题认知上的决定论和二元论倾向,把教育作为人类社会发展的基础,作为人类发展的切己之利,切己之本,从而期冀深化对经济社会发展的教育基础的认识的"面向教育的'转变'",显然具有较强的理论开拓意味:这一命题要求,决不能一味地、固执地认为教育的价值和功能就只是满足社会的需要,在当代社会更值得关

[①] 参见徐冬青《当代中国社会的教育基础之变革初探》,《基础教育》2008 年第 3 期。

第五章 包容性转变：先为教育

注的，是教育在经济发展、社会变迁中的"主导"介入作用。也就是说，不仅教育需要社会，而且社会更需要教育。社会发展对教育的关注，不应仅仅聚焦于"教育应当为发展提供什么"，更需要深入思考的是"社会的发展需要怎样的教育基础"，"目前的教育基础，是否能够支撑起社会发展和国家繁荣的宏观设计与整体实践？"这些问题的提出，就是"教育尺度"形成和运用的产物[①]，亦成为在"教育尺度"视域下"面向教育的'转变'"命题所催生的更加清晰和明确地看待教育的思维路向。

（2）在人文原则的现实化方面，"面向教育的'转变'"所关涉的教育元理论问题的讨论，将启示人们思考和改变教育价值感知上的外在化、功利化倾向，有利于源本意义上的教育价值的彰显和回归。

梁晓声先生在20世纪90年代出版的《中国社会各阶层分析》，2011年出版了最新升级版，新版指出：对于人类的社会，弱者与弱者的群体，与强者与强者的群体，同样拥有"过上体面而有尊严的生活"的权利，此乃天赋之权。因为归根结底，国家不能仅是少数"胜者"的国家，社会也不能仅是少数"胜者"的社会。所谓政府的责任和正义，正是要使以上人文原则现实化。[②]"面向教育的'转变'"的提出，正是因应中国社会人文原则现实化要求的回答，《纲要》便是在教育改革和发展问题上人文原则现实化的文本。当下中国所出现的"人文恐惧症"，林林总总，难以胜数，如经济发展方式上，新自由主义学者罔顾具体国情的主观机械的逻辑起点、虚伪的价值中立而实质上的"胜者"立场及违背人类道德底线的"丛林逻辑"，企图使包括教育的一切在内都要拜倒在好似被打了鸡血的经济增长的做派之下。而在教育发展方式上，城乡教育的二元差距，使得以教育改变命运的阶层上升渠道愈加艰涩；学科分割、知识与能力的分裂脱节、学校教育体制尤其选拔体制的极度

[①] 参见李政涛《中国社会发展的"教育尺度"与教育基础》，《教育研究》2012年第3期。

[②] 梁晓声：《中国社会各阶层分析》，文化艺术出版社2011年版，第397页。

扩张等，使得人们对教育的理解愈发狭隘和功利，好似就是要让教育"有意识、有计划地促进人的生命健康、主动地成长和发展"等源本价值尽付阙如一般……故而有学者呼吁："诸多带有根本性的教育哲学问题正等待我们去回答"[①]。比如教育的内在性与外在性的关系问题。不可否认，当下的教育存在着诸多外在化倾向：功利主义教育观、经济主义教育观、职业主义或生存主义教育观等，都在不断地甚至是极端地放大着教育的外在性功能。教育价值感觉方式上的外在化倾向和趋势，致使教育的内在性价值好似成了奢念，甚或被指"不合时宜"；再如教育的选择性问题。在教育产业化、市场化做派之下，选择主体的错位与颠倒，选择目标的偏差与失衡，选择实践中的腐败和等级制等，都是极其重要的教育哲学问题，须要彻底反思。尤其是从作为教育管理和教育资源配置与选择的主体——政府方面来说，其教育选择行为在平等、公正、包容等价值理念上的偏差，更是诱发人们教育价值感知外在化的主要因素。在"人文恐惧症"阴霾难以散去的今天，对"面向'转变'的教育"与"面向教育的'转变'"两个命题所关涉的教育元理论问题的讨论，就是要揭露当下中国在教育价值感知上的外在化、功利化倾向，使源本意义上的教育价值得以彰显和回归。

2."面向教育的'转变'"昭示出一条"先为教育"的加快"转变"之路

"面向教育的'转变'"理念所要求的是，目前关于转变经济发展方式的理论研究与实践指向，应转向关注作为人的生命成长、国家兴盛及社会和谐的"教育基础"，建立起拟谋求"转变"就须要首先谋求"转变"对教育提供哪些方面的支持，以及如何支持的思维路向，开拓出能够凝聚和提升人力支撑的"转变"之路。而这条"转变"之路，只能是真真切切的"教育为本"之路，实实在在的"教育先行"之路，目标明晰的"先为教育""多为教育"之

---

① 参见徐冬青《教育哲学主题之变换及其启示》，《复旦教育论坛》2009年第1期。

路。不能以人的生命成长、国家兴盛及社会和谐为旨归却单纯以"转变"为取向的致思路径和实践做派，无异于舍本逐末；而能够提供教育基础支撑的"转变"理论与实践，即与"教育尺度"理念相契合的"转变"理论与实践，才是历史与逻辑相统一的、水到渠成的、正本清源的"转变"之路。这种"转变"之路，在理论理性和实践理性上，都必须首先在面向时代的人口基数及人口迁移、教育机构的形成与发展、教育管理方式、教育资源配置与选择方式、教育价值取向等诸多教育基础的考量上，彰显出"教育为本""教育先行""先为教育"的"教育第一"之路。

把教育摆在优先发展的战略地位，是党和国家提出并长期坚持的指导思想和重大方针。胡锦涛同志在第四次全国教育工作会议上的重要讲话中明确指出：强国必先强教。必须优先发展教育，在党和国家工作全局中必须始终把教育摆在优先发展的战略地位，切实保证经济社会发展规划优先安排教育发展、财政资金优先保障教育投入、公共资源优先满足教育和人力资源开发需要。从十二大的"战略重点之一"，十三大强调的"突出的战略位置"，到十四大第一次提出"优先发展"，十五大的一再强调，再到十七大把优先发展教育列为改善民生六大任务之首，体现了党对教育优先发展战略的认识不断深化。从免费义务教育到免费师范生教育，从高等教育大众化的实现到助学贷款制度的建立和资助体系的完善，教育优先发展战略由执政理念到执政实践，成为国家经济发展、社会进步和民族振兴的强大推力。《纲要》确定的20字工作方针，前4个字就是"优先发展"，是对多年来党和政府教育发展思想和行动的新提升，集中体现了教育在现代化建设和民族复兴道路上的"基石"地位。反观那种为"转变"而"转变"，即为了转变经济发展方式才如梦方醒似地想到了教育的那种"面向'转变'的教育"理念，既与事物发展的理论理性相悖，又难以实现实践理性上的"满意"，不啻痴人说梦，又遑论加快转变？

3."面向教育的'转变'"再次证明："国运兴衰，系于教育"

"国运兴衰，系于教育"，这已被学界所普遍尊崇的研究成果和

包容性转变：转变经济发展方式的形上之思与形下之维

千百年来各国经济社会发展的实践一再证实。如英国学者安迪·格林有关"教育与国家形成关系"的研究，格林运用马克思主义的国家理论、葛兰西的意识形态的霸权理论，揭示了教育的国家意义，即教育能够介入国家形成过程并在其中发挥巨大的独特作用的基本条件，在于建立国家教育制度，规范学校的类型、教育目的、内容和方法。他指出，快速构建的国民教育体系既是加速国家形成过程的推动因素，又是这一过程的产物。[①] 从19世纪中叶以前的英国，明治维新及其后一段时期的日本，当下的美国、以色列等发达国家的"崛起"之道可以看出，由于他们较早地承担起了公立教育的责任，并持之以恒地走"先为教育"之路，其"国家形成"过程是顺利的，经济社会发展的速度是超前的；而在公立教育体系建设方面滞后的国家，即便如最先实现工业化的英国，在其后的发展中也因其教育基础的薄弱和滞后而被超越。国运兴衰，系于教育；先为教育，国家兴盛；教育先行，国运亨通。倘有意或无意地、自觉或不自觉地怠慢了教育，国家衰败和民族危亡之路，也就铺在眼前了。

（二）两种不同思维路向下截然迥异的教育"礼遇"

1. 从我国经济发展方式"久推难转""转而不快"的现状倒推开来可以看出，在"面向'转变'的教育"路向之下，教育依然是不得不提的无奈，难逃其"亦步亦趋俯首帖耳"的命运。

"久推难转""转而不快"的根本原因，在于失却了包括庞大弱势群体在内的人民群众的"人力支撑"。其原由如上所述，庞大弱势群体参与经济发展、共享发展成果的机会边缘化，使之不管在主观上还是客观上都是难以成为"转变"的推动者的，反倒成为政府一味地、被动地调节二次分配的庞大对象，严重地制约着经济社会的健康发展。我们从党的十七大提出的作为加快转变经济发展方式的重点任务和基本途径的"三个转变"视角进行分析。"三个转

[①] 参见李政涛《中国社会发展的"教育尺度"与教育基础》，《教育研究》2012年第3期。

第五章 包容性转变：先为教育

变"揭示了包括庞大弱势群体在内的人民群众在"转变"中的边缘化地位，这才是制约经济发展方式转变的瓶颈所在。一是在需求结构上，促进经济增长由主要依靠投资、出口拉动向依靠消费、投资、出口协调拉动转变，旨在有效促使经济增长由外延式向内涵式转变，即依靠国内消费需求的扩张来带动经济增长。然而由于包括庞大弱势群体在内的人民群众的收入和财产窘状，以及被边缘化的发展机会，却使其很难加入到国内消费需求扩大的队伍中来，严重制约着国内消费需求的扩大。换言之，扩大消费需求的关键在于提高广大人民群众尤其是庞大弱势群体的实际收入水平，而不是那些已经"消费麻木"的高收入者。二是在产业结构上，促进经济增长由主要依靠第二产业带动向依靠第一、第二、第三产业协同带动转变，这就要求第一产业尤其是第三产业具有现代生产和服务技能人才的大量扩张。可是包括庞大弱势群体在内的人民群众，由于其"教育弱势"的"特质"，却也只能被"排斥"在具有现代生产和服务技能人才的队伍之外。三是在要素结构上，促进经济增长主要由依靠物质资源消耗向依靠劳动者素质提高、科技进步、管理创新转变。不言而喻，这一点直接指出了提高劳动者素质和科技进步、管理创新在"转变"中的关键作用。但包括庞大弱势群体在内的人民群众其符合现代化大生产的劳动素质的提高以及参与科技进步和管理创新的能力的获得，却因其较低的收入水平而难上加难。可见，"三个转变"从不同的经济层面揭示了经济健康发展所倚赖的动力结构，而当下这种动力结构的缺失，即类似于马克思所说的劳动力"只能在萎缩的状态下维持和发挥"[①]的状况，与由国民收入的分配结构所决定的庞大弱势群体的较低收入水平，紧密勾连。撇开社会制度性质，仅就一般市场经济的价值实现而言，也如马克思所言："商品的出售，商品资本的实现，从而剩余价值的实现，不是受一般社会的消费需求的限制，而是受大多数人总是处于贫困状

---

① 《马克思恩格斯文集》（第5卷），人民出版社2009年版，第201页。

包容性转变：转变经济发展方式的形上之思与形下之维

态、而且必然总是处于贫困状态的那种社会的消费需求的限制"[1]。于是，这样一条拟谋求"转变"→提升人力支撑→扩大消费水平→改变弱势地位→提升参与发展的能力→增加教育投入和调整收入分配的思维指向，其不得不因"收拾残局"才想到教育的思维轨迹，昭然若揭。我们有理由质问：在面向"转变"的理念之下，多年来被不同程度忽视了的教育的公益性、公共性和公平性怎样被拾起，教育又怎样承担得起保护和提升民生的重担，教育本身的品质和质量又如何不再被伤害，我们又如何能够实现从满足基本需求到追求理想的教育的历史转折。一言蔽之，教育如何才能够规避"工具理性"的僭越，彰显出教育源本意义上的在人类解放事业中的价值先在性，走向使生命焕发生机、茁壮成长的"生命取向"，做到有意识、有计划地促进人的生命健康、主动地成长和发展？

2. "先为教育"的"面向教育的'转变'"，一反收拾残局的"转变"轨迹，昭示出教育源本意义上的至高无上地位，彰显出教育"天上地下惟我独先"的风采。

早期学校教育一般把对人本身的直接物质投入以及可以增强人的各种能力的教育投入，看作是单纯的消费行为。古典经济学家斯密较早地注意到了教育在提高人的能力以后可以创造利润，并非单纯的消费行为。现代西方经济学家马歇尔也指出，如果工人阶级能够有资本投在教育和培养子女上，使他们的"才能得到充分发展，则他们对国家物质财富的增加等于补偿发展这些才能所需费用的许多倍。"[2] 苏联经济学家斯特鲁米林在1924年发表的《国民教育的经济学意义》一文通过调查实证研究提出，工人的劳动生产率与其年龄、工龄和受教育水平直接相关，其中教育的作用最大，教育费用是比筑大坝、建电站、修公路收益更大的生产性投资。并认为随着社会的发展，非物质生产部门也会逐步具有物质生产性，教育就

---

[1]《马克思恩格斯文集》（第6卷），人民出版社2009年版，第350页。
[2]［英］阿尔弗雷德·马歇尔：《经济学原理》（下），商务印书馆1965年版，第231页。

是这样一个最主要的投资部门[1]。美国经济学家西奥多·舒尔茨1959年发表《人力投资——一个经济的观点》，不久又出版《教育的经济价值》等论著，系统地提出了把人力资本等同于物质资本的观点。他认为："教育远不是一种消费活动，相反，政府和私人有意识地投资，为的是获得一种具有生产能力的潜力，它蕴藏在人体内，会在将来做出贡献"[2]。他还在1979年12月接受诺贝尔经济学奖金时发表了一篇题为《穷国的经济学》的演说，其间引证了玛格丽特·米德的话："人类的未来是没有尽头的""人类的前途不是空间、能源和耕地所决定的，而是由人类才智的进化决定的。"[3]

上述资产阶级经济学家从资本、利润的角度来看待对人力进行物质投入后所取得的经济价值，将人力看作获取高额利润的手段。马克思主义经济学大大地超越了这种眼睛盯在"经济"上的"手段"认知，认为经济社会的发展不仅"要靠物质资料的再生产，同时也要靠人力的再生产。只有当物质资料再生产与人力再生产，在整个生产过程中，数量上比例协调、质量上相互呼应时，经济发展才能得以实现"[4]，并强调必须从对资本主义生产关系与"促进人的全面发展"这一发展目的之间矛盾的揭示中来阐述科学的人力再生产理论。这对我们理解"先为教育"的"面向教育的'转变'"这一路向，具有极其深刻的启示意义。

可见，"先为教育"的"面向教育的'转变'"路向，即：先增加教育投入和调整收入分配→提升参与发展的能力→改变弱势地位→扩大消费水平→提升人力支撑→促进"转变"实现的路向。是与"面向'转变'的教育"路向正相颠倒的思维旨趣，也就是说，"先为教育"的"面向教育的'转变'"理念，因教育原本是至高无

---

[1] 参见桑新民《呼唤新世纪的教育哲学：人类自身生产探秘》，教育科学出版社1993年版，第291页。

[2] [美]西奥多·舒尔茨、杨宇光、张润森：《对低收入国家经济成就及前景的估计》，《现代外国哲学社会科学文摘》1980年第9期。

[3] [美]西奥多·舒尔茨：《穷国的经济学》，《农业经济问题》1981年第9期。

[4] 参见裴小革《财富的道路：科学发展观的财富基础理论研究》，社会科学文献出版社2009年版，第28页。

上的事业，理应立足于关注人的生命成长、国家兴盛及社会和谐的教育基础，真正做到"先为教育"和"教育第一"。不能为人的生命成长、国家兴盛和社会和谐提供诸多方面教育基础支撑的"转变"理论和实践，都是与"教育尺度"理念和"教育第一"行动相悖的表现。如上所述，教育基础关涉人口基数及人口迁移、教育机构的形成与发展、教育管理方式、教育资源配置与选择方式、教育价值取向等方面，首先把功夫下在提升教育基础支撑之上，才是"转变"理论与实践的主要运思取向和首先要考量的问题。我们不能总是一味地要求教育要为"转变"作出某某贡献，这实质上还是"面向'转变'的教育"的老调重弹和思维窠臼。应该明确提出的问题是："转变"应该为当下中国的教育做些什么？这样的思维旨趣和致思路向，才是教育的源本属性，才能彰显教育"天上地下惟我独先"的引领地位，体现出教育促进而非只能适应世间万事万物发展的作用。

四 结语

质而言之，"面向'转变'的教育"与"面向教育的'转变'"，在对教育属性、地位和作用的认识上，一个是被动生成的，一个是主动彰显的；在教育促进经济社会发展的作用发挥上，一个是倒逼促成的，一个是水到渠成的；在主体对待教育的态度上，一个是不自觉的、不得不进行的收拾残局的偏好；一个是更加自觉自为的科学发展与和谐发展之路。"面向教育的'转变'"为"久推难转""转而不快"的经济发展方式规划出清晰的"先为教育"之路：即在一个个体以辛勤劳动也改变不了自己弱势地位的国度，因"教育尺度"理念的缺失，"转变"注定步履维艰，难免南辕北辙；而在一个个体通过其"机会边缘化""教育弱势"的消除而有效地改变了自己命运的国度，因"教育第一""优先发展"战略的实施，"转变"必将因倚仗主动积极、强大持续的人力参与而一帆风顺，事遂人愿。这也正是我们所期望的转变教育发展方式与转变经济发展方式的双赢，人的自由全面发展与经济社会发展的双赢。

第六章　包容性转变：公平与效率互促同向变动

一　内容提要

经济发展方式转变的包容性即包容性转变，本质上要求公平与效率之间的和谐统一。党的十七大报告总结了我们这样一个十几亿人口的发展中大国摆脱贫困、加快实现现代化、巩固和发展社会主义的十条宝贵经验，其中之一就是"把提高效率同促进社会公平结合起来"。尽管出现了一个时期偏重效率漠视公平的现象，但在学界的努力下，在学界与新自由主义异化公平与效率关系的斗争中，"公平与效率互促同向变动"这一本真关系，愈发深入人心。本章拟对"公平与效率互促同向变动假设"中蕴含的包容性发展理念进行解析，认为它与学界和社会上关于包容性发展理念的讨论、与国家谋求转变经济发展方式的政策设计，具有高度的契合特征，体现出这一理论假设的前瞻效应。

本章对"包容性转变"与"公平与效率互促同向变动"之间的"同一"（理论主旨和政策安排上的）关系进行了重点解读，认为包容性转变的核心指向和价值取向之一，便是公平与效率的互促同向变动。只有按照公平与效率关系上的互促同向变动理念来安排经济发展方式转变的体制和机制，使公平与效率互促同向变动成为转变经济发展方式的制度、体制和机制的基本价值目标，包容性转变才能顺利实施和实现。

二 "公平与效率互促同向变动假设"思想述要

效率与公平的关系一向被称为经济学说史上的"哥德巴赫猜想",因为作为人类的经济活动所追求的两大目标,即"社会经济资源的配置效率"和"经济主体在社会生产中的起点、机会、过程和结果的公平"之间的内在关联、制度安排,一向成为各派经济学家解答不尽的两难抉择。中国社科院马克思主义研究学部的程恩富教授通过深入考察整个人类经济史的现象和本质,从经济本质的层面在学界率先提出了"公平与效率互促同向变动假设"。该"假设"首先科学界定了经济公平的内涵及实质特征,即"有关经济活动的制度、权利、机会和结果等方面的平等和合理。经济公平具有客观性、历史性和相对性",批判了"公平与效率高低反向变动假设""把经济公平视为心理现象""无须前提的绝对概念"等形而上学思维方式和唯心主义历史观,进而从经济公平与收入均等内涵差别的视角,揭示出阿瑟·奥肯、勒纳等人"把经济公平和结果公平视作收入均等化或收入平均化"的"严重逻辑错误",以及"容易路径依赖地进一步生成'公平与效率高低反向变动假设'或'效率优先假设'的思想谬误",深挖了"公平与效率高低反向变动假设"的理论渊源。接着,"公平与效率互促同向变动假设"以经济公平和经济效率的现实实践揭示了"美国等资本主义国家存在的严重不公平"现象,论证了"资本主义的不公平,主要表现在私有财产制和按资分配及其派生现象上。与此相异,传统社会主义不公平,主要表现在体制僵化和平均主义分配及其派生现象上";"认为资本主义国家均属高效率、社会主义国家均属低效率的论点,与本世纪各国经济发展的实证分析结论和科学精神格格不入"等观点。"假设"最后指出,"公平与效率互促同向变动假设"的具体表述是:"经济公平与经济效率具有正反同向变动的交促互补关系,即经济活动的制度、权利、机会和结果等方面越是公平,效率就越高;相反,越不公平,效率就越低。""公平与效率互促同向变动假设"还进一步分析了这一"假设"从可能性变为现实性的各种必要条件。

三 "公平与效率互促同向变动假设"中的包容性发展理念

"公平与效率互促同向变动假设"思想，深刻蕴含着被学界和舆论广为推崇的包容性发展理念的核心思想，与学界和社会上关于实现包容性发展的政策讨论、与国家谋求加快转变经济发展方式的政策设计，具有高度的契合特征。

（一）两者均重视和强调机会上的平等

包容性发展，被它的提出者即亚行界定为机会平等的增长。如前所述，这一界定把收入差异的根本原因分为两大类，使得人们能够区分"机会的不平等"和"结果的不平等"。包容性发展所倡导的，就是机会平等的增长。机会平等是包容性发展的核心，而强调机会平等就是要消除由个人背景或所处环境的不同所造成的机会不平等。"公平与效率互促同向变动假设"首先指出，经济公平即"有关经济活动的制度、权利、机会和结果等方面的平等和合理"，它具有客观性、历史性和相对性等特征，抛却了"心理现象""绝对概念""收入均等化""收入平均化"等"严重逻辑错误"。可以看出，在现代市场经济语境下，对机会平等的客观性、合理性和相对性的理解，尤其是在机会平等的重要性、机会平等在各自理论体系中的基础性和前置性作用[①]方面，"假设"与"包容性发展"具有明显的契合特征。

（二）两者均追求较高的经济效率

在政策层面，以包容性发展为核心的发展战略的第一个支柱，

[①] "前置性作用"的意思，借用程恩富教授文章中的说法，即某种理论体系中起"始点、基点和定点"作用的范畴。

就是追求高速、有效和可持续的经济增长,以此来创造大量就业与发展机会。"公平与效率互促同向变动假设"是以经济主体在社会经济中的起点、机会、过程和结果的公平为基点,研究和追索人类高效配置资源的解决路径。用"假设"中的话说,即"科学社会主义性质和类型的市场取向的改革目的,就是要进入高效率的最佳状态";"效率是实行公有制和体制改革的基本动因",中国马克思主义者研究过多种产权制度及其效率,其旨在赶超一切私有制国家的效率而主张实行社会主义的市场经济的理念,具有大量可靠的经验比较基础,代表着人类不断向前的先进思想。"假设"还阐述了按劳分配式的经济公平在促进效率最大化方面的作用,认为:按劳分配式的经济公平具有客观性、阶级性和相对性。只要不把这种公平曲解为收入和财富上的"平均"或"均等",通过有效的市场竞争和国家政策调节,按劳分配不论从微观或宏观角度看,都必然直接和间接地促进效率达到极大化。

(三) 在政策取向上,两者尤具高度的契合性

学界指出,要真正实现包容性发展,就要按照胡锦涛同志在第五届亚太经合组织人力资源开发部长级会议上提出的优先开发人力资源、实施充分就业的发展战略、提高劳动者素质和能力、构建可持续发展的社会保障体系等"四点建议"[①],着力加强这四个方面的工作。至于如何在发展中兼顾效率与公平,一些学者指出,日本、韩国和中国台湾等东亚国家或地区之所以能够在经济起飞的初始阶段避免收入差距的扩大,主要是因为它们选择了使得社会各群体都能够较为均等化地参与增长过程并分享增长成果的增长模式。中国应该选择类似的增长模式,通过发展劳动密集型产业和企业,更多地创造就业机会;发展更多的中小型企业,实现从资本密集型增长方式向劳动密集型增长方式的转变;调整目前的投资体系,降低政府在生产领域的投资,进一步增加非政府组织和私人投资的影

---

① 《胡锦涛文选》(第3卷),人民出版社2016年版,第432—434页。

响和作用；建立一个有效的金融体系如发展更多的中小型银行和非政府金融机构支持劳动密集型增长方式；要建立统一的劳动力市场并消除所有阻碍劳动力和资本自由流动的体制因素。一些学者还探讨了拉美"福利赶超"与"增长陷阱"的经验教训及对中国目前缩小收入差距政策选择的启示，即重视初次分配，注重经济增长与就业创造，避免很多再分配的措施对于增长与就业的负面影响，以及避免初次分配的不公；提高社会福利水平应与发展阶段相适应，通过调动国家、市场、社会三方力量，形成个人、政府以及非政府组织等第三部门共同负担社会性支出的格局；打造民生工程应尊重市场机制，即寻求福利增进与经济增长之间的平衡实际上也是在寻求政府与市场之间的一种平衡。①

在"假设"中，程恩富教授给出了公平与效率互促同向变动思想的政策取向。认为在初级阶段的社会主义分配制度上，要以按劳分配为主体，按资分配为补充或辅体；在高度重视效率的同时更加注重社会公平，建立和完善公平与效率的和谐互动机制；特别强调要做到收入和财富分配上的"提低、扩中、控高、打非"。从中可以看出：

首先，"分配制度上，要以按劳分配为主体，按资分配为补充或辅体"等思想，与包容性发展理念所强调的"优先开发人力资源"，"实施充分就业的发展战略"，彻底改变"劳动报酬在初次分配中的比重过低"现象，"逐渐降低资本等非劳动收入在初次分配中的比重"，"大力发展有比较优势的劳动密集型产业（或区段）以更多地创造就业机会"，"发展更多的中小型企业以实现从资本密集型增长方式向劳动密集型增长方式的转变"等政策取向，是根本一致的，两者均旨在一次分配领域就实现兼顾效率和公平。

其次，"建立和完善公平与效率的和谐互动机制"等思想，与包容性发展理念所强调的"提高劳动者素质和能力""建立一个统

---

① 参见林毅夫、庄巨忠、汤敏、林暾《以共享式增长促进社会和谐》，中国计划出版社2007年版，第148—212页。

一的劳动力市场和消除所有阻碍劳动力和资本自由流动的体制因素""建立偏向于生产型而非消费型的公共支出结构以利于普遍提高劳动者素质和产业升级""对丧失劳动能力的弱势群体进行针对性救助""增加对基础教育、基本医疗卫生和其他基本社会服务的投入,以提高民众特别是弱势群体的基本素质与发展潜能""构建可持续发展的社会保障体系""提高社会保障统筹层次直到实现全国的城乡统筹"等政策取向,也是殊途同归的,两者均谋求公平与效率的交促互补和和谐互动。

再次,"强调收入和财富分配上的'提低、扩中、控高、打非'"等思想,与包容性发展理念所强调的"核心要义就是消除贫困""让弱势群体和贫困人口从经济增长中受益比一般人群更多一些""要使增长的成果能够更广泛地分享""使人人参与发展、共享发展成果""实现包容性发展取决于政府智慧与勇气"等政策取向,也是完全一致的,两者均强调让公众更广泛、更公平地分享经济社会发展的成果,并强力谋求经济社会长期的、可持续的、又好又快的发展。

还应该指出,在程恩富教授的论述中,"公平与效率互促同向变动假设"不仅对收入分配体制的改革和实现经济发展方式的转变具有重要的理论支撑意义,而且这一"假设"(包括由所有制、体制、公平和效率四个相关因素组合的"四个结合链"等思想)还具有人类社会经济发展规律的特性。换言之,人类社会的历史,正是公平与效率在对立统一中交促互补推动或反映的生产力与生产关系在对立统一中交促变革的历史。正因为如此,"假设"强调指出,上述基于"公平与效率互促同向变动假设"的论断和政策,"具有一般意义和科学性"。

(四)在发展目的和执政理念上,"公平与效率互促同向变动假设"与"包容性发展"均高扬以人为本的理念,强调科学发展和和谐发展

胡锦涛指出:中国是包容性增长的积极倡导者,更是包容性增长的积极实践者。中国强调推动科学发展、促进社会和谐，本身就具有包容性增长的涵义。对此学界指出，科学发展观第一要义是发展，核心是以人为本。包容性发展的核心是倡导机会平等、共享发展成果，回归增长本意即以人为本，发展的目的不是单纯追求GDP的增长，而是使经济的增长和社会的进步以及人民生活的改善同步进行，并且追求经济增长与资源环境的和谐发展。二者具有异曲同工之处，目的都是为了实现经济社会的可持续发展。[1]

"公平与效率互促同向变动假设"所实现的对经济公平与经济效率关系理论的传承超越，正是基于人本视野。如前所述，经济公平与经济效率的关系这一理论，是从每个经济主体在社会经济中的起点、机会、过程和结果的公平视阈来研究人类高效配置资源的解决路径；经济学研究资源配置的核心内容，就是研究经济中人力资源的配置，"研究起点与终点都是人"；经济公平与经济效率互促同向变动的关系理论，归根结底还是要力求建立起保障每个人的人力产权权能和权益实现的体制、机制，立足于人的生存、发展及人的价值实现和人的自由而全面的发展，其终极目的，即人类的彻底解放。学界指出，这也正是"公平与效率互促同向变动假设"立意高远而深刻、理论意义重大而影响深远的根本原因。[2] 在倡导包容性发展理念和国家谋求加快转变经济发展方式的今天，这一理论假设的前瞻效应，足见一斑。

四　包容性转变：公平与效率互促同向变动的"转变"

既然公平与效率互促同向变动假设与包容性发展理念具有如此一致的丰富内涵，与学界和社会上关于包容性发展理念的讨论、与

---

[1] 蔡吉跃：《坚持科学发展实现包容性增长》，《岳阳晚报》2010年11月7日第2版。
[2] 参见程言君《"四大理论假设"对经济学传承和超越的人本视角——〈现代马克思主义政治经济学的四大理论假设〉评述》，《山东社会科学》2007年第6期。

包容性转变：转变经济发展方式的形上之思与形下之维

国家谋求转变经济发展方式的政策安排，具有如此高度的契合性质，那么，以包容性发展理念为理论基础的经济发展方式的"包容性转变"，其与"公平与效率互促同向变动"之间的"同一"关系便了然一目。这种"同一"关系，可以表述为：包容性转变，就是追求公平与效率互促同向变动的"转变"。这并非仅仅是语序上的倒颠，实则凸显出公平与效率互促同向变动这一科学、合理的关系作为制度、体制和机制的基本价值目标在包容性转变中所具有的最基本的导引意义。

首先，在公共关系和公共伦理领域，推及人类社会发展中生产力与生产关系、经济基础与上层建筑的矛盾运动中，人们经济社会生活所赖以其上的制度、体制和机制安排的首要考量因素，便是公平与效率的关系问题。这是因为，制度、体制和机制合理性的评价依据，一般关涉生产力标准和道德标准的关系问题。尽管生产力属于经济范畴，道德属于思想上层建筑即意识形态范畴，但在制度、体制和机制的评价问题上，两者却是统一的。马克思主义认为，不论是制度、体制和机制因素，还是道德标准等，都是由生产力的发展要求所决定的。由之，凡是能够解放和发展生产力的制度和体制就是合理的，而能够调动人的积极性去参与和支撑生产力发展的道德，自然也体现出制度、体制的设计和评价的伦理属性，从而上升为制度和体制评价的价值依据。可见，制度、体制乃至运行机制的设计和安排，其实质和核心问题，便是其价值取向问题。这是关涉制度和体制的正义、公正与否的原则性评价，关涉制度和体制最起码的公共理性问题，同时也是制度和体制最起码的理论理性和实践理性问题。故而，一切制度设计、体制考量、机制谋划的合理性的评价标准，就只能是公正（在不同语境中便是公平）的原则和效率的原则。也就是说，公平与效率的关系问题，是包容性转变的制度、体制和机制设计中所必须面对而难以规避的价值导向问题。

其次，公平与效率的协调统一，是一个以生产力发展和制度建设为基础的社会历史过程，两者在一定的历史阶段上存在着矛盾，这是客观的，难以规避的。矛盾解决的唯一途径只能是，以"公平与效率互促同向变动"理念为导引，努力把提高效率同促进社会公平有机地结合起来，通过经济发展实现社会公平以促进社会和谐。人类经济发展史包括反映这一发展过程的经济发展理论的主题演进与嬗变，都为"公平与效率互促同向变动"作出了支撑性的注脚。而不管是什么"涓滴效应"，或是什么"倒 U 型假说"，乃至中国近年来只顾做大蛋糕的埋头拉车而不抬头看路，其反向佐证亦俯拾皆是。

当下中国社会，一方面，机会平等的体制机制已"在路上"，政治上法律上的平等得到一定保障，社会流动的渠道得以拓展，这一切为人民群众发挥各自的才智提供着机会；另一方面，由于规则在相当范围内的不公平，如强资本对弱劳动的侵蚀，利益分配与劳动贡献的不相称，导致结果上很难公平，且很不公平。广大弱势群体较高比例和较高程度的被边缘化、被疏离感的上升，广大群众获得感意识的被啃噬，根源正在于此。而这种结果上的不公平现象，又时时刻刻地在腐蚀和弱化着效率，使多年来的"转变"久推难转且转而不快，经济社会的健康发展受到梗阻。我们必须正视公平与效率关系的复杂性。这种复杂性并非根源于人们主观上的感悟，而是根源于社会经济、政治、文化、伦理等关系相互交织的复杂性。而对于公平与效率关系及其地位、作用理解上的差异，就在于人们头脑中是否正确地树立起上述复杂性关系的本质。"公平与效率互促同向变动假设"给予我们的启示就在于：唯有建立在唯物史观之上的公平与效率关系的科学认知和理念，才能真正把握经济、政治、文化乃至伦理的关系的本质，才能设计出有效促进包容性转变的制度、体制和机制因素。

最后，当前在公平与效率关系问题的考量和政策设计上，必须把公平问题提到效率之上来着重解决，否则，就做不到对症下药。因为相对于显见和易见的"效率"，"公平"或被隐身，或被漠视，或被轻视。但在经济转轨和中长期经济发展中更为重要的因素，且总是关涉到经济社会因素、政治法律制度、历史文化传统等诸多方面的复杂问题，却不是"效率"的高低问题，而是是否公平及公平的程度的问题。这从各个转轨经济体在"公平"方面的差异远远大于"效率",并愈发成为转轨绩效大相径庭的重要原因方面,可见一斑。公平与正义的缺失,使得市场主体的相对独立平等地位难以确立,公平的竞争性市场缺乏政治法律等制度性保障,导致市场分割、分配不公、两极分化、弱势群体缺乏保障等,造成了"微观效率"的不足,经济社会发展难以步入良性轨道,进而造成"宏观效率"的下降,甚或引发社会动荡和政局摇摆。经济发展史上,包括贫困陷阱、中等收入陷阱等现象,表面上看是"效率"出了问题,实质上大多源于公平与正义的缺失。现代市场经济的效率,长远来看只能奠立于"公平"与"正义"之上,而公平与正义则有赖于现代市场经济包容性的人文情怀,尤其以这种情怀为价值导引的公平竞争的制度和体制框架。但多年来我们看到的却是,以发达经济体或成熟市场经济为现实参照的主流经济理论,基本上都是以"效率"为主、为先,而兼顾或不顾"公平"的[1]。

需要明确指出的是,在本课题的参考文献中,朱玲、魏众两位学者主编的《包容性发展与社会公平政策的选择》在构筑以社会公平正义为核心的分析框架,揭示导致制度性歧视和收入不平等的深层次原因,继而探讨经济转轨中符合社会公平正义、沟通公平与效率的制度性框架和可行政策选择方面,作出了突出的和有益的贡献,这也为本课题所倡导的包容性转变在当下的中国谋求以较大力度的公平促进公平与效率关系的科学合理,提供了分析视阈和思考路向。

质言之,一如恩格斯所指出的:"社会的公平或不公平,只能用一种科学来断定,那就是研究生产和交换的物质事实的科学——政治经济学。"[2] 马克思主义政治经济学尤其是创新马克思主义经济学学派有关"公平与效率互促同向变动假设"这一公平与效率关系问题上的"正解"和其真理的一元性,在当下贫富分化天悬之隔的背景下,将为包容性转变的体制和机制设计提供重要的价值导引。

---

[1] 参见胡怀国《经济转轨中的公平与效率——读〈包容性发展与社会公平政策的选择〉》,《经济研究》2013年第6期。

[2] 《马克思恩格斯全集》(第19卷),人民出版社1963年版,第273页。

第六章　包容性转变：公平与效率互促同向变动

五　结语

对于秉承以人民为中心的马克思主义政治经济学而言，公平与效率至关重要，当代中国政治经济学的研究主线就是公平与效率的关系及其实现途径。[①] 由之，可见我们把"公平与效率互促同向变动"作为能够突出反映包容性转变核心指向的一个方面，是具有其深厚的学理学科依据和广泛的实践理性基础的。

早在1971年，发展经济学学者丹尼斯·古雷特便指出了发展的本质问题，认为发展应包含三方面核心内容：即生存、自尊和自由。[②] 生存指的是维持人的生存的因素，包括食物、住所、健康和保护等；自尊指的是一个人首先要被当作人来看待，并让其感受到受人尊敬和尊重，而非被视为他人谋利的工具。同理，一个民族、一个国家也应在国际社会上得到尊重；自由指的是社会及其成员在选择范围上的扩大，限制范围上的缩小。这三个方面内容作为发展的核心和本质，体现的是公平的价值，而这种公平价值，一旦被所谓的高效率所漠视和遮蔽，那么这种高效率还能算得上是发展吗？毋宁说是倒退。

依照朱玲和杨春学教授的话，作结语如下：

中国经济发展方式的转变，必须"创造一个确保所有社会成员平等实现其基本权利的制度环境，以促进市场经济自由（效率）与社会均衡（公平）的兼容"[③]。这方面，"公平与效率互促同向变动假设"为"转变"中的公平与效率的关系问题，以及为本课题"包容性转变"的核心价值取向问题，提供了清晰的答案。

[①] 白永秀、吴丰华、王泽润：《政治经济学学科建设：现状与发展》，《马克思主义研究》2016年第8期。

[②] 转引自［美］托达罗《经济发展》（中译本），中国经济出版社1999年版，第15页。

[③] 参见朱玲、魏众《包容性发展与社会公平政策的选择》，经济管理出版社2013年版，第43页。

第七章　包容性转变：社会主义方向

一　内容提要

经济体制改革的方向究竟是什么？为什么在党的十四大明确提出"建立社会主义市场经济体制"这一"改革的目标"之后20多年还要提出这样的问题？中国转变经济发展方式的实践，是在社会主义市场经济体制的建立和完善这一改革进程中进行的。多年来转变经济发展方式的实践"久推难转""转而不快"，其间因由尽管关涉国情和发展阶段，但更为主要的或说更具根本和决定意义的因素，却在我国市场经济体制改革的方向，即改革所秉持的社会制度性质或意识形态价值导引问题上：多年来"社会主义"这一"改革的方向"，竟有意无意地、不同程度地被"市场经济体制"这一"改革的目标"所遮蔽和取代。市场经济体制改革的方向与当下中国经济发展方式的转变，可谓牵线与风筝的关系：明确且坚定的市场经济体制改革的社会主义方向，为加快转变经济发展方式提供了"四主型经济制度"的强力支撑与价值导引，成为在市场经济体制基本框架下实现包容性转变的前提、基础和根本。

对市场经济体制改革过程中形形色色形而上学思维方式的起底揭露，在贫富分化根本原因等关键问题上辨正是非，是牢固坚持社会主义改革方向以实现包容性转变的题中之义。在与《市场的逻辑》和《重启改革议程》两本书的观点的对话和商榷中，我们更加确信：马列主义及其中国化理论与资产阶级自由化、新自由主义的思想交锋，客观上属于意识形态领域里阶级斗争的集中表现。那些蛊惑人心、搬弄是非的"歪嘴和尚"们应该警醒：学者今天的所言所著，如同领导干部的所作所为，必将接受历史和人民的评说。

二 社会主义方向上的"健忘"倾向

党的十四大确立"社会主义市场经济体制"的改革目标至今，学界有人用"中国20年来所发生的一切，是任何计划都计划不出来的"来概括改革的巨大成就，遂即有些人便心有灵犀般地坠入市场原教旨主义，鼓吹中国发展成就完全是市场的功劳，只有完全市场化和私有化才是改革的唯一方向和出路，而对待"市场经济"前面的"社会主义"这一"点睛"之笔，或理论上或实践上都似犯了健忘症一样。其实，这些人所玩弄的把戏，早已被杨承训先生所戳穿，这就是："对'社会主义市场经济体制'改装"的把戏，即先去掉"社会主义"之睛，再冠以"自由"之帽，魔术般地改变了事物的性质。其公式为：社会主义市场经济＝市场经济＝"自由市场制度"[①]。尽管多年来中央反复强调"决不走改旗易帜的邪路"，强调包括"不搞私有化"在内的"五不搞"，强调坚持公有主体型基本经济制度，可"树欲静而风不止"，一些"歪嘴和尚"的鼓噪之声混淆视听，极尽"忽悠"（即"不择手段坑蒙拐骗，误导受众"）之能，神话私有产权和市场，否定公有经济，反对国家调控和计划，以致出现"只有民主社会主义才能救中国"、私有经济主体论等谬论，致使"四主型经济制度"广受曲解，备受质疑，屡遭异化。这实质上反映出的，是后改革时代有关改革的两个前途、两条道路、两种命运的斗争：一条是在新自由主义等当代资本主义主流意识形态导引下全面私有化的、资本主义方向的市场经济体制改革；另一条则是在社会主义自我完善和发展理念指导下的、恪守社会主义方向的市场经济体制改革。改革开放使我们富起来并逐渐强起来，中国不会再走"封闭僵化的老路"。但继续深化改革

[①] 杨承训：《新自由主义何以在中国风行一时》，《人民论坛》2011年第1期。

包容性转变：转变经济发展方式的形上之思与形下之维

和扩大开放，难道就只能走"改旗易帜的邪路"？《人民日报》重要评论员文章指出：这些"计划不出来的"的成就，非天上掉下，也是绝非"市场经济一搞就灵"的简单逻辑所能解释的，其背后凝聚着的立足国情、兼容并蓄等改革发展理念，蕴藏着诸多已经总结和亟待进一步总结的深层次规律和经验。①

显而易见，这种"改革发展理念""深层次规律和经验"的核心和实质，指的就是"改革的方向"问题，而且是明确的改革的社会主义方向的问题。其实有关改革方向，邓小平在南方谈话中已讲得非常明确：要坚持三中全会以来的路线方针政策，关键是坚持"一个中心、两个基本点"。不坚持社会主义，不改革开放，不发展经济，不改善人民生活，只能是死路一条。可中国的新自由主义信徒们总是把"两个基本点"割裂开来，只强调改革开放，却"淡忘"四项基本原则；只片面讲不改革开放是死路一条，而就是不讲他所坚持的是什么方向或性质的改革开放，什么方向或性质的市场经济体制改革。在中国经济社会发展到客观上要求由"一部分人先富起来"转向"共同富裕"的今天，刘国光先生十分清晰地指出：改革有资本主义和社会主义两个方向，不能简单地说，不改革就是死路一条。准确地说，不坚持社会主义方向的改革同样是死路一条；坚持了资本主义方向的改革，也是死路一条。他强调说：这个问题太重要，不仅是改革方向问题，更关系到社会主义国家的前途和十几亿人民的命运。②

包容性转变的经济体制改革方向上的辨正，首先必须坚决批判新自由主义理论。新自由主义劫贫济富，"是一个促进少数人对多数人剥削的霸权体系""是一个少数人掌权、弄权和破坏环境的全

---

① 任仲平：《改变中国命运的历史抉择——写在社会主义市场经济体制确立20周年之际》，《人民日报》2012年7月10日第1版。

② 张文齐：《中国社会主义市场经济的特色——为纪念经济体制改革目标提出20周年访经济学家刘国光》，《中国社会科学报》2012年9月12日A4版。

球性制度"①。它只注重经济发展的速度,而忽视人与自然、人与人之间的和谐发展,其发展模式悖逆人类长远利益,与经济发展方式的包容性转变理念相悖。因而学界早就告诫:"批评新自由主义是坚持社会主义市场经济方向改革的需要。"② 从新自由主义主观机械的逻辑起点、虚伪的价值中立立场及违背人类道德底线的"丛林逻辑"便可看出,其出发点乃一己之私,在其既得私利,在其固守的当代资本主义主流意识形态。倘真正以马克思主义的理论理性看待改革,站在最大多数人民利益的立场上审视改革,以关注庞大机会弱势群体的立场反思改革,岂有如此褊狭的主张、叫嚣和曲解?

(一) 新自由主义的中国信徒极力主张全盘私化

新自由主义的中国信徒犯了"视盲症":一项普遍认可的研究表明,当国有经济规模缩小,非公经济相对规模逐渐扩大时,非公经济每增加一个百分点,收入分配的均等程度就下降约 0.04。国有经济比重为 50%,非公经济比重上升到 37% 时,收入分配的基尼系数则上升到 0.5782,若国有经济比重继续下降,整个社会收入差距将达到相当大的程度。③ 显然,非公经济比重增长会强化阶层间的利益差别,形成较大的社会层级位差,造成一些群体的弱势化趋势。这种现象,全盘私有化者为什么漠视?

新自由主义的中国信徒犯了"健忘症":目前已爆发数年的金融和经济危机,早已宣布主张私有化和自由市场经济的新自由主义已日暮穷途,私人资本主义制度广受诟病,众叛亲离。一方面,西方"左翼"人士和普通大众在揭露新自由主义祸害世界的面目。如针对佐利克等人抛出旨在最终瓦解我国国有经济、实现全盘私有化

---

① [英] 阿尔弗雷多·萨德-费洛、黛博拉·约翰斯顿:《新自由主义:批判读本》,陈刚译,江苏人民出版社 2006 年版,第 6—7 页。
② 程恩富:《和谐社会需要"四主型经济制度"》,《长江论坛》2007 年第 1 期。
③ 参见王振中《中国转型经济的政治经济学分析》,中国物价出版社 2002 年版,第 383 页。

包容性转变：转变经济发展方式的形上之思与形下之维

的所谓"顶层设计"改革方案，曾任德国总理的赫尔穆特·施密特发出了令国人深省之语："国有企业是中国人民的命根子。应当否决私有化。"① 他认为，如果对国有企业实行私有化，未必有利于竞争、使人民获利，因为私有企业是不关心社会整体利益的。而哈贝马斯在接受德国《时代》周报记者采访时更是釜底抽薪式地指出："私有化的幻想已走到末路"，"新自由主义的议程早已丑态百出"，思维方式上美国"在世界范围内输出自己的生活方式，源于古老帝国那种虚假的以自我为中心的普遍主义。与此相反，现代精神则是以平等尊重每一个人这种非中心化的普遍主义为基础的。"② 一浪高过一浪的"占领"运动，新自由主义经济学大师曼昆被哈佛大学学生罢课事件，比尔·盖茨的"创造性资本主义"谋求对资本主义"重塑"的设想，反映出西方社会从穷人到富豪对新自由主义的口诛笔伐。一如斯蒂格利茨《自由市场的坠落》一书的"结论性评语"："游戏规则已经在全球范围内发生了改变，华盛顿共识政策及其背后的市场原教旨主义的基本意识形态已经没有生命力了。"③ 斯蒂格利茨还认为，正是"私有产权神话"等新自由主义理论及政策，诱致了苏东和拉美等国家的经济、政治等危机。

另外，信奉新自由主义的学者、大亨和官员也在直面危机，深刻反思。如日本一位兼官学一身的新自由主义经济学教授中谷岩在其《资本主义为什么自我毁灭？》一书中自白：我曾"过于天真地相信资本主义全球化和市场至上主义的价值"，但危机使我清醒地认识到，"仅仅依靠美国经济学的合理逻辑来决定日本的国策，是错误的"，"美国式资本主义已经开始自灭"，"有必要大声反对追随美国那种抛弃弱者型的结构改革"。金融大鳄索罗斯也指出，眼

---

① 转引自于祖尧《西方市场原教旨主义的衰败和中国信徒的堕落》，《中华魂》2013年第1期（上）。
② [德] 尤尔根·哈贝马斯：《哈贝马斯谈新自由主义破产后的世界秩序》，赵光锐摘译，《国外理论动态》2009年第3期。
③ [美] 约瑟夫·E. 斯蒂格利茨：《自由市场的坠落》，李俊清、杨玲玲译，机械工业出版社2011年版，第262页。

下发生的金融和经济危机令人难以置信！这是我所说的市场原教旨主义这一放任市场和让其自动调节理论作用的结果。号称四朝元老的美联储前主席格林斯潘曾竭力推行新自由主义货币政策，而2008年10月23日在国会作证时他却坦承，在执掌美联储期间对金融业疏于监管，助长了金融自由化是个"错误"，他对放松监管这一政策的信念已经"动摇"[①]。显而易见，当99%的普通民众生活穷困难以支撑，那么对1%的反抗就是一条生路，而且是唯一生路。这时，社会变革将不可避免地发生。

这里指出一个真切而又有趣的现象，以为佐证。《红旗文稿》2016年第14期刊发了题为《皮凯蒂为何能走进美国〈总统经济报告〉》的文章，指出自2010年起，强调政府应对资本主义进行管理的法国经济学家托马斯·皮凯蒂（Thomas Piketty），其名字和观点开始频繁出现在美国《总统经济报告》中，甚至在2016年的报告中字里行间都弥漫着皮凯蒂的信息，这在标榜自由市场信条的美国显得异常夺目。那么这揭示了一个什么现实，说明了一个什么道理呢？文章指出，2008年国际金融危机的爆发，如洪水猛兽般淹没了整个世界，在洪水已见消退之时，发达资本主义国家经济仍复苏乏力。面对同样的经济困境，美国国内普通民众饱受经济下行压力生活水平不断下滑，与前1%乃至0.1%富人群体的逆流而上疯狂扩张自己的财富版图形成强烈对比。探究金融危机和贫富分化产生的原因，对经济和金融体系进行改革，在较大程度上谋求公平和共享发展的果实，成为西方民众的强烈愿望和诉求。在此背景之下，皮凯蒂用系统的数据和简洁的理论揭露了贫富分化的客观事实，尤其是资本主义内在制度导致不平等的机理，强调通过累进税对资本主义进行管理和限制。尽管这是一种不彻底的路径，但是皮凯蒂回应了底层和中间民众的诉求，切中了当代资本主义可持续积累所面

[①] 转引自于祖尧《西方市场原教旨主义的衰败和中国信徒的堕落》，《中华魂》2013年第1期（上）。

临的、来自资本主义自身的威胁。①

同时也必须强调，2008年以来的世界金融和经济危机，再一次证明了马克思对资本主义经济危机的根本原因即资本主义基本矛盾的揭示的真理性。马克思在《英国的金融危机》一书中针对一些歪曲危机原因的经济学家进行了批判，他指出："尽管有过去的一切教训而危机仍然在经过一定时期后有规则地重复发生这一事实，使我们不能把个别人的轻率冒失看作是造成危机的终极原因。如果在某一个贸易时期终结时，投机表现为直接预报崩溃即将来临的先兆，那么不要忘记，投机本身是在这个时期的前几个阶段上产生的，因此它本身就是结果和表现，而不是终极原因和实质。那些企图用投机来解释工商业之所以发生有规则的痉挛的政治经济学家，就好像那个如今已经绝种了的把发寒热当作产生一切疾病的真正原因的自然哲学家学派一样。"② 中国社会科学院余斌教授曾就此现象指出，美国金融危机爆发后，大量的经济学家把它归因于投机和金融监管不严，原来这些经济学家都是"寒热级的经济学家"。

中国也不乏"寒热级的经济学家"，甚至有过之而无不及。面对"新自由主义模式资本主义的结构性危机"③，中国贩卖新自由主义和"华盛顿共识"的旗手却拒绝反思，一意孤行，继续鼓噪私有化、自由化、殖民化，反亿万人民的根本利益而动，可谓不亏负学界所赋"堕落"一词。如北京一位经济学家在2012年3月18日"中国发展高层论坛2012年会"上说：国有企业已成未来中国成长的最主要的障碍之一。未来几年，中国在经济领域要做三件事，即国有企业私有化、土地私有化、金融自由化。然而我们要问，建立在以私有产权为主体的经济基础之上的，还叫社会主义经济吗？自党的十二大报告指出"生产资料公有制是我国经济的基本制度，决

---

① 参见张开、李东英、周钊宇《皮凯蒂为何能走进美国〈总统经济报告〉》，《红旗文稿》2016年第14期。
② 《马克思恩格斯全集》（第12卷），人民出版社1979年版，第362页。
③ 本刊记者吴杰：《大卫·科茨：中国国企没有任何理由私有化》，《国企》2012年第6期。

不允许破坏"至党的十八大报告重申坚持公有主体型基本经济制度,党和政府什么时候在"坚持公有制为主体"这一根本点上摇摆过?坚持公有制为主体,是由经济基础决定上层建筑的社会发展规律所决定的,也是党带领人民翻身解放复兴崛起90多年历史所昭示的基本结论。只是很"可惜,目前的媒体对公有制经济支撑改革开放的重大作用,宣传得太少了。"① 这不能不说是全盘私化谬论甚嚣尘上的一方面重要原因。卫兴华先生严正指出:"如果这种主张在我国实现,还会有什么以人为本、民生为上、共同富裕?社会主义将不复存在!"② 可见私有化者的视盲、健忘是假,而想把中国引导到资本主义,要改变我们社会的性质,才是真。

(二)新自由主义的中国信徒一味叫嚣公退私进、国退民进

试问,他们怎么就想不到"公私共进、国民共进"呢?这才应当是我国公有主体型多种类产权基本经济制度和党的十七大、十八大、十八届三中全会所强调的两个"毫不动摇"的题中之义,也是经济发展方式包容性转变获得最广泛人力支撑所倚赖的路向。反对"公退私进、国退民进"倾向的学者,并非主张"公进私退,国进民退"("公进私退""国进民退"等所谓对现实指认的命题,早已被学界证伪)。应该强调:"我国应当在多种所有制共同的动态发展中保持'主体—辅体'的宏观所有制结构,而非简单地控制私有制的上升。但如果私有经济占比过高,必然引起就业等一连串经济事务和由此派生的社会不和谐。"③ 首先从收入分配和财产占有上看,资本侵蚀劳动所造成的形同虚设的按劳分配倾向,以及社会财产占有上的天悬之隔,他们怎么就看不到呢?"目前我国收入的基尼系数甚至比一些资本主义国家还要大,但更让人担忧的却是社会

---

① 本刊记者:《维护科学发展和共同富裕的经济基础——访南京财经大学经济学院教授何干强》,《马克思主义研究》2013年第3期。
② 卫兴华:《按照社会主义本质要求处理财富分配关系》,《马克思主义研究》2012年第6期。
③ 程恩富:《和谐社会需要"四主型经济制度"》,《长江论坛》2007年第1期。

财产占有上的贫富分化。近年为何财富和收入的贫富差距在一片反对和控制中反而扩大了,那是因为不懂得包括许多公有资产采取廉价送卖等所有制措施必然决定分配走势。"① "消费资料的任何一种分配,都不过是生产条件本身分配的结果;而生产条件的分配,则表现生产方式本身的性质。"② 经典作家的这一基本观点,其"思维的真理性""思维的现实性和力量""思维的此岸性",一再被现实所证明。包括国有经济在内的公有制经济占主体地位,是社会主义共同富裕的前提和保证,倘若公有制的主体地位受到了挑战,实现共同富裕只能是一句空话,即便人们把"共同富裕"挂在嘴上,也只能是南辕北辙,甚或原本就是叶公好龙。其次从国家经济、政治安全上看,只要中国放弃政府和国有经济的必要作用,完全基于自由市场原则竞争,则无论国企民企,都将不是西方垄断企业的对手。倘把国企的做强做优视为阻碍民企的发展,甚至主张民企与外企联合起来共同进一步缩减和遏制国企的发展,主张"国退民进""国退洋进"等,那便是没有认清当前经济的总体格局,没有认清社会主义初级阶段基本经济制度的极端重要性。③ 江泽民同志曾指出,没有国有经济为核心的公有制经济,也就没有共产党执政及整个社会主义上层建筑的经济基础和强大物质手段。再进而问之,"国民共进"难道就可以解读为"国民等分"吗?有论者就鲜明地强调,马克思所昭示的逻辑是:资本家总是期望从小到大到强到贵,借鉴马克思的批判不难想见,社会主义国家决不能让私人企业家"贵"起来,他们只能被"普照之光"笼罩、覆盖、变形。作为一个"新阶层",无论如何也不能让其成为经济上的统治阶层。应让占据"有决定意义的产业部门"的公有制经济继续做强,具有"绝对的控制力",并在经济、政治领域成为尊贵,成为世界范围

---

① 程恩富:《和谐社会需要"四主型经济制度"》,《长江论坛》2007年第1期。
② 《马克思恩格斯文集》(第3卷),人民出版社2009年版,第436页。
③ 程恩富、方兴起:《国企与民企要同舟共进》,《光明日报》2012年6月10日第7版。

内的新贵。① 倘国民等分般地占据有决定意义的产业部门，甚或让大资本家企业成为社会经济发展的主导，还叫社会主义的中国？还谈得上按劳分配为主体？那可就真的变成被新自由主义异化基本经济制度并进而异化中国特色社会主义后的"中国特色资本主义"②了。我们党、政府、学界乃至全社会，在能否让私人企业家"贵"③起来这一问题上，必须有清晰的、明确的回答。

（三）新自由主义的中国信徒曲意解读国家主导型多结构市场制度和自立主导型多方位开放制度

新自由主义的中国信徒极力主张把经济、社会、文化、国家政治等生活的一切都交给市场去管，视计划为禁区加以摒弃；在引进国外技术和资本与自力更生地发展自主知识产权和高效利用本国资本关系方面，片面主张民族企业应被外国跨国公司并购和整合，并迎合强国推行"殖民地科技"。这是一种自毁前程的投降主义做派。"改革以来我国采取国家主导型的多结构市场制度，既发挥了市场调节资源配置的基础性作用，又发挥了国家调节资源配置的主导作用""我国采取自力主导型的多方位开放制度，既很好地发挥了国内外两个市场的作用，又很好地利用了国内外两种资源。"④很难想象这是离开社会主义制度、抛却自力更生理念、实行纯市场化改革和开放式爬行主义所能做到的。反观西方资本主义世界，100多年前马克思就把世界市场危机"必须看作"是资产阶级经济一切矛盾的现实综合和强制平衡，而100多年来，资本主义经济仍然只能是通过一次次经济危机这种强制平衡来延续，搅得整个世界

---

① 陈俊明：《〈资本论〉经济行为理论的具体化》，中央编译出版社2010年版，第458页。
② 程言君、王鑫：《坚持和完善"公主私辅型"基本经济制度的时代内涵——基于新自由主义的国际垄断资本主义意识形态工具性质研究》，《管理学刊》2012年第4期。
③ 这里的"贵"，即经济上的统治阶层或统治地位之意。为防止误读和歪曲，谨此作注。
④ 程恩富：《科学发展观与中国经济改革和开放》，上海财经大学出版社2012年版，第56—57页。

不得安宁。新自由主义者无视起码的常识性知识和客观现象，闭目塞听，掩耳盗铃，自欺欺人，极力推崇所谓的"有限政府"，诋毁并丑化"国家调节为主导，市场调节为基础"和"自力更生为主，争取外援为辅"的功能互补性的双重调节体制机制，其可怕后果，不言而喻。陈俊明教授指出，"只要看看有那么一批人根据西方自由主义观念起劲地反对宏观调控，就可以知道宏观调控的必要性了；只要看看最近的金融海啸，也就可以深切地感知宏观调控的重要意义了。"① 邓小平说过，我们社会主义的国家机器是强有力的，一旦发现偏离社会主义方向的情况，国家机器就会出面干预，把它纠正过来。并指出中国既然是个大国，完全依靠外国资金来建设国家是不可能的，必须立足于国内，立足于自力更生这个基本原则。可见在宏观调控和对外开放问题上，我们必须批判"小政府、大市场"的自由主义谬论，消除"政府是当今世界唯一合法的不需要别人幸福自己就可以幸福的组织"② 等极端思想的影响，在群众中树立起"强政府、旺市场"的理念；必须批判依赖外技外援、放弃开放主导权的"殖民地"做派，以国家主导型市场制度和自力主导型开放制度优势导引对内对外经济发展方式转变。世界上没有"淡忘"自己的调控优势反倒去效尤的道理，更不应该在开放问题上死守"绥靖"思维。2008年全国人大政府工作报告就指出，要拓展对外开放的广度和深度，提高开放型经济水平。党的十八届五中全会的开放发展理念等，与上述效尤和绥靖做派，不可两立，不能同日而语。

三 社会主义方向之于包容性转变

改革至今，我国经济社会发展取得了瞩目成就，当然也累积了诸多问题，且有些问题如民生、两极分化、发展方式的不可持

---

① 陈俊明：《〈资本论〉经济行为理论的具体化》，中央编译出版社2010年版，第461页。
② 张维迎：《市场的逻辑》（增订版），上海人民出版社2012年版，第13页。

续等,"躲不开、绕不过",已成经济社会科学发展的严重梗阻。成绩来自哪里,问题又出自何方?党和政府、学术理论界和整个社会都在思考。卫兴华先生拍案追疑:"新中国成立已60多年了,作为社会主义国家,为什么会积累了这么多的民生问题,甚至出现了与社会主义相悖的两极分化?为什么直到近些年来才认识和着手解决这类问题?"[①] 其实,这些问题就是在我们这样一个社会主义国度所出现的类似于马克思所揭示的"在资本主义社会,社会的理智总是事后才起作用"的现象。一言蔽之,所有这一切,与有意无意地迷失了市场经济体制改革的社会主义方向,密切相关。

(一)迷失了市场经济体制改革的社会主义方向,便谈不上对公有主体型多种类产权制度的坚持,包容性转变便失去了赖以存在的基本经济制度基础

毛泽东曾经说过,社会主义的政府,社会主义的制度,"这个权力,现在写在我们的纲领上,将来还要写在我们的宪法上。对于胜利了的人民,这是如同布帛菽粟一样地不可以须臾离开的东西。这是一个很好的东西,是一个护身的法宝,是一个传家的法宝,……这个法宝是万万不可以弃置不用的。"[②] 邓小平强调:我们必须坚持的社会主义的根本原则,"一个公有制占主体,一个共同富裕"[③]。江泽民告诫:任何动摇、放弃公有制主体地位的做法,都会脱离社会主义的方向。自党的十四大以来,党的文件一再强调:我们的市场经济体制是同社会主义基本制度结合在一起的。可是在具体的经济行为中,中央的正确思想却不是总能得到贯彻落实。一些地区对公有制企业盲目私有化的"改制"风潮,导致公有制比重的急剧下降,以致下降到目前很难说占有主体地位的境地。

---

① 卫兴华:《按照社会主义本质要求处理财富分配关系》,《马克思主义研究》2012年第6期。
② 《毛泽东选集》(第4卷),人民出版社1991年版,第1503页。
③ 《邓小平年谱(1975—1997)》(下),中央文献出版社2004年版,第1033页。

公退私进、国退民进的结果,"是广大工人阶级以所有者与劳动者双重身份从事工作的立身之所"①的丧失,是"对全民财产和国有企业职工权益的最露骨的剥夺"②,是收入分配基尼系数的不断攀升,是庞大弱势群体的生成。然而一些拥有巨额财产的私企业主及代表其利益的经济学家却千方百计地鼓吹私有化,叫嚷着要修改宪法中关于公有制为主体的内容,主张国有经济完全退出竞争性的和关系国民经济命脉的关键领域。刘国光先生一针见血地指出:多年来我国贫富差距的扩大和两极分化趋势的形成,所有制结构上和财产关系中的"公"降"私"升和化公为私,财富积累迅速集中于少数私人,才是最根本的原因。③一言蔽之,要保证我国的社会主义性质,夯实中国特色社会主义的经济基础,多种类产权就必须以公有主体型为主导,以从根本上保证收入分配的公平与和谐,不断提高人民共享发展成果的实现程度,强化经济发展的庞大人力支撑这一动力系统,为包容性转变提供坚实的基本经济制度基础。

(二)迷失了市场经济体制改革的社会主义方向,便谈不上对劳动主体型多要素分配制度的坚持,包容性转变便失去了分配制度上的支撑

作为个人消费品的社会主义分配原则,按劳分配必须也只能奠立在公有主体型的社会主义基本经济制度之上,一旦离开公有制为主体,劳动主体型分配便不复存在。因为只有在公有制经济中,劳动人民才真正处于主人翁的经济地位,真正实现经济民主的权益;只有保持公有制经济的主体地位,才能切实贯彻按劳分配的原则;只有随着公有制经济的巩固和发展,广大人民共享发展成果的实现程度才能不断提高,经济发展的动力才不会衰竭。伴随市场经济体

---

① 程恩富等:《关于郎咸平教授质疑流行产权理论和侵吞国有资产问题的学术声明》,《社会科学报》(上海)2004年9月16日第1版。
② 左大培:《中国需要大规模的国有企业》,《探索》2005年第6期。
③ 刘国光:《是"国富优先"转向"民富优先",还是"一部分人先富起来"转向"共同富裕"》,《探索》2011年第4期。

制的建立，资本、技术、管理等要素及其他影响企业效益的因素，已和劳动一样参与影响着初次分配，这本无可厚非。然而不能否认，在比重日益增长的非公经济中，其资本要素超越劳动而在初次分配中起着主导作用，这是导致收入差距过大现象的根源。① 按劳分配主体地位被严重削弱，使我们这个拥有庞大劳动力资源的国度竟变成了一个背负庞大弱势群体的国度。在一些私企业主的行为中，至今仍可看到一个世纪前欧美资本家的贪婪和野蛮：增加劳动强度、延长劳动时间、克扣工资、随意解雇工人、大肆制假卖假荼毒生灵等，无所不用其极。有学者就指出，看到黑煤窑主严酷剥削工人且矿难频发，你会产生强烈的感觉，马克思在《资本论》中说"这正是说的阁下的事情"还真的是说着了。② 再如中央调查组所揭示的富士康企业的工人因难以承受资本压榨之痛而出现的接连13人跳楼事件③，等等，这将严重影响改革开放的社会支持力度，导致中国特色社会主义建设社会基础的弱化。不言而喻，没有社会主义的价值导引，必然削弱公有制的主体地位进而扭曲劳动主体型分配制度，而在这种失去了劳动人民主人翁经济地位的分配体制下，怎能唱响"工人伟大，劳动光荣"的时代主旋律，又何谈经济发展方式的包容性转变？

（三）迷失了市场经济体制改革的社会主义方向，便谈不上对国家主导型多结构市场制度和自立主导型多方位开放制度的坚持，包容性转变便丧失了优势调控能力和自立强大的民族经济的支撑

曾几何时，我们一度顺应历史的必然，让有条件先富起来的地

---

① 程恩富：《科学发展观与中国经济改革和开放》，上海财经大学出版社2012年版，第12页。

② 陈俊明：《〈资本论〉经济行为理论的具体化》，中央编译出版社2010年版，第453页。

③ 《富士康"13人连跳"中央调查组赶赴深圳》，《证券导报》2010年5月29日。富士康工人的被剥夺程度，并没有因"13人连跳"而终结，其血腥之程度，与社会主义核心价值观之冲突，值得国人警醒，或成社会主义市场经济改革进程和中国特色社会主义道路上一道难以抚平的伤痕。

包容性转变：转变经济发展方式的形上之思与形下之维

区在政府优惠政策的强力推动下先富起来，强调"这是一个事关大局的问题"，继而实现了阶段性战略设计。而"沿海地区发展到一定的时候，又要求沿海地区拿出更多力量来帮助内地发展"，"这也是个大局"，应是政府通过推行非均衡战略最终达到均衡发展的战略举措。但问题是：在一些地区强势者受益后并未及时地对弱势者进行补偿帮助，却在以效率为取向的政府运作模式的惯性推动下，进一步淋漓尽致且充分发挥着其市场主体谋求自身利益最大化的"应有"行为，并在能力膨胀之下，与部分官员结盟，采取打擦边球甚或影响政策制定等方式获取更高收入，使收入差距快速扩大且分化加剧，这样弱势群体便显性化地蔓延开来。[1] 熊友华教授所揭示的这种失却了社会主义共同富裕价值取向的错误倾向，正是拒绝政府对经济社会的必要干预的新自由主义思潮的严重干扰所致。学界质问："为何上访、闹事、犯罪和社会失衡的现象较为普遍，就是因为国家调节存在不到位，或不得当的情况。只要看看在近年所谓管理层收购活动中出现的严重问题，并引发各阶层公众的不满和不和谐，就可得知某些政府部门的调控有多滞后和不明智。"[2] 所以，作为发展中的社会主义大国，中国有必要在宏观经济管理中运用计划工具，指导国民经济有计划按比例健康地发展，不论是区域协调发展的"两个大局"战略设计，还是消除市场过度自由化所造成的农产品价格大波动和质量安全问题，重复建设和工业生产能力过剩问题，尤其是收入和财产分化问题等，都是须臾离不开政府调节的。党的十八大报告强调，必须更加尊重市场规律，更好发挥政府作用，健全现代市场体系，加强宏观调控目标和政策手段机制化建设。习近平总书记在2013年"两会"讲话中也同时强调了上述"更加"和"更好"两个方面的调节机制。这说明，社会主义市场经济实质上就是"有计划的市场经济"。在开放问题上，必须摆脱和纠正新自由主义思潮的影响，与时偕行地按照"五个提升"

---

[1] 熊友华：《弱势群体的政治经济学分析》，中国社会科学出版社2008年版，第201页。

[2] 程恩富：《和谐社会需要"四主型经济制度"》，《长江论坛》2007年第1期。

科学地、全面地贯彻自立主导型多方位开放制度，即适当降低外贸依存度，提升消费拉动增长的作用；适当控制外资依存度，提升协调利用中外资效益；积极降低外技依存度，提升自主创新能力；适当降低"外源"依存度，提升配置资源效率；适当控制外汇储备规模，提升使用外汇收益。① 如果淡化和漠视党和国家宏观调控优势能力的发挥，死守开放问题上的"绥靖"思维而不思改过，那么市场经济体制成长过程中的那些"成长的烦恼"也就只能继续烦恼下去，对内对外经济发展方式"不平衡、不协调、不可持续"的局面将难以转变，如学界所揭示的"贫富悬殊致内需不足，内需不足致出口导向依赖，出口导向的竞争力又偏重于低端产业低工资而致更加严重的贫富悬殊"的无奈的"铁三角"逻辑。② 由之，遑论包容性转变？失去了"生产性"的欧元区主权债务危机和被新自由主义"空心化"的国家其经济社会发展的事实，足以为据。

在作为"政治交代"的《邓小平文选》第3卷开篇有这样一段话，抄录于此，以作引证："中国的事情要按照中国的情况来办，要依靠中国人自己的力量来办。独立自主，自力更生，无论过去、现在和将来，都是我们的立足点。中国人民珍惜同其他国家和人民的友谊和合作，更加珍惜自己经过长期奋斗得来的独立自主权利。任何外国不要指望中国做他们的附庸，不要指望中国会吞下损害我国利益的苦果。"③

但是，一些人却与此唱反调，如只顾高喊开放，高唱反对"民族主义"，在被批驳得体无完肤的情况下，还是要把那种不合时宜的"先入为主的'解读'"强加给广大基层民众，如2014年结集出版的《改革是最大政策》④一书。必须指出的是，其蛊惑和忽悠

---

① 程恩富：《五个提升促对外经济发展方式转变》，《中国经济周刊》2008年第11期。
② 转引自刘文勇《在反思新自由主义的前提下转变经济发展方式——评〈经济发展方式转变："本土派"与"海外派"的对话〉》，《理论与当代》2011年第3期。
③ 《邓小平文选》（第3卷），人民出版社1993年版，第3页。
④ 参见吴敬琏、张维迎《改革是最大政策》，东方出版社2014年版。

之力，实在不容小觑。

（四）小结

党的十七大报告指出，实现未来经济发展目标，关键要在加快转变经济发展方式、完善社会主义市场经济体制方面取得重大进展。党的十八大报告在第四部分"加快完善社会主义市场经济体制和加快转变经济发展方式"中强调：深化经济体制改革是加快转变经济发展方式的关键，一定要打胜全面深化经济体制改革和加快转变经济发展方式这场硬仗。两个报告把转变经济发展方式与完善市场经济体制同列为"关键""硬仗"并放在一起反复阐述，足见其密切关系，也启示我们提出"包容性转变的经济体制改革方向"这一论题。社会主义方向上的坚守，是经济体制改革的根本、前提和基础的层面，是经济发展方式包容性转变所须臾不能游离的社会基本制度因素；坚守经济体制改革的社会主义方向的"四主型经济制度"，将在所有制层面、分配制度层面、经济运行机制层面和参与全球化时代国际分工与世界分配层面，以其制度优势强力支撑着我国经济发展方式的包容性转变。面对新自由主义不遗余力地异化"四主型经济制度"进而异化中国特色社会主义的严峻现实，我们必须遵照党的十八大"坚决破除一切妨碍科学发展的思想观念和体制机制弊端"等要求，深刻揭露新自由主义当代资本主义主流意识形态的本性，高度警觉其国际垄断资本主义核心理论和价值观念的欺骗性与危害性，切切实实地维护好和发挥好公有主体型基本经济制度、劳动主体型分配制度、国家主导型市场制度和自力主导型开放制度的强力优势，使广大劳动群众以其劳动创造分享改革发展的成果，看到走向共同富裕的希望，从而使转变经济发展方式这场硬仗最大限度地获得广大劳动群众的人力支撑，使包容性转变成为可能。

四 形而上学思维面面观

（一）引言

自党的十八届三中全会通过的《中共中央关于全面深化改革若干重大问题的决定》（或称《决定》）提出"使市场在资源配置中起决定性作用和更好发挥政府作用"这一重大理论创新命题以来，学界掀起了对这一命题的阐述热潮。主流媒体如《求是》《马克思主义研究》《红旗文稿》等刊发的文章，一般能够对市场的"决定性作用"和"更好发挥政府作用"作客观辩证的分析，但学界也出现了一些"一厢情愿"的解读。对一些影响较广的所谓"解读"，包括改革中对公有制和国有企业百般诟病的一些观点进行起底解析，已成学习、宣传和捍卫《决定》精神的肯綮环节，也是经济发展方式包容性转变所不能轻视的理论辩正。

（二）有关《决定》中"市场"与"政府"关系及作用的解读

1. 偏执于"市场"一端，而唯独不见"政府"

据新华社"新华视点"微博报道，习近平在考察金兰物流基地时指出，党的十八届三中全会的一个重大突破，就是市场要在资源配置中起决定性作用。要素配置更要通过市场，同时要更好发挥政府作用。政府不是退出、不作为，而是政府和市场各就其位。这是总书记在全会召开之后对"市场"与"政府"关系的权威解读。然而在学界当前的一些解读和热议中，只突出前半句的"使市场在资源配置中起决定性作用"而只字不提后半句的"更好发挥政府作用"等现象，屡见不鲜。如："一个不争的事实是，中国经济35年的增长奇迹得益于市场化改革。"[1] 再如：《决定》的最大亮点是，"针对过去十年改革方向大争论的核心问题，即'在资源配置中市

---

[1] 本报记者温源、冯蕾：《核心问题是处理好政府和市场的关系——专家谈如何使市场在资源配置中起决定性作用和更好发挥政府作用》，《光明日报》2013年11月14日第5版。

场起决定性作用还是政府起决定性作用'作出了明确的回答：'市场起决定性作用！'这就是作为全面改革重点的经济改革要达到的目标。"并认为这是《决定》中数百项具体改革项目的总纲。① 再如：使市场在资源配置中起决定性作用，这既是解放思想带来的重大理论突破，也是下一阶段全面深化改革的工作重心②，等等。请问，到底是一种什么样的偏执思维和偏颇眼界，才让他们只看到"市场经济"而抛却"社会主义"？难道这个"市场经济"或"市场化改革"就是他们所说的可以是一种真的能够离开"政治制度""政治体制"③ 和上层建筑等因素制约之下的"青云独步"？在"市场化改革"背后凝聚着的立足国情、兼容并蓄的改革发展理念，蕴藏着的诸多已经总结和需要进一步总结的深层次规律和经验，他们是看不见呢，还是有意遮蔽呢？论者还公然与党的十八大精神唱着反调，把改革开放前后 30 年完全对立起来，认为以前相信计划经济结果带来巨大灾难。如继续寄希望于计划经济，做大国有企业，是绝对没有前途的。④ 显而易见，这分明是在给人灌输一种"市场决定一切，私化才有未来"的迷药。

2. 偏执于"市场"一端，必然要栽赃"政府"

党的十四大确立社会主义市场经济体制的改革目标至今，学界用"中国 20 年来所发生的一切，是任何计划都计划不出来的"来褒奖社会主义市场经济在中国大地上创造的伟大奇迹，于是一些人便迫不及待地鼓吹：中国的发展成就仅仅是市场的功劳；而当"使市场在资源配置中起决定性作用和更好发挥政府作用"提出之后，他们更是弹冠相庆，奔走相告，认为这纯粹是市场化的胜利。那么我们要追问的是：经济奇迹得益于市场，贫富分化归咎于什么？按照其逻辑，中国目前的贫富分化等矛盾和不足，就只能"归功于"

---

① 吴敬琏：《我们站在了历史的入口》，《人民日报》2013 年 12 月 30 日第 5 版。
② 高尚全：《从"基础性"到"决定性"——社会主义市场经济完善的新进程》，《北京日报》2013 年 11 月 25 日第 17 版。
③ 张维迎：《市场的逻辑》（增订版），上海人民出版社 2012 年版，第 95—96 页。
④ 同上书，第 28 页。

政府了？他们正是如此推论的，如：当下"仍然背负着命令"的"半市场、半统制经济"体制，造成了愈演愈烈的经济和社会问题，资源日益短缺，环境破坏严重，腐败四处蔓延，劳动收入低下，贫富差别悬殊，官民矛盾突出，"各种矛盾已经积累到一个临界点"；"在改革停顿，甚至倒退的情况下，权力寻租和贫富分化变得日益严重。"[①] 还是这位论者，认为"决定性"这三个字回答了"中国的改革是走向市场化还是强化政府对经济的管控？"的问题[②]。显然论者这种要么是"完善市场经济体制的改革道路"，要么是"强化政府权力的国家资本主义道路"[③] 的非此即彼的分立肢解和粗暴定性，是一种典型的形而上学思维情结。精装夹封广告页上赫然写着"向邓小平南方谈话20周年致敬"，而实质上却大肆宣扬要"理解和捍卫市场经济""改革就是减少政府的权力""真正能够保护消费者利益的，是市场竞争，而不是政府"[④] 等资产阶级自由化观点。而反对资产阶级自由化，邓小平说"讲得最多，而且我最坚持"[⑤]。因而，我们必须看清其诱人标题掩饰下的私货兜售。

正如《人民日报》评论员所指出，20多年来"计划不出来的"成就，非天上掉下，其背后"凝聚着立足国情、兼容并蓄的改革发展理念，蕴藏着诸多已经总结和需要进一步总结的深层次规律和经验"：比如对邓小平"计划经济不等于社会主义""市场经济不等于资本主义"这两个"不等式"的深刻理解，对"着眼于解放生产力、发展生产力"这两个"着眼于"的把握，对"毫不动摇地巩固和发展公有制经济，毫不动摇地鼓励、支持和引导非公有制经济发展"这"两个毫不动摇"的坚持，对道德规范和法律体系这

[①] 吴敬琏、马国川：《重启改革议程：中国经济改革二十讲》，生活·读书·新知三联书店2013年版，"序言"第1页。

[②] 《专家谈三中全会：改革落实是关键 需克服既得利益阻碍》，参见 http://www.chinanews.com/gn/2-013/11-19/5521059.shtml。

[③] 吴敬琏：《呼唤包容性的市场经济》，《新经济导刊》2012年第11期。

[④] 张维迎：《市场的逻辑》（增订版），上海人民出版社2012年版，第31、26、33页。

[⑤] 《邓小平年谱（1975—1997）》（下），中央文献出版社2004年版，第1141页。

包容性转变：转变经济发展方式的形上之思与形下之维

"两个保障体系"的构筑，与"左"和右两种错误倾向的斗争，等等，正是"市场经济的种子撒进社会主义的土壤"，才使其"成长之茁壮、活力之旺盛、成果之丰硕"，并"超过了所有人们当初的想象"①。这岂是"市场经济一搞就灵"的简单逻辑所能解释？

而他们对于贫富分化等"各种矛盾已经积累到一个临界点"的归因指认，其颠倒黑白以兜售私货的做派，可谓不假掩饰。如认为"奇迹得益于市场化改革"的同时，论者却把"市场经济"前面的"社会主义"这一"点睛"之笔"忘"得一干二净。他们固执地认为，市场经济不存在什么"姓资"或"姓社"的问题，故而只提"坚持市场经济的改革方向"或"市场化改革的轨道"，认为"只有走向市场的逻辑，中国才有光明的前景。"② 刘国光先生严正指出：这些人栽赃政府的逻辑就是："权力必然产生腐败，政府干预过多必然导致官员收入过高、百姓收入过低，因此要解决两极分化就是让政府放权、一切由市场来解决"③。事实上则是：以市场化为名行私有化之实的新自由主义者，异化我国的公有主体型产权制度和劳动主体型分配制度，致使所有制结构上和财产关系上"公"降"私"升和化公为私，财富积累集中于少数私人，这才是30多年来我国贫富差距的扩大的最根本原因。数据显示，从全局看，当下我国公有经济仅占经济总量的20%，第二、第三产业5亿就业人口中，全部国有部门就业人数仅占13%，多数就业人口的工薪是由"资本—劳动"关系支配，这才是决定今天分配格局的主要因素，即在比重日益增长的非公经济中，其资本要素超越劳动而在初次分配中起着主导作用，这是导致收入差距过大现象的根源。所有制决定了分配制，财产关系决定着分配关系，必须以公有制取代资本生产方式，这既是马克思政治经济学批判的根本点，亦是经典作

---

① 参见任仲平《改变中国命运的历史抉择——写在社会主义市场经济体制确立20周年之际》，《人民日报》2012年7月10日第1版。
② 张维迎：《市场的逻辑》（增订版），上海人民出版社2012年版，第28页。
③ 刘国光：《十八届三中全会前再谈中国经济体制改革的方向——警惕以市场化为名推行私有化之实的倾向》，《江淮论坛》2013年第5期。

家超越早期社会主义者仅看到分配正义而达到的新的理论境域。把贫富分化归咎于政府的论者决不是不懂得公退私进等所有制措施必然决定分配走势的道理，只是其社会达尔文主义的教义致使其掩耳盗铃、自欺欺人，继而颠倒黑白罢了。因而中央政府反复强调"注重社会公平和正义"，是极有针对性的，但是却被他们诬蔑为"民粹主义"[①]。

3. 偏执于"市场"一端，市场必然僭越其边界而决定一切

一味地指责"政府不守本分，没有边界"的论者却主张市场决定一切，这岂不是"只许放火不许点灯"的逻辑。

所谓市场的决定性作用，指的是通过竞争、价格、供求等市场机制对资源配置发挥着决定性的影响。《决定》明确指出，市场只是"在资源配置中"起决定性作用，并通过这一"决定性作用深化经济体制改革，坚持和完善基本经济制度，加快完善现代市场体系、宏观调控体系"。显然，市场的本分和决定性作用是不能超出经济领域的资源配置环节这一边界的。这是其一。

其二，说市场在资源配置中起决定性作用，并不是说起全部作用，即使在经济领域的资源配置环节，市场也不可能承担起全部的作用。倘市场的决定性作用没有边界，那么只能是"市场决定一切"，即市场这只"看不见的手"——价值规律的自发作用必然会带来消极后果，致经济规律绝对化，市场作用万能化，或僭越经济边界而渗透到社会、思想和道德领域；或排斥政府监管，拒绝政府有效治理。教育、医疗等市场化结果的无奈，稀土等 WTO 应诉的败诉，足以为训。因此必须更好发挥政府作用，"健全以国家发展战略和规划为导向、以财政政策和货币政策为主要手段的宏观调控体系"[②]。

其三，必须把《决定》所强调的把市场在资源配置中起决定性作用和更好发挥政府作用这两者辩证地统一起来。处理好政府和市

[①] 吴敬琏、马国川：《重启改革议程：中国经济改革二十讲》，生活·读书·新知三联书店 2013 年版，"序言"第 1 页。

[②] 《十八大以来重要文献选编》（上），中央文献出版社 2014 年版，第 520 页。

场的关系一直是经济体制改革的核心问题,自党的十五大提出"使市场在国家宏观调控下对资源配置起基础性作用",经党的十六大至十八大的强调,到党的三中全会把"基础性作用"升至"决定性作用",一则表明市场化程度在不断提高,再则也反映出我们对市场规律的认识在不断地加深、驾驭能力不断地提升,但这丝毫也不能成为要放弃发挥社会主义制度优越性、发挥党和政府积极作用的理由。事物的辩证法本该是:越是让市场起决定作用,越是离不开政府对统一开放、竞争有序的市场体系的建设和维护。这才是政府与市场的双重调节作用的辩证理论。"我国社会主义市场经济中的'市场决定性作用',不仅具有与资本主义市场经济中的'市场决定性作用'性质不同的经济基础,而且具有与倡导'市场万能论'的新自由主义政策导向不同的政府调节方式和调节领域,从而既能充分发挥价值规律的积极引导作用,又能避免价值规律可能导致的消极后果。"①

4. 偏执于"市场"一端,必然曲意解读《决定》,异化《决定》本意

市场与政府及其作用,是并列的和辩证统一的关系,还是主次或因果关系?这是必须明确回答的问题。有论者说:要"在市场对资源配置起决定性作用的基础上更好发挥政府作用"②,这样的"改编",硬生生地把"市场"与"政府"并列的、辩证统一的关系,转换成了主次或因果关系。这样一来,"政府"便顺理成章地被瘦了身、降了格,而"市场"的身影则倏忽间高耸了起来。这样的"改编",引诱着善良的人们去相信他们的主张,使人们对《决定》中"市场"与"政府"的关系及其作用的理解,出现了极其混乱的局面。

上述诸种偏执一端,其危害何在?我们与之观点的冲撞,其实

---

① 程恩富、高建昆:《论市场在资源配置中的决定性作用——兼论中国特色社会主义的双重调节论》,《中国特色社会主义研究》2014年第1期。

② 高尚全:《从"基础性"到"决定性"——社会主义市场经济完善的新进程》,《北京日报》,2013年11月25日第17版。

质是什么？学界认为，针对有关"中国成就和中国奇迹是社会主义基本制度自我完善的成功，还是新自由体制在中国实施的成功"等讨论，包括与之对应的关于中国模式的争论，"其实质是解释中国经济奇迹的话语权之争"的问题。因此，"中国必须在理论上回答自己的经济道路是社会主义制度自我完善的胜利还是资本主义在中国的成功。这已经是中国经济增长必须面对的理论问题。""中国特色社会主义政治经济学"这一论断的提出，"体现了其特殊的时代意义"，说明中国已经自觉地"直面这一理论问题"，说明必须要"旗帜鲜明地宣扬自己的主义"。没有这种理论自觉和旗帜鲜明，"我们必然会在现有各种理论的解释中失去话语权，甚至有在西方的话语体系中迷失方向的危险"[①]。

（三）有关公有制和国有企业的解读

其实，上述对"政府"与"市场"关系的歪曲，其目的还是以市场化取向而行私有化之实。这样，便不难理解多年来他们为什么对公有制和国有企业百般诋毁和诟病了。以下进行逐一揭露：

1."公有产生腐败，必须消灭"。请问：私有与腐败无涉？

私有化者诅咒公有制中的腐败现象，好似不容置疑。其实这是借题发挥。他们拿公有制中的腐败现象说事，认为公有制才是腐败产生的根源，继而认为只有消灭公有制，进行私有化才能消除腐败，其用心显然是要煽动人们反对国有企业，反对社会主义制度，走私有化的道路。

其一，腐败是指运用公共权力攫取私人利益的行为。大量事实表明，腐败产生与否，与所有制结构没有直接的关系。我们从非政府组织"透明国际"1995年开始公布的全球清廉指数排名中可以看出，中国排位总体渐趋下降，然而在这一区间内，国有经济却大幅下降，也就是说，国有经济的下降并没有遏制我国的腐败发生，

[①] 本段综述参见王立胜《中国特色社会主义政治经济学的时代意义》，《河北经贸大学学报》2016年第6期。

腐败不是国有经济的专利。

其二，即便国有经济全都私有化了，能否根除行政权力的寻租现象？答案当然是否定的，甚或腐败现象会愈演愈烈。因为私有经济一切以经济利益出发的本质特征，必然促使其千方百计地与行政权力"联姻"，以攫取巨额利润。沿海发达地区私人老板状告自己企业管理者的案件，国外一些著名私企高管挪用公款、贪污受贿的丑闻，都是屡见不鲜的客观事实。完全可以说，在公有经济中出现的腐败现象，在私营企业中无一例外地都出现了，只不过人们在观念上并不把私企人员的这些行为称作腐败，在法律上也不把这些行为定性为经济犯罪而已。随着"行贿受贿同样违法"的观念深入人心，人们对私企无腐败的认识会逐渐改变。

其三，国有经济私有化后，不但不能消除腐败现象，还会滋生比腐败更为严重的后果。私有化后工人的所有权没了，主人翁地位没了，这样就变成一无所有的雇佣劳动者了。本来是少数管理者的腐败，即利用"管理权力"非法侵占工人的劳动成果，现在却变成了少数人利用手中的"所有权"明目张胆地剥夺工人的劳动果实，这是典型的"非法行为合法化"和"非法行为扩大化"。而学界却有人颠倒黑白，鼓吹"没有私有制，就没有法治、自由与民主""公有制是一切罪恶的根源""公有制本质是官有制""剥削不可能发生在资本家那里，倒可能出现在政府那里"① 等。我们要追问的是：指鹿为马、睁着眼睛说瞎话的事情，论者怎么就能干得出，且叫得欢？而他的学生们又会继承其怎样的衣钵？一些单位为什么如此放任甚或放纵作为共产党员的论者"搞公有制就是无耻"② 的叫嚣？俗话说无知者无畏，而作为博士生导师的论者并非无知吧，可他怎么就能对国家和人民如此无畏？

2. "国有经济产生垄断"。请问：私有经济就不产生垄断？

首先要辨明的应该是垄断这一概念的内涵，否则争论没有"同

---

① 谢作诗：《别信公有制寓言》，《晚报文萃》2011年第7期。
② 谢作诗：《炮打公有制》，见http://club.china.com/data/thread/1011/2737/63/17/2_1.html。

一"性,也就难辨真伪。垄断本身作为一个经济学概念,指称的是经济主体在市场上能够随意调节价格或供给的经济行为。一般认为,垄断的基本原因应是进入式障碍,即垄断主体(企业)能在其市场上保持唯一者的地位,而其他企业难以进入市场并与之竞争。由之可知:其一,垄断与市场力量或市场行为关系密切,但与产权性质无涉。换言之,既可能发生公有制的垄断,也可能存在私有制的垄断。但从全球范围来看,人们对垄断一向抱有的讨厌情结特别是"反垄断法"的深入人心,使完全的垄断市场如同完全的竞争市场一样,少之又少,客观存在的大多是寡头垄断。而从产权性质上看,以私有制为基础的垄断则更加普遍。那种"客观上国企及其垄断确实已经成为进一步提高经济效率的重要障碍,甚至已经变成社会矛盾的重要根源",并认为"只好走私有化这华山一条道"①,却讳言更加普遍的私有垄断的观点,显然是别有心机的。

其二,不能偷换概念,混淆视听,将国有企业占优势的行业混淆为垄断行业。一些国有经济发展得较早,如在铁路、航空、石油、银行等领域相对于私有经济具有一定的优势,这是为了维护国家的经济安全,其优势是有其历史原因和渊源的,不能把这种占优势的行业归结为垄断行业。那种"活得好的国有企业,基本是靠垄断赚钱"②的说法,无异于坐井观天,完全是颠倒黑白、恶语中伤。况且形成垄断的一个重要指标是垄断价格,"尽管我国国有企业在部分行业中占主导地位,但它们并没有形成价格垄断"③。

其三,必须严格区分两种不同性质的垄断。先从利润性质上看,国有经济或国有企业作为社会主义市场经济的第一主体是服务于全体人民利益和国家长远利益的,它根本区别于私有垄断的一己之私,"因为社会主义无非是变得有利于全体人民的国家资本主义

---

① 黄益平:《走向新的经济增长模式》,《行政管理改革》2013年第11期。
② 张维迎:《市场的逻辑》(增订版),上海人民出版社2012年版,第382页。
③ 参见程恩富、鄢杰《评析"国有经济低效论"和"国有企业垄断论"》,《学术研究》2012年第10期。

垄断,就这一点来说,国家资本主义垄断也就不再是资本主义垄断了。"①"全体公民都成了一个全民的、国家的'辛迪加'的职员和工人"②。再从国家的经济、政治安全层面上来看,国企垄断能够有效规避私人垄断难以规避的弊端。这些年出现了"国际竞争国内化"的严峻局面,如在我国28个主要行业中,75%由外资企业掌握着多数资产控制权。因而当下不是什么"国企垄断"或"国进民退"的问题,而是跨国公司对民族产业的强势挤占问题,是无底线地让出市场而危及国家经济安全的问题。调查和实证分析显示,凡国有经济退出的领域,民营经济都没有成为支配者,退出的地方都迅速地被西方跨国公司占领并成为市场最大的企业。③应坚决反对"可以通过私有化直接改变国有制,也可以通过建立公平的市场环境和制度平台,让国企民企在同一个水平上竞争"④等观点,因为只有把国有经济放在重要战略位置上,努力让占据"有决定意义的产业部门"的公有制经济继续做强,具有"绝对的控制力",并在经济、政治领域成为"尊贵",成为世界范围内的"新贵",才能有效减轻和改变由全球跨国公司主导我国产业以及国民经济受外资经济控制的尴尬局面,确保国家的经济安全和共同富裕的不断推进。

其四,我们并不讳言一些"行政垄断"(行政垄断也并非都是负面),但其根源在政府作用的发挥方面,而不在企业的产权方面。即便将国企全部私化,行政垄断也难以祛除,因为这时行政垄断会自然地转向私有企业。由此可见,国有经济不是行政垄断存在的根源。

3."国有企业效率必然低下"。请问:私有企业效率一定会高?笔者一直关注着曹雷教授60万字《公有制高绩效论》的写作,

---

① 《列宁专题文集(论资本主义)》,人民出版社2009年版,第234页。
② 同上书,第40—41页。
③ 本刊记者:《经济体制改革的顶层设计与未来发展走向——访中国社会科学院马克思主义研究学部主任程恩富教授》,《马克思主义研究》2013年第8期。
④ 黄益平:《走向新的经济增长模式》,《行政管理改革》2013年第11期。

该书已由上海人民出版社出版发行。期待该书在国企效率问题上拨乱反正，以正视听。限于篇幅，笔者仅就在国企效率看法上的方法论问题，作一辨正：

其一，国企效率低下论者混淆了效益与效率概念。论者所运用的经济指标和数据大多反映的是企业微观经营效益，比如：销售收入、销售利润等，盖因这些数据"更好看"，好似在有力地支撑着他们的观点。但是效益数据并非等同于效率数据。利润和效益的增加不一定来自经营效率，很可能是剥削和侵蚀劳动者利益之故。私企业主暴富了，而工人却"无产阶级贫困化"了。以牺牲劳动者基本利益为代价而带来的效益提升，怎么能为私企效率的提高提供支撑？这种"效率"，与啃噬"血汗钱"何异？

其二，国有企业整体效率事实上并不低，这是有充分的事实依据的。据《中国统计年鉴2009》的相关数据，新中国成立以来，国有经济产值平均增长速度高于10%；1998—2006年在工业增长率方面，国有企业增长率始终保持在30%以上，而同期私营企业的增长率仅约25%；成本费用利税率方面2005年、2006年国企分别为8.44%和7.09%，私企仅为4.93%和5.27%[1]。斯蒂格利茨也指出，"韩国的国有钢铁企业比好多美国的私有企业同行还有效率，但国际货币基金组织照样敦促韩国将其私有化"，可见，"头脑单纯的意识形态是推动私有化的动因之一。这些意识形态偏见既无理论根基，又缺乏经验数据支持"[2]。追问一句：私营企业破产、亏损、效率低下的情况，不是每天都在发生吗？

其三，从国有企业诞生和贡献方面来说，国企并非因其微观经营绩效高于私有企业而产生，更多则是在维护国家经济安全、推进国家现代化、保障人民共同利益等国家大局和整体利益上的考虑。因此，以经营绩效来苛责国有企业，无异于让公鸡生蛋，继而再行

---

[1] 程恩富、鄢杰：《评析"国有经济低效论"和"国有企业垄断论"》，《学术研究》2012年第10期。

[2] ［美］约瑟夫·E. 斯蒂格利茨：《私有化更有效率吗》，《经济理论与经济管理》2011年第10期。

卸磨杀驴之举。"只要国有企业生产利润不为负,也就是说不是绝对的浪费社会资源,那么国有企业的存在就会增进整体社会福利。"[1]

对公有经济的误解、错解和妖魔化是多方面的,另如要把国有经济限制在公共产品供给领域和弥补市场失灵方面;国有企业职工收入高于私有企业,造成了贫富分化等。十分明显,其目的就是要否定公有制。否定了公有制,自然也就否定了党的执政基础,随之也就否定了社会主义制度。

(四) 有关宣传和解读的方法论问题

那么,怎样才能防止一些人恶意曲解全会精神,"歪嘴和尚"念经,蛊惑人心,搬弄是非呢?"加大正面宣传力度"当然是极其重要的方面,但从思维方式上"廓清迷雾",必须注重学习习近平总书记下面一段具有方法论意义的告诫:即"必须完整理解和把握全面深化改革的总目标,这是两句话组成的一个整体""两句话都讲,才是完整的。只讲第二句,不讲第一句,那是不完整、不全面的。"[2] 在理解和宣传"社会主义市场经济""使市场在资源配置中起决定性作用和更好发挥政府作用""完善和发展中国特色社会主义制度,推进国家治理体系和治理能力现代化"等事关改革的重大命题时,它们各自所具有的两个方面必须"同世而立"的内涵,为什么在一些人那里就变成偏执一端了呢?是仅仅强调一个方面而暂时没有顾及另一个方面吗?只要看看一些"解读"的全文和导向,便一目了然;是我们反其道而行又走向了又一个极端吗?只要看看我们对市场经济伟大作用的称赞,便一目了然。我们用的可是"伟大"啊!但"伟大"怎么就成了"唯一"?"市场决定作用"是马克思主义的商品经济及价值规律理论的必然要求,有商品经济,市

---

[1] 参见杨新铭《对"国进民退"争论的三大问题的再认识》,《经济纵横》2013年第10期。
[2] 《习近平关于全面深化改革论述摘编》,中央文献出版社2014年版,第20—21页。

场就应该起决定作用，但"决定性作用"怎么就能被"晋升"为"全部作用"？这可是总书记第一时间在全会《决定》的"说明"中就警示和批评过的。再如，"推进国家治理体系和治理能力现代化"，就可以漠视和遮蔽"完善和发展中国特色社会主义制度"这一全面深化改革的"总方向"吗？列宁的"统一物之分为两个方面以及对这两个方面的认识"，在一些人的思维中，总是被硬生生地变成了一个方面。简而言之，缺失了唯物辩证法和唯物史观的理论素养与思维品质，不理解"经济问题哲学分析，经济问题政治解决"，能够成为一个经世济民的经济学家吗？

（五）小结

曾几何时，一些流布久广的错误观点，别有用心地颠倒黑白、混淆视听，搞乱了人们的思维，严重地影响着受众尤其广大基层民众的判断力，不断地催生着国家大政方针的较高比例的对立面，使本以较少享受改革开放成果的弱势群体却"享受"着被蒙蔽了的弱势心理认同，阻滞经济发展方式的包容性转变。这些错误观点，便是邓小平"任何时候都没有让过步"的那些资产阶级自由化观点，其变种即新时期经济学上的新自由主义。邓小平对四项基本原则"最坚持"，对资产阶级自由化"最反对"，而当下我们应该怎么办？在全面深化改革的今天，如果我们还承认邓小平是改革开放的总设计师，还觉得应该沿着邓小平开创的中国特色社会主义道路前行的话，我们就应该汲取老人家"问题在于我们思想战线上出现了一些混乱"[1]的语重心长，汲取十年最大的失误是思想政治教育[2]等"政治交代"[3]，不遗余力地、针锋相对地对新时期形形色色的资产阶级自由化观点进行深入辨正，对其主观性、表面性、片面性、欺骗性和虚伪性进行深刻揭露。否则"在苗头出现时不注意，

---

[1] 《邓小平年谱（1975—1997）》（下），中央文献出版社2004年版，第1163页。
[2] 同上书，第1280页。
[3] 同上书，第1278页。

就会出事""跨起来可是一夜之间啊。"① 这方面,可谓殷鉴历历。我们决不走封闭僵化的老路,但倘被"歪嘴和尚"们忽悠到分不清真改革和假改革、正改革和负改革、深化改革和重启改革等实质性区别的境地,那么改旗易帜的邪路,也就离我们不远了。

五 "划清是非界限,澄清模糊认识"

(一) 引言

近些年人们耳熟能详的一句话是:理想很丰满,现实很骨感。这种情况在党的十八届三中全会的《决定》颁布之后,不但没有改观,反更严峻起来。

比如,这几年出现了一个"两头冒尖"②的现象。全会开幕前夕,学界关于经济体制改革的建言争相纷呈,张维迎先生《市场的逻辑》(简称张书)和吴敬琏先生《重启改革议程》(简称吴书)着实"热闹"了一番,据说目前两书均已再版数次。张书开篇第1页便说:"本书初版于2010年7月,出版后的反响令我欣慰,甚至还发现了盗版,这是我不曾想到的。"而吴书则被评为中国国家图书馆第八届文津图书奖,《光明日报》等中央报刊也做了采访宣传,学界亦有改革的"宣言书"和"集结号"③等书评。然而就是这样影响广泛的两本书,却"唤来"了更为广泛的质疑和严厉的批判声,且这种质疑和批判因书中观点多在结集出版前已经发表而绵延数年。

习近平总书记2013年8月19日在全国宣传思想工作会议上指出:"在事关大是大非和政治原则问题上,必须增强主动性、掌握主动权、打好主动仗,帮助干部群众划清是非界限、澄清模糊认

---

① 《邓小平文选》(第3卷),人民出版社1993年版,第379页。
② 吴敬琏、马国川:《重启改革议程:中国经济改革二十讲》,生活·读书·新知三联书店2013年版,"前言"第1页。
③ 李安科:《书评:〈重启改革议程〉》,《青春岁月》2014年第3期。

识。"① 面对"骨感"的现实，本书拟采用观点分列的方式，就张书、吴书几方面典型观点与《邓小平年谱》（简称《年谱》）的相关论述作一分列比较，以就教于两位先生，希冀在大是大非和政治原则问题上划清界限、澄清认识。

而之所以用观点分列和比较的方式行文，动因起始于笔者逐字拜读两书所看到的十数次提及邓小平，且在许多地方还不吝褒奖。如张书修订版精装夹封广告页上写着："向邓小平南方谈话20周年致敬"，书中还有"邓小平这样伟大的领导者"② 等句子。既然张、吴两位先生对邓小平如此情感，为什么不把两书"拿来"与《年谱》一比呢？不是说有比较才有鉴别嘛。况邓小平是包括两位先生在内公认的中国改革开放的总设计师，《年谱》中的条目和观点，作为邓小平开创的中国特色社会主义道路、创立的几乎是"完整结构框架"形态的中国特色社会主义理论以及在改革开放实践（1978—1997）中形成的中国特色社会主义制度的编年体裁，作为表征中国发展方向、发展路径和发展规则的"一种理性的改革智慧、发展战略"③，毋庸置疑地将成为我们行文和讨论所必须遵从的"公理"；或恰如一把标尺，用以衡量我们的一言一行。以两书对邓小平的褒奖来看，两位先生不会连这种分列比较方式也反对吧？

可是分列比较的结果，让我们顿生疑问：两位先生的言论为什么总是与《年谱》针锋相对呢？为什么一面赞扬和崇拜着邓小平却一面与邓小平唱反调呢？

（二）观点分列与辨正

1. 关于四项基本原则及改革的社会主义方向

《年谱》（以下凡仿宋列引该书，仅注条目日期）中邓小平对

---

① 《学习习近平总书记8·19重要讲话》，人民出版社2013年版，第3—4页。
② 张维迎：《市场的逻辑》（增订版），上海人民出版社2012年版，第118页。
③ 陈金龙：《关于道路自信、理论自信、制度自信的思考》，《马克思主义研究》2014年第3期。

四项基本原则的论述,突出表达了改革开放必须坚持社会主义的方向这一首要原则。

> 1979年3月30日。必须在思想政治上坚持四项基本原则。……如果动摇了任何一项,那就动摇了整个社会主义事业,整个现代化建设事业。
>
> 1989年11月5日。总结历史经验,坚持四项基本原则十分重要,特别是坚持社会主义和党的领导,决不能放松,否则非垮台不可。
>
> 1990年7月3日。实行改革开放,这是怎样搞社会主义的问题。作为制度来说,没有社会主义这个前提,改革开放就会走向资本主义。
>
> 1993年9月16日。我们在改革开放初期就提出四个坚持。没有这四个坚持,特别是党的领导,什么事情也搞不好,会出问题。出问题就不是小问题。……四个坚持是"成套设备"。在改革开放的同时,搞好四个坚持,我是打下个基础,这个话不是空的。

党的十四大确立的建立社会主义市场经济体制的改革目标,我们在张书中没有找到,但却看到了以下标题性质的观点:如"中国经济改革没有严格意义上连续不变的改革目标""没有一个事先规划好的蓝图",且视之为"改革的特征化事实",认为"没有人知道路在何方""没有人知道怎么去改革""中国经济改革是一个'歪打正着'的过程"[①] 等。这便是张书对改革目标和改革方向的认知和表白。而吴书在总结性的第20讲开篇,首先来了个非此即彼的选择命题:"两种可能的前途严峻地摆在面前:一条是沿着完善市场经济的改革道路前行,限制行政权力,走向法治的市场经

[①] 张维迎:《市场的逻辑》(增订版),上海人民出版社2012年版,第158—174页。

济；另一条是沿着强化政府作用的国家资本主义的道路前行，走向权贵资本主义的穷途。"[①] 吴先生"推崇"的当然是前一条。请看，这里的两个"市场经济"之前都没有"社会主义"的定语。我们查遍吴书，除了在述说事物历史发展过程时不得不用上"社会主义"，如在党的十八大召开之后的 2012 年 12 月 18 日写的"序言"中出现两次"社会主义市场经济"的提法之外，再也看不到"社会主义"在其个人观点阐述中出现过。众所周知，吴先生早在 1997 年就发表了"社会主义的基本特征是公正＋市场经济"[②] 的观点，这是为其宣扬私有化主张而有意地避开作为共产党执政和社会主义经济基础的公有制的一个命题，而吴书反复出现的"法治的""民主的""包容性的"市场经济和其推崇的"自由市场经济模式（'欧美模式'）"[③]，客观上又起着销蚀中国改革的社会主义方向的效果。既如此，两书观点与马克思主义的社会主义市场经济模式，与邓小平的"改革是社会主义的自我完善"，与习近平总书记所说的"规定了根本方向"的"完善和发展中国特色社会主义制度"，有哪怕一点儿共同之处吗？由此可知，总书记有关"要正确推进改革。改革是社会主义制度自我完善和发展，怎么改、改什么，有我们的政治原则和底线，要有政治定力"[④] 等论述，是很有针对性和指向性的。

在理解"社会主义市场经济"改革目标方面，习近平总书记下面一段话具有重要的方法论意义，即"必须完整理解和把握全面深化改革的总目标，这两句话是一个整体，即完善和发展中国特色社会主义制度，推进国家治理体系和治理能力现代化。这里面有一个'前一句'与'后一句'的关系问题。前一句，规定了根本方向，

---

① 吴敬琏、马国川：《重启改革议程：中国经济改革二十讲》，生活·读书·新知三联书店 2013 年版，第 293 页。
② 转引自斯人《吴敬琏说：社会主义的基本特征是社会公正＋市场经济》，《金融信息参考》1997 年第 10 期。
③ 吴敬琏、马国川：《重启改革议程：中国经济改革二十讲》，生活·读书·新知三联书店 2013 年版，第 243 页。
④ 《习近平关于全面深化改革论述摘编》，中央文献出版社 2014 年版，第 49 页。

包容性转变：转变经济发展方式的形上之思与形下之维

我们的方向就是中国特色社会主义道路，而不是其他什么道路。……后一句，规定了在根本方向指引下完善和发展中国特色社会主义制度的鲜明指向。"[1]"社会主义市场经济"是党的十四大确立的改革目标，这一目标具有两个方面必须"同世而立"的内涵，一是"社会主义"的社会制度坚守，即改革的"社会制度'根本方向'"；一是"市场经济"的资源配置手段和方法的运用，即改革的"市场手段'鲜明指向'"。我们党明确指出"社会主义"是"点睛之笔"，"社会主义"的方向是题中应有之义，偏离了社会主义制度这一条，"那就南辕北辙了"[2]！但张书、吴书为什么总是把"市场经济"与"社会主义"割裂和对立起来呢？邓小平说社会主义市场经济的优越性就在四个坚持，而张书却遗憾地说："甚至到今天，很多经济学家仍然相信'公有制的优越性'"[3]。请教张先生：这是向南方谈话致敬吗？习近平总书记在十八届中央政治局第二次集体学习时指出："不实行改革开放死路一条，搞否定社会主义方向的'改革开放'也是死路一条。"[4] 二位先生可否对一下号、入一下座，看看你们的主张属于哪一条呢？很多经济学家仍然相信"公有制的优越性"，这有什么错吗？公有制的优越性，既有鲜明的制度优势，又有确凿的事实依据[5]，为什么不相信呢？在关涉改革方向这一大是大非问题上，笔者抄录总书记的几句话，与二位先生共同学习和思考，以防理解上的"盲人摸象、以偏概全"[6]："我们的改革开放是有方向、有立场、有原则的。我们当然要高举改革旗帜，但我们的改革是在中国特色社会主义道路上不断前进的改革""改革开放的旗帜必须高高举起，中国特色社会主义道路的正

---

[1] 《习近平关于全面深化改革论述摘编》，中央文献出版社2014年版，第20—21页。
[2] 同上书，第18页。
[3] 参见张维迎《市场的逻辑》（增订版），上海人民出版社2012年版，第168页脚注。
[4] 《习近平关于全面深化改革论述摘编》，中央文献出版社2014年版，第15页。
[5] 参见曹雷《公有制高绩效论》，上海人民出版社2013年版。
[6] 《习近平关于全面深化改革论述摘编》，中央文献出版社2014年版，第150页。

确方向必须牢牢坚持"。否则，作为一个大国却在道路和方向这一"根本性问题上出现颠覆性错误"，那是"无法挽回，无法弥补"①的！

那么张、吴二位先生为什么总是如此遮蔽和异化改革的社会主义方向呢？这与先生们对待四项基本原则的看法，密切相关。张书在第一次提及马克思主义时便说："《共产党宣言》中，中国、印度都被定义为野蛮和半野蛮的民族。在我们接受马克思主义之时，我们也就自认为，中国是低人一等的，是未开放的，是野蛮的，是非理性的，是非科学的，是专制主义的。这些概念对我们的思维产生了巨大的影响。随着中国的崛起，我们有理由，也有责任重新思考整个人类思想史的发展轨迹。"②这六个"是"排比用得齐整，但却是明显地对马克思主义的误读，充满着栽赃和挑衅意味。作为"指导我们思想的理论基础"的马克思主义，在张先生的笔下与这六个"是"便如此地"联结"了起来。张书另有"机械地运用马克思的理论所造成的失败恶果不仅仅会破坏改革，还会殃及改革者本身""老一辈经济学家又对马克思主义经济学十分着迷""在历史上，声称为穷人利益奋斗的，没有几个真正给穷人带来好处"③等句，这是否算是对马克思主义的诘责和不满？作为共产党员的张先生，硬生生地忘记了自己要给以致敬的邓小平南方谈话中"世界上赞成马克思主义的人会多起来的"这样的"政治交代"④！

吴书则采用了一些模糊性言语述说着自己对待马克思主义的态度，笔者且称之为"梦幻诗"。如"为了克服马克思关于社会主义经济制度的理想化观念"，伯恩斯坦"开启社会民主主义先河"；而"现代社会民主主义主张按照人的自由发展、共同富裕和社会公

---

① 《习近平关于全面深化改革论述摘编》，中央文献出版社2014年版，第14、9、42页。
② 张维迎：《市场的逻辑》（增订版），上海人民出版社2012年版，第16页。
③ 同上书，第171、169、53页。
④ 《邓小平年谱（1975—1997）》（下），中央文献出版社2004年版，第1345、1278页。

正的原则改进社会"；这些执政的社会民主党"先后都放弃了国有化的目标，转而主要采取税收、社会福利等社会政策来实现基本的社会诉求"①。显然，吴书是赞同私有制加政府财政再分配的民主社会主义的经济模式的，那么，马克思主义经济学的地位在哪里呢？站在伯恩斯坦的立场上反对马列主义，搬用新自由主义论证其建立"现代市场经济"的改革主张，臆造出一个"社会大工厂模式"的伪命题强加在马克思头上，再斥责为"预言也没有实现"和具有"理想主义倾向"，并赞同考茨基的"反对一党专政"观点，认为"列宁—斯大林的'无产阶级专政体系'显然与马克思、恩格斯设想的'自由人联合体'有根本区别"②等这般推演模式，可谓煞费心思。如此，可想吴先生对待四项基本原则的态度。由此，我们更加深刻理解了邓小平强调在整个改革开放的过程中都"必须始终注意坚持四项基本原则"③的必要性和预见性。

2. 关于公有制、按劳分配与共同富裕、两极分化

公有制、按劳分配与共同富裕，公有制、按劳分配与"两极分化"之间的关系问题，其理解难度在当下中国的基层群众中，可谓超越了"效率与公平的关系"这一经济学说史上的"哥德巴赫猜想"。效率与公平的关系问题随着学界一些重大研究成果的发表以及主动适应经济发展新常态的理念深入人心而渐趋思想统一，但究竟是公有制（以国有企业为代表，包括政府）导致了"两极分化"，还是公有制和按劳分配能够为共同富裕打下坚实基础的问题，在许多人心目中好似是非不清、界限不明、认识模糊了。只是可怜了广大机会弱势群体，难道说他们就是那种被大忽悠们卖了还欣然帮助数钱的"主儿"？

然而，在总设计师邓小平的思维中，这一问题始终是清晰的：公有制和按劳分配是实现共同富裕的必由之路，而一旦失去了公有

---

① 吴敬琏、马国川：《重启改革议程：中国经济改革二十讲》，生活·读书·新知三联书店 2013 年版，第 26—27 页。
② 同上书，第 20—25、248 页。
③ 《邓小平年谱（1975—1997）》（下），中央文献出版社 2004 年版，第 1344 页。

制和按劳分配的主体地位，两极分化便自然产生。

1985年3月7日。我们允许个体经济发展，还允许中外合资经营和外资独营的企业发展，但是始终以社会主义公有制为主体。社会主义的目的就是要全国人民共同富裕，不是两极分化。如果我们的政策导致两极分化，我们就失败了；如果产生了什么新的资产阶级，那我们就真是走了邪路了。总之，一个公有制占主体，一个共同富裕，这是我们所必须坚持的社会主义的根本原则。

1985年10月23日。吸收外资也好，允许个体经济的存在和发展也好，归根到底，是要更有力地发展生产力，加强公有制经济。只要我国经济中公有制占主体地位，就可以避免两极分化。

1986年12月6日。我们的分配制度是社会主义的，我们的政策不会导致两极分化。

1990年7月3日。中国有十一亿人口，如果十分之一富裕，就是一亿多人富裕，相应地有九亿多人摆脱不了贫困，就不能不革命啊！九亿多人就要革命。

1990年12月24日。共同致富，我们从改革一开始就讲，将来总有一天要成为中心课题。社会主义不是少数人富起来、大多数人穷，不是那个样子。社会主义最大的优越性就是共同富裕，这是体现社会主义本质的一个东西。如果搞两极分化，……就可能出乱子。

1992年2月28日。社会主义制度就应该而且能够避免两极分化。解决的办法之一，就是先富起来的地区多交点利税，支持贫困地区的发展。可以设想，在本世纪末达到小康水平的时候，就要突出地提出和解决这个问题。就全国范围来说，我们一定能够逐步顺利解决沿海同内地贫富差距的问题。

1993年9月16日。十二亿人口怎样实现富裕，富裕起来以后财富怎样分配，这都是大问题。题目已经出来了，解决这个问题比解决发展起来的问题还困难。分配的问题大得很。我们讲要防止两极分化，实际上两极分化自然出现。……少部分人获得那么多财富，大多数人没有，这样发展下去总有一天会出问题。分配不公，会导致两极分化，到一定时候问题就会出来。这个问题要解决。

而张书、吴书不但极力主张私有化，还把当下贫富分化的根源归因于政府和腐败，归因于政府不受约束的权力对经济活动的干预和对经济资源的支配等，对竞争导致优胜劣汰、私有化导致贫富分化等马克思主义经济学常识，两书三缄其口，避而不谈。

我们来看看张、吴二位先生在他们的书中是怎么说的。

先看张书。作者遗憾的是：多数领导者和经济学家"主要考虑的就是如何使得建立在公有制基础上的计划经济更有效率"[1]；作者欣慰的是："30年的改革，中国已经从一个国有制占绝对支配地位的经济体转型为一个非国有制在量上占支配地位的经济体"；改革至今，"不仅完成了大部分国有企业的改革，而且已经找到了剩下的国有企业的改革思路，即继续在国有企业非国有化的道路上前进！"[2] 作者向往的是："没有意识形态的约束，……国有资产就可以卖出更好的价格"；整个中国经济要"形成一个建立在私有产权基础上的完整市场经济""只有当出现了大量的非公有制企业以后，这种国有企业的非国有化才更加可行和稳固"；不管中央政府是否会绘制完全非国有化的蓝图，"民营化过程将继续按其自身的逻辑与力度加速进行。"[3] 且这种遗憾、欣慰和向往，溢于言表，跃然纸上。

再看吴书。作者断言"'一大二公'的集体经济把农民'挖得太苦'"；而土地承包制也"并不意味着恢复了'耕者有其田'的土地制度"；作者指认国有经济产生"'掌勺者私占大锅饭'的权

---

[1] 张维迎：《市场的逻辑》（增订版），上海人民出版社2012年版，第168页脚注。
[2] 同上书，第226、249页。
[3] 同上书，第141、178、180、94页。

贵私有化"，国有经济是"从苏联搬来的意识形态教条"；而民营经济才是"市场经济的基础和最活跃的部分"①。作者假借对中国改革历史的分时段回顾，认为只要公有制经济存在，"改革"就不可能取得什么"成果"，而私有经济一旦得到发展，经济便得到长足发展。

除了上述宣示，两书还极力隐晦和错解市场化、私有化取向与贫富差距之间的因果联系，请问这算不算混淆视听呢？张书中有这样一节，题目是："一个严重的误解：市场导致不平等"，指出"市场经济发展最好的地区、国有经济部门最少的地区、财政收入占GDP比重最低的地区，是收入差距最小的地区"；"市场越开放、政府干预越少的地方，收入差距越小。"② 以上言论，学界（张先生的老乡等）已有诸多批判③，且张先生也总是不能回应，这里不予重复。而吴书则认为："目前中国存在的贫富悬殊问题，主要是由于机会不平等造成的，其中首要因素是腐败"，因此"需要通过市场取向的改革和实现机会的平等来解决"；当前种种丑恶现象"从根本上说是缘于经济改革没有完全到位，政治改革严重滞后，行政权力变本加厉地压制和干预民间正当经济活动，造成广泛寻租活动的结果。"④

众所周知，张先生是以价格双轨的建言"起家"的，其书中多有这方面的"美好"回忆。但是："价格双轨制，肥了多少人？国有企业改制，又肥了多少人？"⑤ 张先生可否躬身调查一下，再明确回答总书记的这一拍案质问？众所周知，吴先生自己说过其生命

---

① 以上注释见吴敬琏、马国川：《重启改革议程：中国经济改革二十讲》，生活·读书·新知三联书店2013年版，第77、92、8、157、165页。
② 张维迎：《市场的逻辑》（增订版），上海人民出版社2012年版，第50—51页。
③ 参见许有伦《求解"资本雇佣劳动"之谜——张维迎到底是"主流"还是"异端"》，《当代经济研究》2007年第12期；《国有企业改革的目标是什么——与张维迎教授商榷》，《马克思主义研究》2007年第8期；等等。
④ 吴敬琏、马国川：《重启改革议程：中国经济改革二十讲》，生活·读书·新知三联书店2013年版，第290、294页。
⑤ 《习近平关于全面深化改革论述摘编》，中央文献出版社2014年版，第81—82页。

包容性转变：转变经济发展方式的形上之思与形下之维

是"同中国改革连在一起"的，但笔者不理解的是，为什么其观点总是与党和政府的声音相悖呢？去年年底，总书记在中央城镇工作会议上明确指示："土地公有制性质不能变，耕地红线不能动，农民利益不能损"，告诫不要在积极推进农村土地承包经营权流转试点中"以土地改革、城乡一体化之名，行增加城镇建设用地之实"，并警告"这种挂羊头卖狗肉的事不能干"[1]。2014年"两会"期间在参加上海代表团的讨论时总书记又指出："国有企业不仅不能削弱，而且还要加强。"[2] 这该是棒喝啊？！笔者拭目以待，且看张、吴二位先生类似这般"不合时宜的思维定势"[3]何时能改正。可是，仿两书口吻：笔者很担心，一旦笃信"市场的逻辑"，便生出完全私有化的逻辑，接着便升到了"自动'创世纪'"的层次。从二位先生新近出版的《改革是最大政策》来看，难道不是吗？

必须严正指出：事实上党和政府一直在不遗余力地致力于改善民生和坚持走共同富裕道路，然贫富分化等问题还是"自然出现"，这是为什么？这只能从分配上面去寻找。邓小平说：分配的问题大得很。这个大得很的分配问题在迄今为止的人类思想史中，唯有马克思给予了清晰的且无可置疑的解答，马克思在其《哲学经济学手稿（1857—1858）》《哥达纲领批判》和《资本论》中均作过深刻论述："参与生产的一定形式决定分配的特定形式，决定参与分配的形式"[4]"消费资料的任何一种分配，都不过是生产条件本身分配的结果；而生产条件的分配，则表现生产方式本身的性质"[5]"一定的分配关系只是历史地规定的生产关系的表现"，且"所谓的分配关系，是同生产过程的历史规定的特殊社会形式，以及人们在他们的人类生活的再生产过程中相互所处的关系相适应

---

[1]《习近平关于全面深化改革论述摘编》，中央文献出版社2014年版，第64页。
[2] 参见朱珉迕等《防微杜渐：针眼大的窟窿，斗大的风——夜访与习近平总书记交流对话的上海代表团部分代表》，《解放日报》2014年3月6日第2版。
[3]《习近平关于全面深化改革论述摘编》，中央文献出版社2014年版，第152页。
[4]《马克思恩格斯全集》（第46卷上），人民出版社1979年版，第33页。
[5]《马克思恩格斯文集》（第3卷），人民出版社2009年版，第436页。

的，并且是由这些形式和关系产生的。这些分配关系的历史性质就是生产关系的历史性质，分配关系不过表现生产关系的一个方面。"① 改革开放以来在比重日益增长的非公经济中，其资本要素超越劳动而在初次分配中起着主导作用，这才是导致收入差距过大现象的根源。在"市场的逻辑"的喧嚣声中，一轮又一轮的"国退民进"大行其道，肥了一些人，罢了更多"公"，这样公有制在多大意义上还能占主体地位？离开了公有制的主体地位，还有按劳分配吗？而失去了公有制和按劳分配的主体地位，贫富分化便"自然出现"。马克思把劳动比作太阳，认为"只要社会还没有围绕着劳动这个太阳旋转，它就绝不可能达到均衡"②。当下中国的不"均衡"现象，与资本较之劳动的过于强势因果相关。而张、吴二位先生却视而不见，这是什么道理？长此以往，邓小平的"我们就真是走了邪路了"这话，可能就要应验了……

关于公有制、按劳分配与共同富裕、两极分化这一问题，李慎明先生近期强调指出，所有制和分配关系是决定一个党和一个国家性质的根本原则。只重视解决经济增长和社会问题，而不注意逐步解决所有制和分配问题，不努力逐步实现共同富裕，经济增长和充分就业也是不能长久的，社会最终难以稳定。③ 可见，所有制以及由所有制所决定的分配关系问题，才是决定共同富裕还是两极分化的根本点。在这一问题上不断"发出我们的声音"，就是对那些把贫富分化归结到市场化和私有化的不彻底，归结到政府及其所谓"权贵资本主义"身上的蛊惑和忽悠的起底揭露。

3. 关于计划与市场，或政府与市场的关系

南方谈话中有关计划与市场的"两个不等于"很著名，极具马克思主义辩证逻辑色彩：

---

① 《马克思恩格斯文集》（第7卷），人民出版社2009年版，第998、999—1000页。
② 《马克思恩格斯全集》（第18卷），人民出版社1979年版，第627页。
③ 参见张顺洪《评李慎明新著〈对习近平总书记讲社会主义的体悟〉》，《政治学研究》2014年第5期。

包容性转变：转变经济发展方式的形上之思与形下之维

  1992年2月28日。计划多一点还是市场多一点，不是社会主义与资本主义的本质区别。计划经济不等于社会主义，资本主义也有计划；市场经济不等于资本主义，社会主义也有市场。计划和市场都是经济手段。

  而张书却充满某种"情感"地说："计划经济本质上就是强盗逻辑"，说以前"相信了计划经济，结果带来巨大灾难。如果继续寄希望于用计划经济的办法，用做大国有企业的办法来发展中国的经济，是绝对没有前途的"。而说到市场经济，则不吝赞美、不掩向往：如增订版序，"我相信，市场是人类应对无知和约束无耻，特别是减少由于多数人的无知和少数人的无耻相结合导致的灾难性错误的最有效的制度安排"；前言第一句："市场经济是人类最伟大的创造，是人类进步最好的游戏规则"；前言尾段："如果这本书能使读者更好地理解市场经济，坚定对中国市场化改革的信心，我将聊以自慰"；全书尾句："这一切的前提，是我们要建立一个民主、法制的市场经济。"张先生宣扬："只有走向市场的逻辑，中国才有光明的前景"；为什么中国的经济增长只在过去30年里出现？"我能提供的唯一答案，就是人类实行了一种新的经济制度，即市场经济"[1]。这种被学界批评为超逻辑地建构起来的市场逻辑，非理性地迷信着的市场理性[2]，较邓小平"两个不等于"的著名逻辑，孰是孰非？孰辩（辩证）孰形（形而上学）？

  但这种"市场的逻辑"亦并非最终旨归。笔者总在想，张先生是著名经济学家，不会是与政府有仇吧？如"现在世界上只有一个组织，可以合法地不需要使别人幸福，自己就可以幸福，这就是政府。政府是当今世界唯一合法的不需要别人幸福自己就可以幸福的

---

[1] 本段注释分别见张维迎：《市场的逻辑》（增订版），上海人民出版社2012年版，第22、28、2、3、8、387、28、37页。
[2] 盖凯程：《"市场的逻辑"的逻辑——与张维迎教授商榷》，《马克思主义研究》2011年第12期。

第七章 包容性转变：社会主义方向

组织"；并宣示他的"信念很简单，相信如果有问题，应该是出在政府这一方，而不是市场这一方"；认为"真正能够保护消费者利益的，是市场竞争，而不是政府""改革，就是减少政府的权力""资源配置要么按市场，要么按特权。如果不按市场，一定会按特权"；再加以耸听危言："如果我们失去了对市场的信念，制造越来越多的政府干预，中国的未来就面临着曲折和危险。"① 但当笔者看到"等他们都民营化之后，可以想象中国经济会焕发出怎样的潜力"的自负，以及心向往之的"完全非国有化的蓝图"之后，顿时明白了张先生的心思。

吴书认为，在"半统制、半市场"的混合体制下，政府和国有经济"牢牢掌握国民经济的一切'制高点'，主宰着非国有经济的命运"，导致"各种矛盾也逐渐积累""腐败活动日益猖獗""贫富差别悬殊""社会面临破裂溃散的危险"②。这种"奇迹得益于市场，矛盾归咎于政府"的做法，可谓煞费心力。吴书的"老辣"还体现在一些推论上：如"在计划经济条件下，全社会的财产都属于国家所有，在这种公共占有的情况下，无须也无法对产权属于何人作出界定""市场关系意味着不同主体之间的产权交换关系，要建立市场经济，就必须改革原有的产权关系，对产权作出明确的界定。"③ 这里，吴书先把计划经济牢牢地"拴"在公有制身上，认为计划经济因公有制而产生，从而否认计划经济具有要求社会财产的私有化性质，那么，你要是肯定计划经济，就是反对进行产权改革，就是反对市场经济，最后也就是反对改革。这种学界熟知的"历史—指责改革—主张市场化和私有化"的推论模式④再加上计划经济有"致命缺点"、新中国前30多年"中国人得到的却是无

---

① 本段注释见张维迎：《市场的逻辑》（增订版），上海人民出版社2012年版，第13、351、33、26、47、54页。
② 吴敬琏、马国川：《重启改革议程：中国经济改革二十讲》，生活·读书·新知三联书店2013年版，"前言"第1—2页。
③ 同上书，第284页。
④ 参见李济广《析吴敬琏彻底私有化的经济改革主张——评〈重启改革议程：中国经济改革二十讲〉》，《管理学刊》2014年第2期。

穷无尽的苦难"、改革开放前的体制是"毛泽东的'全面专政'体制"①等指认，足见吴先生的用意了。

"市场在资源配置中起决定性作用，并不是起全部作用"②；"搞市场经济，不是要搞'市场社会'"③。现实也反复昭示，市场必须被反复地驯化和调和，才能确保为多数人的利益服务④。可这样明确的道理，二位"经济学大师"先生为什么就难入耳际呢？张先生在全会召开之后一如既往地责怪政府经常为了一些目标采取一些不好的政策（如在2014博鳌亚洲论坛上）；而吴先生则一厢情愿地认为，《决定》的最大亮点是："针对过去十年改革方向大争论的核心问题，即'在资源配置中市场起决定性作用还是政府起决定性作用'作出了明确的回答：'市场起决定性作用！'这就是作为全面改革重点的经济改革要达到的目标。"并认为"'紧紧围绕使市场在资源配置中起决定性作用深化经济体制改革'和'建设统一开放、竞争有序的市场体系'这两句话，构成了《决定》中数百项具体改革项目的总纲"⑤，还强调说："要让人民授权的政府可为的正面清单变得越来越短"⑥。请教吴先生：这种自觉身处"学术庙堂"的"先入为主"和一厢之念，能否做到邓小平所说的"把人民和青年教育好"⑦呢？这不是还在继续着的"以解读十八大精神的名义，与十八大唱对台戏"⑧的"游戏"嘛！但这种"游戏"的影响力，已经造成了极其恶劣的影响。

---

① 吴敬琏、马国川：《重启改革议程：中国经济改革二十讲》，生活·读书·新知三联书店2013年版，第32页、"前言"第3页、第231页。
② 《习近平关于全面深化改革论述摘编》，中央文献出版社2014年版，第57页。
③ 叶小文：《让道德成为市场经济的正能量》，《经济导刊》2014年第9期。
④ [美] 约瑟夫·E.斯蒂格利茨：《不平等的代价》，张子源译，机械工业出版社2013年版，"序言"第9页。
⑤ 以上参见吴敬琏《我们站在了历史的入口》，《人民日报》2013年12月30日第5版。
⑥ 吴敬琏：《应选最重要关联性最强的"最小一揽子改革"》，参见中国新闻网：http://www.ch-inanews.com/gn/2014/03-22/5981940.shtml。
⑦ 《邓小平年谱（1975—1997）》（下），中央文献出版社2004年版，第1344页。
⑧ 胡若痴、卫兴华：《批判新自由主义就是否定和反对改革吗？——敬请高尚全会长划清与新自由主义的界限》，《马克思主义研究》2014年第8期。

计划与市场，或政府与市场的关系问题，也是深受新自由主义蛊惑和忽悠的重灾区。新自由主义既然主张私有化，则必然在市场化上大做文章。然而人类经济发展的历史却不是新自由主义的忽悠和蛊惑所能改变了的。计划与市场或政府与市场，是社会运行的两支重要力量，两者相互补充，缺一不可。经济学常识告诉我们，市场竞争必然导致优胜劣汰。美国经济学家威廉姆·J. 鲍莫尔和阿兰·S. 布莱德在其合著的《经济学：原理与政策》中指出，市场经济中没有什么能保证收入公平；相反，市场倾向于产生不公平，因为它高效率的基本源泉是赏罚。[①] 可见，市场必然导致"马太效应"，而政府的职责便是维护社会公平，扶贫济困。政府当然要为市场运作营造良好的法治、社会、观念等环境，但政府绝不可成为市场的婢女，更不能成为无所作为的角色。

4. 关于"中国特色""独立自主、自力更生"

"中国特色"是贯穿《年谱》的一条红线。在考虑摘引有关"中国特色"的条目时，笔者首先想到的是下面这段话：

> 1982年9月1日。把马克思主义的普遍真理同我国的具体实际结合起来，走自己的道路，建设有中国特色的社会主义，这就是我们总结长期历史经验得出的基本结论。

邓小平关于"独立自主、自力更生"的思想十分丰富，可谓语重心长：

> 1975年2月20—23日。路要靠自己走出来。自己走出来的路是最可靠的路。根据我们的经验，从建国开始，就要确立自力更生的思想和路线。
>
> 1980年4月29日。中国既然是个大国，完全依靠外国资

[①] [美] 威廉姆·J. 鲍莫尔、阿兰·S. 布莱德：《经济学：原理与政策》，辽宁教育出版社1999年版，第377页。

金来建设我们的国家是不可能的，必须立足于国内，立足于自力更生这个基本原则。

1982年2月18日。在谈到一些西方国家对中国引进技术卡得很紧时说：毛主席提出以自力更生为主，这始终是我们的根本原则。……我们引进外国先进技术和吸收外国资金的方针不会变，还要贯彻下去，只是不能太天真。

1982年4月3日。我们坚持对外开放，但终究要以自力更生为主。无论干什么，都要立足在这个基础上。过去的革命和建设靠自力更生，今后进行社会主义现代化建设，还是靠自力更生。

1982年9月1日。中国的事情要按照中国的情况来办，要依靠中国人自己的力量来办。独立自主，自力更生，无论过去、现在和将来，都是我们的立足点。

1993年出版的《邓小平文选》第3卷第3页又接着上面的论述补充道："中国人民珍惜同其他国家和人民的友谊和合作，更加珍惜自己经过长期奋斗而得来的独立自主权利。"[1]

1989年6月16日。整个帝国主义西方世界企图使社会主义各国都放弃社会主义道路，最终纳入国际垄断资本的统治，纳入资本主义的轨道。现在我们要顶住这股逆流，旗帜要鲜明。因为如果我们不坚持社会主义，最终发展起来也不过成为一个附庸国，而且就连想要发展起来也不容易。

张先生对"中国特色"却有着自己的看法，如"过分强调中国的独特性对中国的利益或者说中国人民的利益是不好的。这是我的基本判断"[2]。不过，却好似很谦虚地又补充了另一个"基本判

---

[1] 《邓小平文选》（第3卷），人民出版社1993年版，第3页。
[2] 张维迎：《市场的逻辑》（增订版），上海人民出版社2012年版，第131页。

断"："本文的一个局限是，我没有讨论市场社会主义的政治制度"，而接着又辩称："我深信，不论什么政治体制，我的总体论点都成立。"① 请教张先生：是否能完全撇开建立在公有主体型的基本经济制度之上的民主政治制度来讨论问题呢？在社会主义的国度里拿那种因水土不服而被学界批判多年的西方"经济人假设"来讨论国有企业的"国有制本性"，妄谈"边际企业的总价值（现金流与控制权收益之和）"和"声誉机制"②，是否诊错了病，下错了药？习总书记指出："全面深化改革是为了党和人民事业更好发展，而不是为了迎合某些人的掌声和喝彩，更不能拿西方的理论、观点套在自己身上，要坚持从我国国情出发，从经济社会发展实际要求出发。"并告诫："如果我们的人民不能坚持在我国大地上形成和发展起来的道德价值，而不加区分、盲目地成为西方道德价值的应声虫，那就真正要提出我们的国家和民族会不会失去自己的精神独立性的问题了。"③ 这里笔者又想到了学界对张先生的质疑："经济学人最怕无德。看着一个具有一定学术成就的经济学人，为了抹去过去一段悬疑的历史，用苍白无力的语言和自相矛盾的逻辑刻意掩饰时，我们更加深刻地理解人格的独立和正直，于中国的知识分子而言是何等的重要。"④ 难道上述撇开上层建筑和具体国情而仅拿西方古典经济学，尤其是张先生褒奖有加的奥地利学派来讨论问题，就是"敢面对大众舆论保持独立性"⑤ 的表现？就是"好的经济学家顽强地担当学术责任"⑥ 的反映？

吴书的"梦幻诗"着实让笔者怀疑自己的理解力。如"序言"

---

① 张维迎：《市场的逻辑》（增订版），上海人民出版社2012年版，第95—96页。
② 同上书，第84、87、88页。
③ 《习近平关于全面深化改革论述摘编》，中央文献出版社2014年版，第77—78、88页。
④ 吴波：《张维迎收了顾雏军的黑钱吗》，《IT时代周刊》2005年第17期。
⑤ 转引自杨小洁《跨过逻辑的桥——访著名经济学家张维迎教授》，《现代营销》2005年第8期。
⑥ 转引自周为民《思想的力量与市场的解放——读张维迎〈市场的逻辑〉》（下），《学习时报》2010年10月25日第4版。

包容性转变：转变经济发展方式的形上之思与形下之维

第1页："在改革停顿，甚至倒退的情况下，权力寻租和贫富分化变得日益严重。这些年来，有着深刻历史渊源的极'左'势力就利用这种形势，用民粹主义和民族主义的口号蒙骗大众，掀起强化国家权力和行政控制，从市场化、法治化、民主化倒退的风潮，造成了极为严重的后果。"认为最值得人们警惕的是，"如果任由民粹主义和民族主义发展，这个社会可能走向一个极端，中断现代化的进程，陷入新的混乱状态。"①吴书没有对两个"主义"作任何解释，但当看到作者煞费苦心地把自己与科奈尔并列为引领中国改革的思想先锋，用构建"新产权制度"、学习"世界先进国家"来表达自己宣扬的改革目标，用"现代经济学"来表达改革必须用现代资产阶级经济学来指导等文字时便明白了："民族主义的口号"不就是对学界在对外开放中要坚持独立自主原则主张的非难嘛；民粹主义，则是吴先生对学界批评其社会达尔文主义的"辩词"。

自力更生是党的基本路线的重要内容。邓小平认为"中国的经验第一条就是自力更生为主"，并强调"要在全党和全国各族人民中间，形成这样一种风气、一种作风、一种精神状态"。邓小平也曾批评过一些人"太天真"。难道放弃自己努力的权利，盲目地、不加选择地引进外资，把一切交给国际垄断资本，这样做就能"使自己发展起来"并"受到人家的尊重"？事实是：邓小平时代"一些西方国家对中国引进技术卡得很紧"，当下又有多少改观？对中国限制出口高科技产品，并没有因张先生们、吴先生们对外开放上的绥靖政策而改变多少啊。邓小平的小心"纳入国际垄断资本的统治，纳入资本主义的轨道"并"成为一个附庸国"②的告诫，两位先生却总是当作耳边风。

5. 关于立场问题

立场问题是科学研究和宣传群众的首要问题，因主体的世界观而

---

① 吴敬琏、马国川：《重启改革议程：中国经济改革二十讲》，生活·读书·新知三联书店2013年版，第295页。
② 《邓小平年谱（1975—1997）》（下），中央文献出版社2004年版，第822、811、800、830、1281页。

第七章　包容性转变：社会主义方向

决定着立场的不可规避性。无产阶级的立场是马克思主义阶级分析方法的内在要求，是马克思主义学者必须坚持的基本立场。提到立场，我们首先想到的是作为普通公民的邓小平那段享誉世界的话：

> 1981年2月14日。为英国培格曼出版公司编辑出版的《邓小平副主席文集》英文版作序。……我荣幸地以中华民族一员的资格，而成为世界的公民。我是中国人民的儿子，我深情地爱着我的祖国和人民。

邓小平一向是有着鲜明的阶级、民族和国家等政治立场的。从老人家反对资产阶级自由化的理论和实践中，足见其立场之鲜明、态度之坚定、方向之明确、心地之无私。

> 1981年12月12日。我们欢迎外国来中国投资、设厂，这里面有剥削，但这只是作为社会主义经济的一种补充。西方有人认为我们放弃了基本立场和信仰，这不确实。
> 1987年3月3日。所谓资产阶级自由化，就是要中国全盘西化，走资本主义道路。……在整个四个现代化的过程中都存在反对资产阶级自由化的问题。
> 1989年5月31日。强调反对资产阶级自由化，坚持四项基本原则，这不能动摇。这一点我任何时候都没有让过步。

那么作为有多年党龄的张、吴二位先生，其基本立场是什么呢？

先看张书对土地革命的看法："中国的土地革命将地主所有的土地无偿拿来分给其他农民，从人口比例上讲，受损者是少数，受益者是绝大多数，但土地面积不会增加，也很难说清楚社会总财富是否增加了。"[①] 显然，这是彻头彻尾的"革命无益论"和历史虚

---

① 张维迎：《市场的逻辑》（增订版），上海人民出版社2012年版，第143页。

无主义啊,怪不得张先生总是把国有资产流失看作"物归原主"、口口声声地要感谢"民营企业家"(其实是占总人口1%的私有业主或"资本家")呢。

张先生极力推崇普世价值,认为"普世价值第一是必须的,第二是可能的……如果不承认这一点,就只能走向强盗的逻辑""不承认普世价值,等于说开车不需要统一的交通规则""如果不承认普世价值,等于中国文化永远不能走向世界,中国永远不能崛起"。基于以上认识他指出:"工人阶级与资本家阶级之间的利益冲突,比想象的少,好多利益冲突是发生在工人内部,而不是工人阶级与资本家阶级之间。……中国工人阶级和美国工人阶级的冲突大于中国工人阶级和美国资本家之间的冲突。"① 如此满嘴跑火车,笔者感觉其"国际主义"精神确实了得:把祖国的工人阶级与美国的工人阶级分立且对立起来,这种"国际主义精神"作何理解?作者既不是站在中国人民利益的立场上也不是站在世界人民的立场上剖析和批判资本主义制度给世界各国人民带来的艰辛困苦,而是站在垄断资本的立场上考虑问题,这哪里还有一点儿人民的立场呢?

张书对劳动合同法和反垄断法"很担心",理由是政府在干预市场竞争:"如果把低素质劳动力的工资提得太高,中国企业就失去了成本优势";因为"如果我们把创业的人吓住了,没有人愿意做企业了""我建议果断停止新的劳动合同法中限制合同自由的条款,让劳动合约更自由。"② 请教张先生:在弱势劳动与强势资本的对弈中,在劳动人民当家做主的社会主义国家里生活,在"天悬之隔"的贫富分化面前,您的两只脚就是这样选边站队的吗?这般"鲜明"的立场,倒让我们立马想起了前些年一句十分"有名"的话:"你是准备替党说话,还是准备替百姓说话"?张先生硬是"超越"了这句,来了个貌似"都不替",而实质上只替中外私人资本和垄断资本说话。张书还十分遗憾地说:"主张私有化的学者

---

① 张维迎:《市场的逻辑》(增订版),上海人民出版社2012年版,第132、130、131、131页。
② 同上书,第150、318、333页。

第七章　包容性转变：社会主义方向

常常被谴责为'资产阶级自由派'"①。看来我们要理解张先生：他的"我算什么主流经济学家，政府都不待见"②的心结和埋怨，不是没有缘由的。但是立马，我们又很难理解了：是邓小平首先把私有化主张看作"资产阶级自由化"的，邓小平反对自由化是'最坚持'的，是"任何时候都没有让过步"的，而张先生又是对邓小平尊崇有加的呀。

吴书与张书互相呼应，认为某些枭雄式的人物"用'打土豪、分田地'一类极端'革命'的口号，误导深受权贵压榨因而热切希望获得公平正义的大众，把他们引向逆历史潮流而动的歧途，使建设现代中国的进程遭到中断。"③这里为什么不直说毛泽东、土地革命、"三大改造"呢？吴先生的"鲜明"立场，集中体现在前文"民粹主义""民族主义"的指责中。照此思路，请教吴先生：您对总书记在十八届中央政治局常委同中外记者见面时讲的注重人民生活的"十个更"，该作甚"主义"解释呢？该不会是去掉"社会主义"而只讲欧美的"市场经济"的意见被"坚决拒绝"④ 20多年后您还在耿耿于怀吧？

在立场问题上，老一辈马克思主义经济学家刘国光先生道出了个中奥秘。他说：现在"由于多元化思潮的侵蚀与泛滥，研究经济学要有正确的立场、观点和方法的说法，不太时兴了。但我总认为，马克思主义的立场，劳动人民的立场，大多数人民利益的立场，关注社会弱势群体的立场，是正直的经济学人应有的良心，是不能丢弃的。马克思主义经济学最基本的观点和方法是要坚持的。"⑤而张书却渲染"站在什么立场说话，不是经济学家考虑问题的方式"，并漠视中国各行各界的"最美"现象而宣扬

---

① 张维迎：《市场的逻辑》（增订版），上海人民出版社2012年版，第92页。
② 转引自张璐晶《张维迎的底线》，《中国经济周刊》2010年第49期。
③ 吴敬琏、马国川：《重启改革议程：中国经济改革二十讲》，生活·读书·新知三联书店2013年版，"前言"第5页。
④ 参见梁柱《评〈重启改革议程〉三个前提设定的荒谬性——关于我们同吴敬琏的分歧》，《中华魂》2013年第13期。
⑤ 参见刘国光《"世界马克思经济学奖"答词》，《海派经济学》2011年第3期。

"任何地方，凡是说为人民服务的人，很难看到为人民服务的事"①，这恐怕不是仅"罔顾事实"和"颠倒黑白"就能说出的话吧？另有被学界和大众批评的"蛊惑之言"（如"按照奥地利学派的观点，越是危机就越要自由化"②、中国的"党政高层也不能不对'国有经济是公有制的高级形式和社会主义必须追求的目标'的说教持怀疑态度了"③）；那骂街式的咒语（如国有企业是"强盗行为"，美国金融危机中中国"助纣为虐"，强调中国价值的独特性是"无知""无耻"④）等，无不是二位先生"鲜明"立场的反映。其"市场的逻辑"背后所代表的垄断资本主义主流意识形态的"市场"和"重启改革议程"背后别有心机地异化和歪曲改革的"重启"，让人们清晰地看到了二位先生作为著名学者所秉持的阶级立场。

（三）尾论

本文以摘引比较方式行文，并非认为邓小平的话是一成不变的，只能机械遵从。如有人把一切矛盾归咎于"发展才是硬道理"，这是典型的形而上学思维。党的十八大报告指出：在当代中国，坚持发展是硬道理的本质要求就是坚持科学发展。邓小平本人也始终是与时俱进地看待事物的，如"对四项基本原则，要根据新的丰富的事实作出新的有说服力的论证，这既是重大的政治任务，又是重大的理论任务。"⑤ 由之，对"坚持公有制和按劳分配为主体、其他经济成分和分配方式为补充"的理解，也应是与时俱进的，即《决定》所指出的：公有制经济和非公有制经济都是社会主义市场经济的重要组成部分，都是我国经济社会发展的重要基础。

---

① 张维迎：《市场的逻辑》（增订版），上海人民出版社2012年版，第53、129页。
② 同上书，第355页。
③ 吴敬琏、马国川：《重启改革议程：中国经济改革二十讲》，生活·读书·新知三联书店2013年版，第154页。
④ 张维迎：《市场的逻辑》（增订版），上海人民出版社2012年版，第15、355、130页。
⑤ 《邓小平年谱（1975—1997）》（上），中央文献出版社2004年版，第503页。

再如把社会主义市场经济这一经济体制改革目标，提升为全面深化改革的总目标，即完善和发展中国特色社会主义制度，推进国家治理体系和治理能力现代化，便如习总书记"8·19"讲话所引用的："明者因时而变，知者随事而制"，但无论如何也不能"提"到张、吴二位先生所说的"完全非国有化"的境地，即绝不能把上述两个"都是"当作否定公有制主体地位的理由，或以所谓的重视"国家治理体系和治理能力现代化"来遮蔽"完善和发展中国特色社会主义制度"这一全面深化改革的方向，或以"市场在资源配置中起决定性作用"销蚀"更好发挥政府作用"。否则，何谈政治定力和战略定力？

（四）小结

习近平总书记指出："面对改革发展稳定复杂局面和社会思想意识多元多样、媒体格局深刻变化，在集中精力进行经济建设的同时，一刻也不能放松和削弱意识形态工作，必须把意识形态工作的领导权、管理权、话语权牢牢掌握在手中，任何时候都不能旁落，否则就要犯无可挽回的历史性错误。"[1] 殷鉴历历在目！"故意曲解和诋毁的言论"甚嚣尘上，这只能是姑息甚至是纵容的结果，学界亦有"对公有制经济支撑改革开放的重大作用，宣传得太少了"[2] "我们的意识形态底线（不公开反对社会主义）的过低门槛"[3] 等批评和呼吁，笔者深以为是。正面宣传缺位，门槛设置又过低，何谈风清气正？由于某些单位的党政领导权和学科领导权不掌握在真正的马克思主义者手中，因而"错解"和误导社会各界的局面总是难以纠正。鉴此，在全面深化改革的今天，我们再也不能一边说着要高举邓小平最先举起的中国特色社会主义旗帜的话，一边却把老

---

[1] 《习近平关于全面深化改革论述摘编》，中央文献出版社2014年版，第86页。
[2] 《维护科学发展和共同富裕的经济基础——访南京财经大学经济学院教授何干强》，《马克思主义研究》2013年第3期。
[3] 盖凯程：《"市场的逻辑"的逻辑——与张维迎教授商榷》，《马克思主义研究》2011年第12期。

人家那些"任何时候都没有让过步"的"政治交代"给淡忘了！必须旗帜鲜明地对"目前我国改革开放和经济社会发展中存在的一些具有较强针对性、现实性、尖锐性和政治性而必须引起高度重视和警觉的问题"①，旗帜鲜明地"发出我们的声音，以正视听"②。

应该确认，马列主义及其中国化理论与资产阶级自由化、新自由主义的思想交锋，客观上属于意识形态领域里阶级斗争的集中表现。而"不考虑客观存在的阶级斗争，我们就会吃大亏。""在今后一些年内，我们更应该高度重视国际方面的阶级斗争，高度警惕国内外敌对势力相互勾结，对我西化、分化的图谋。"③

还应该确认："学者今天的所言所著，如同领导干部的所作所为，必将接受历史和人民的评说。"④

六　结语

牢固坚持社会主义方向的"转变"，这句话表达出了包容性转变的根本价值取向和首要价值导引，是经济发展方式包容性转变的体制机制所赖以其上的社会根本制度因素，须臾不可疏离和偏废，不能任由异化。

在统稿过程中，笔者又看到中国哲学界第一期刊《哲学研究》2013年第4期上，有这样一段话：

"我国的两极分化的主因并不在于市场经济，不在于'市场失灵'，而在于市场体系的不完善，在于各种权利对市场的强势介入并通过扭曲市场秩序和规则，攫取了垄断性灰色收益或腐败性超级收益，在于各种垄断设租增加的巨额交易成本租金化，在于权力以

---

① 张作云：《我国改革发展两种不同思路评析》，《管理学刊》2014年第1期。
② 《习近平关于全面深化改革论述摘编》，中央文献出版社2014年版，第150—151页。
③ 李慎明：《对习近平总书记所讲社会主义的体悟：科学社会主义理论与实践、机遇与挑战》（修订版），中国社会科学出版社2014年版，第165—166页。
④ 李慎明：《对习近平总书记所讲社会主义的体悟：科学社会主义理论与实践、机遇与挑战》（修订版），中国社会科学出版社2014年版，题记。

不当干预为表现形式的'政府失灵'。"①

由此可以想见，对贫富分化或两极分化的种种归因，以及在这一归因理解上的乱象，是多么严峻！我们并不否认政府的失灵，但把两极分化的主因最后归因于政府的失灵，尤其这般述说方式，我们认为只能混淆视听。

笔者不禁要问：在被新自由主义忽悠和蛊惑多年之后，所有制决定收入分配这根弦，还能弹响吗？

以下摘引《年谱》和习总书记的话作为本章的结幕，亦恳以"寻求最大公约数"：

> 1986年12月30日。要旗帜鲜明地坚持四项基本原则，否则就是放任了资产阶级自由化，问题就出在这里。
>
> "特别是要防止一些人恶意曲解全会精神，歪嘴和尚念经，蛊惑人心，搬弄是非。要加大正面宣传力度，廓清迷雾，以正视听，避免那些不准确、不全面甚至蓄意曲解的所谓'解读'先入为主，影响全会精神全面贯彻。"②

---

① 郭忠义、郭彦辰：《论社会主义市场经济的"人本"规定》，《哲学研究》2013年第4期。
② 《习近平关于全面深化改革论述摘编》，中央文献出版社2014年版，第144—145页。

第八章　包容性转变：体制和机制

一　内容提要

经济发展方式的包容性转变，需要在相应的体制机制系统的保障下才能实现。这一系统是由经济、政治、思想文化和社会等方面的包容性体制机制构成的有机整体。经济基础方面，经济发展方式包容性转变的体制机制主要包括以"公有主体型多种类产权制度"为代表的社会主义基本经济制度、资源配置的市场机制以及国家调节资源配置的体制机制等方面；政治上层建筑方面，经济发展方式包容性转变的体制机制主要是人民代表大会为主体的根本政治制度、基本政治制度和社会主义市场经济法律体系等；思想文化上层建筑方面，经济发展方式包容性转变的体制机制主要是社会主义核心价值观等；社会层面的包容性体制机制，包括社会管理体制、基本公共服务体系、现代社会组织体制和社会管理机制等方面。

二　经济方面的包容性体制机制

在经济基础方面，我国经济发展方式包容性转变的体制机制主要包括社会主义基本经济制度和资源配置的市场机制等方面。

（一）基本经济制度

我国社会主义基本经济制度的核心是公有制为主体、多种所有制经济共同发展。这一制度核心是实现经济发展方式包容性转变的制度基石。

1. 公有制为主体

在我国现阶段的经济中，广义的公有制经济既包括全民所有制和集体所有制的独资形式，又包括以公有资本控股的不同所有制之间的相互持股形式和交叉持股形式。

公有制经济与包容性转变之间存在既对立又统一的矛盾关系。

公有制经济是实现包容性转变的根本保证，两者在本质上是统一的。这种统一性主要体现在，公有制经济通过按劳分配来实现经济发展的包容性。公有制经济排除了任何人凭借对生产资料的占有不劳而获地获取社会产品的可能，从而为实现按劳分配奠定了基础和前提。根据按劳分配原则，公有制生产单位对劳动者创造的总产品进行各项必要的扣除后，将剩余的部分作为个人消费部分按劳动者在生产中提供的劳动数量和质量进行分配，从而在公有制生产单位内部实现劳动者之间的劳动平等与报酬平等。而劳动平等与报酬平等是包容性在社会整体领域的根本体现。

公有制经济与经济发展方式的包容性转变在具体实践过程中又存在着对立的一面。首先，公有制经济与包容性转变的对立性体现在公有制经济的整体利益与劳动者报酬之间的不完全一致性。在国有独资的公有制经济（即全民所有制经济）的分配中，总收益可分为国家财产收益、积累、劳动者报酬（即消费）三个组成部分；在独资的集体经济的分配中，总收益可分为积累与消费（包括劳动者报酬和劳动者股份收益）两个组成部分；在以公有资本控股的不同所有制之间的相互持股形式和交叉持股形式中，总产品在分配上可分为股份收益（包括公有股份收益和私有股份收益）、积累、劳动者报酬（即消费）三个组成部分。在国有独资的公有制经济（即全民所有制经济）以及公有资本控股的不同所有制之间的相互持股形式和交叉持股形式中，如果国家财产收益（或各种股份收益）和积累的比重过高，而劳动报酬的比重过低，就会降低包容性转变的成效。同样，在独资的集体经济中，如果积累的比重过高，而消费

（包括劳动者报酬和劳动者股份利润）过低，也会降低包容性转变的成效。

其次，公有制经济与包容性转变的对立性体现在劳动者报酬在个体之间的不合理差异性。在公有制经济中，根据按劳分配原则，由于劳动者在生产中提供的劳动数量与质量差异，劳动者个体的报酬差异具有客观必然性与合理性。但是，如果公有制经济的具体分配机制不完善，就可能会出现部分劳动者报酬过高的不合理现象。例如，2002年国资委监管的中央企业全部高管平均薪酬与央企职工平均工资的倍数为9.85倍，到2010年扩大到13.39倍，之后在政府管控下趋于平缓，目前在12倍左右[1]。这种劳动者个体报酬的不合理差异，会降低经济发展方式的包容性转变成效。

公有制经济与包容性转变的矛盾关系需要通过国家改革与完善公有制经济自身的收入分配制度来解决。一方面，公有制生产单位要通过确定利润、积累与劳动者报酬之间的适当比例来确保劳动报酬在初次分配中的合理比重，促进劳动报酬增长与劳动生产率提高同步，从而使公有制经济具有尽可能大的包容性。另一方面，公有制生产单位要通过具体收入分配机制的完善来降低劳动者之间报酬差距的不合理性，促进初次分配领域的相对平等（即共同富裕）[2]，从而增强公有制经济的包容性。

因此，公有制经济的主体地位能够确保包容性在初次分配环节的主体地位，是我国包容性转变的根本制度保障。

2. 多种所有制经济共同发展

多种所有制经济共同发展是我国基本经济制度的一项重要内容。这是由我国社会主义初级阶段的生产力状况决定的。

多种所有制经济共同发展与包容性转变之间存在既对立又统一的矛盾关系。

多种所有制经济共同发展与包容性转变之间的统一性，主要体

---

[1] 白天亮：《央企高管，薪酬怎么管》，《人民日报》2014年9月29日第19版。
[2] 参见本报记者彭波、魏薇、臧春蕾《发展成果 全民共享——访谈程恩富、马俊峰、朱安东》，《人民日报》2014年9月15日第6版。

现在各种所有制的生产单位在市场竞争中的平等性上。在社会主义市场经济中,市场在资金回收周期较短、风险较小、利润率较高的经济领域对资源配置有效地发挥着决定性作用。在这些领域,公有制生产单位与其他所有制的生产单位展开公平的商业竞争。多种所有制经济共同发展的这种包容性与经济发展方式的包容性转变是一致的。

多种所有制经济共同发展与包容性转变之间的对立性,主要体现在收入分配的贫富分化倾向上。在自我雇佣的个体经济中,尽管由于劳动者在生产中提供的劳动数量与质量存在一定的差别,但劳动者之间一般不会出现严重的贫富两极分化。可是,在存在资本雇佣关系的中资或外资私有经济中,由于资本所有者生产的根本目标是追求尽可能多的剩余价值,私有剩余价值规律在初次分配中占支配地位。这一规律通过资本积累过程不断强化资本所有者与劳动者之间贫富分化的趋势。这种趋势必然会大大降低包容性转变的成效。

多种所有制经济共同发展与包容性转变的矛盾关系需要政府对收入分配的调节来解决。在初次分配环节,政府通过最低工资标准、劳动保护制度和劳动合同制度等相关法律法规的制定和执行对收入分配进行调节。在再分配环节,政府对私有剩余价值规律造成的贫富过度分化趋势进行矫正和调节。一方面,政府通过不断完善基础设施、基本公共服务、社会保障、资源要素和户籍等方面的制度来构建社会公平保障体系;另一方面,政府通过税收制度调节高收入群体的过高收入,通过转移支付手段提高低收入群体的收入,并通过法律手段取缔非法收入。[1]

可见,公有制为主体、多种所有制经济共同发展的基本经济制度是我国经济发展方式包容性转变的根本制度保障。在我国经济发展方式转变中逐渐形成的现代服务业和战略性新兴产业中,在循环

---

[1] 程恩富、高建昆:《论市场在资源配置中的决定性作用——兼论中国特色社会主义的双重调节论》,《中国特色社会主义研究》2014年第1期。

经济的发展中,以及在城乡区域发展的协调互动中,都要坚持公有制为主体、多种所有制经济共同发展。

　　这里为避免重复,本章仅选择了基本经济制度中的第一个方面,即"公有制为主体、多种所有制经济共同发展"的公有主体型多种类产权制度,其他三个方面如劳动主体型多要素分配制度、国家主导型多结构市场制度和自立主导型多方位开放制度作为"四主型经济制度"的重要组成部分,在为加快转变经济发展方式的实践中同样提供着强力支撑与价值导引,成为在市场经济体制基本框架下实现包容性转变的重要体制机制因素。由于在前文已有所阐述,这里做省略处理。

(二) 市场调节资源配置的体制机制

　　市场调节资源配置的体制机制是实现我国经济发展方式包容性转变的基础机制。在这一机制中,市场在用于生产和消费的各种资源的配置中发挥决定性作用。

　　市场调节资源配置的体制机制与包容性转变之间存在既对立又统一的矛盾关系。

　　市场调节资源配置的体制机制与包容性转变的统一性主要体现在市场行为主体的平等地位上。市场对资源配置的决定性作用主要集中在一般资源短期的微观配置领域。在这些领域,市场通过价值规律的自发作用实现对用于生产和消费的各种资源的配置。在市场上,包括商品的供给者与需求者在内的市场行为主体之间是平等的竞争关系。他们的市场行为以商品的价值量为基础,按等价交换原则,通过竞争、价格和供求等市场机制相互作用,从而实现资源在市场主体之间的配置。市场对资源配置的这种决定性作用,与包容性转变的要求是一致的。

　　市场调节资源配置的体制机制与包容性转变之间的对立性,主要体现在市场竞争结果的利益分化上。首先,市场的局部利益驱动功能通过竞争机制对商品生产者利益的调节,具有偏离社会整体包容性的功能弱点。一方面,市场的这种调节导致商品生产者之间的两极分化：持续处于竞争优势的商品生产者由于获利多而得以不断扩大生产规模；而持续处于竞争劣势的商品生产者则由于获利少、无利可图或亏损而生产萎缩，甚至退出生产；另一方面，市场的这种调节使商品生产者只以自身的局部利益最大化为目标，忽视环境保护、文化保护、公共健康等社会整体利益，更不愿投资于教育、卫生、基础研究等非营利性或低营利性的部门，从而导致负外部效应。其次，市场的技术创新功能通过竞争机制对商品生产者改进技术和管理的刺激与促进，同时具有阻碍技术进步的功能弱点。已经在技术上获取垄断地位的商品生产者，为了保持自己的技术优势，就会阻碍技术在社会上的合理传播和使用。市场的这些功能弱点会削弱经济发展方式的包容性转变成效。

市场调节资源配置的体制机制与包容性转变的矛盾关系需要"市场决定性作用"与政府的规划配置作用的有机结合与良性互补来解决。在社会主义市场经济体制中，市场与政府在资源配置上构成了功能上良性互补、效应上协同、机制上悖反的有机整体：市场通过价值规律来自发调节配置资源而实现商品生产者之间的短期利益和局部利益；而政府通过专业职能机构来主动规划配置资源以实现整个社会的长远利益和整体利益。

因此，我国经济发展方式的包容性转变，需要坚持和完善市场调节资源配置的体制机制。在经济发展方式转变过程中，我国既要在微观领域通过政府的简政放权、充分发挥市场在资源配置中的决定性作用来激发各类市场主体的活力、增强创新驱动的动力、构建现代产业体系以及培育开放型经济发展新优势，又要充分发挥政府在科技进步、劳动者素质提高、管理创新、节约资源和循环经济以及城乡区域发展等宏观领域对资源的长远性、整体性规划配置作用。

（三）国家调节资源配置的体制机制

国家调节资源配置的体制机制是我国经济发展方式包容性转变的体制机制的重要组成部分，这里主要阐述宏观调控体系、微观规制体系两个方面。

国家调节资源配置与经济发展方式的包容性转变之间存在既对立又统一的矛盾关系。

国家调节资源配置是实现经济发展方式包容性转变的重要保障,两者在本质上是统一的。经济发展方式的包容性转变,需要在中国特色社会主义基本经济制度的基础上通过资源配置中市场的决定性作用与政府的规划配置作用有机结合才能够实现。

首先,以国家发展战略和规划为导向、以财政政策和货币政策为主要手段的宏观调控体系,从宏观层次对市场配置资源中弱化包容性的倾向进行矫正。一方面,国家通过发展战略和规划对资源的长期性、整体性配置进行引导,促进城乡发展一体化、区域发展的良性互动,从而不断增强经济的长期发展后劲。例如,城乡发展一体化的长远规划,京津冀一体化、"丝绸之路经济带"和"21世纪海上丝绸之路"等区域发展规划,都是国家为实现经济发展方式的包容性转变而进行的长期性、全局性决策和规划。另一方面,国家根据经济运行的总体状况及变化,综合运用财政政策和货币政策等经济手段以及必要的行政手段和法律手段,对生产、分配、交换、消费等再生产环节的活动进行事先或事后的调节,以实现就业充分、物价稳定、结构合理和国际收支平衡等宏观经济目标,丰富着经济发展方式转变的包容性意蕴。

其次,国家的微观规制体系从微观层面为经济发展方式的包容性转变提供制度保障。这主要表现在,国家综合运用经济、法律、行政等手段对微观经济主体的经济行为进行监督和管理,以反对获取垄断利润、维护公平竞争的正常市场秩序、激发各类市场主体的活力、推动科技创新、鼓励发展自主知识产权,促进社会和谐以及保持生态良好,从而促进经济发展方式的包容性转变。

国家调节资源配置与包容性转变在具体实践过程中又存在着对立的一面。这种对立性主要体现在,国家调节资源配置可能会出现调节的偏好主观、调节的转换迟钝、调节的政策内耗、调节的动力匮乏等功能弱点。其中,调节的偏好主观,即调节行为悖离经济发展的客观规律;调节的转换迟钝,即调节机构由于可能出现的可靠信息缺乏、决策程序复杂、决策时间较长、决策成本过大等因素而不能根据新情况及时调整调节方向和调节力度;调节的政策内耗,即调节的政策体系内部各政策之间没有相互配合而导致各项政策的功能相互抵消;调节的动力匮乏,即执行调节职能的国家工作人员可能从个人、本地区、本部门或本阶层的狭隘利益考虑,不愿意针对经济形势的变化实施自觉有效的调节。[1]

国家调节资源配置与包容性转变的矛盾关系需要通过调节决策体系的科学化来解决。第一,国家调节与市场调节要在功能上实现良性互补。市场调节自发地配置资源而实现短期利益和局部利益,而国家调节则是主动地规划和配置资源以实现长远利益和整体利益。第二,国家调节要以对经济发展状况的及时、准确、充分的调研为基础,遵循经济发展的客观规律。第三,国家调节的职能结构内部要建立及时、有效的决策协调机制,避免各种政策之间的功能冲突。第四,国家调节过程要接受专门机构的监督与管理。在作出调节决策之前,国家专门机构要组织相关利益主体的决策前听证;在调节决策执行过程中,国家专门机构要对决策的执行状况进行监督;在调节决策执行结束后,国家专门机构要进行调节绩效评估。

三 政治方面的包容性体制机制

历史唯物主义关于经济基础与上层建筑辩证关系的原理说明,国家的政治制度及其运行方式内在地构成了包容性转变的体制和机制因素。

(一)政治制度

中国特色社会主义政治制度与经济发展方式的包容性转变之间

---

[1] 程恩富:《构建以市场调节为基础、以国家调节为主导的新型调节机制》,《财经研究》1990年第12期。

存在既对立又统一的矛盾关系。

政治制度包括根本政治制度和基本政治制度两个方面。在根本政治制度上,我国是人民民主专政的社会主义国家,全国人民代表大会是国家的权力机关,国家的行政、审判和检察机关等均由人民代表大会产生并受它的监督;在国家的结构形式上,我国属于单一制的中央集权国家性质,中央与地方的关系是领导与被领导的关系。基本政治制度方面,我国实行中国共产党领导下的多党合作和政治协商制度,共产党在国家政治生活中居于领导和核心地位,民主党派负有参政议政的职能;民族区域自治制度以及基层群众自治制度在保护民族地区群众权利和基层群众民主权利等方面,是具有中国特色和显著优越性的基本政治制度。

可见,我国"议政合一"的权力组织形式,中央与地方较为紧密的关系,能够使政府在直接推动经济社会发展的能力方面,较之西方一些所谓的"三权分立"的权力组织形式和地方各自为政的现象,具有明显的调控优势,在决策的价值取向上能够最大限度地代表最广大人民群众的利益,决策的执行力较强,因而具有较大的包容性。政治制度和体制上的这种包容性,对于经济发展方式的包容性转变将起到显著推动作用,如促进我国政府集中动员社会资源、发挥政府在推动经济增长中的强力作用,正是这一优势的体现。据学界研究表明,发展中国家在迈向工业化的道路上,在经济起飞阶段,决策的高层组织相对简单,而强有力的政府和执行力便成为推动经济改革和发展的关键因素,而政府权威的丧失和管理职能的弱化将对于改革的成效起着折扣和阻滞作用。因此,上述基本政治制度及其赖以其上的体制和运行机制,"为当代中国一切发展进步奠定了根本政治前提和制度基础"[①]。

当然,实践中也出现了政治制度(主要是其运行机制上)与包容性转变相矛盾的方面。一些地方政府好似被打了鸡血似的 GDP 亢奋症,城镇化过程中的农民"被上楼"现象,农村集体经济的衰

[①] 《胡锦涛文选》(第3卷),人民出版社2016年版,第620页。

弱等，很大程度上与我们的政治制度运行机制上的弊端密切相关，其间反映出的，就是与包容性转变正相矛盾的方面。相信随着群众路线教育实践活动的开展、反"四风"的常态化以及自觉适应新常态思维的深入人心，这种矛盾的方面通过坚持不懈的全面深化改革，会逐步减少。

（二）社会主义市场经济法律体系

社会主义市场经济法律体系，是中国特色社会主义制度的重要组成部分，它理应成为我国经济发展方式包容性转变的基本制度保障。

社会主义市场经济法律体系与经济发展方式的包容性转变之间存在既对立又统一的矛盾关系。

社会主义市场经济法律体系是包容性转变的制度化体现，两者在本质上是统一的。作为政治上层建筑的社会主义市场经济法律体系，服务于社会主义市场经济的经济基础，从而为实现包容性转变提供制度性保障。首先，中国特色社会主义产权保护制度从法律上确认和保障了公有制为主体、多种所有制共同发展的基本经济制度。以公平为核心原则的产权保护制度对各种所有制经济组织和自然人的财产权实施保护，从而确保公有制经济与非公经济的财产权都不受侵犯。其次，中国特色社会主义的市场法律制度保障了在资源配置中市场决定性作用与政府规划配置作用的有机结合。市场法律制度通过从法律上对契约的维护、市场的统一性导向以及交换平等性与竞争公平性的保障，来促进商品和要素通过市场实现自由流动、公平交易和平等使用。[①]

社会主义市场经济法律体系与包容性转变的对立性，主要体现为法律与经济发展方式转变实践的不完全同步性。尽管社会主义市场经济法律体系与社会主义市场经济的经济基础在性质上是统一

---

① 《中共中央关于全面推进依法治国若干重大问题的决定》，《人民日报》2014年10月29日第1版。

的，但是法律体系的不完善部分、没有反映经济基础要求的部分都会与经济基础发生一定程度的对立性，从而影响包容性转变的成效。一方面，现有的法律体系中仍存在一些有碍公平的法律法规条款。另一方面，政府为矫正市场作用的失灵与不足而进行战略规划、宏观调控与微观规制的法律体系依据仍然不够健全。这就会削弱社会主义市场经济法律体系保障经济发展方式包容性转变的能力。

社会主义市场经济法律体系与经济发展方式包容性转变之间的矛盾关系需要通过法律体系的完善来解决。一方面，国家要清理有违公平、与经济发展方式包容性转变不相适应的法律法规条款。另一方面，国家要不断健全和完善与政府战略规划、宏观调控与微观规制相配套的法律体系。

还应强调指出的是，有法不依、执法不严、违法不究等现象，严重地制约和阻滞着包容性转变的进程，这也是多年来各种法律法规执行上的"顽症"。相信在全面依法治国的进程中，这一"顽症"能够得到较大程度的治理，以充分发挥社会主义法律体系在促进包容性转变方面的积极作用。

四 思想文化方面的包容性体制机制

中国以马克思主义为指导的社会主义核心价值观、集体主义道德原则等，是思想文化建设的指导原则，同时理应成为我国转变经济发展方式在思想文化方面的包容性体制和机制因素。本章主要阐述以党的十八大提出的"三个倡导"即社会主义核心价值观为主要内容的包容性体制和机制。它主要包括：富强、民主、文明、和谐，自由、平等、公正、法治，爱国、敬业、诚信、友善。社会主义核心价值观从"国家""社会""公民"三个层面[①]为我国经济发展方式转变提供着积极的包容性价值导向。

---

① 参见《十八大以来重要文献选编》（中），中央文献出版社2016年版，第3页。

富强、民主、文明、和谐，从国家层面为我国经济发展方式转变提供了包容性价值导向。这一层面的核心价值观强调人民整体利益和根本利益的一致性，指明了发轫于社会主义经济制度的建立、以人民整体利益为最终归宿的中国发展道路。它对我国转变经济发展方式的价值要求主要体现在四个方面：一是必须坚持公有制为主体、多种所有制经济共同发展的基本经济制度。这一制度是社会主义富强观的前提，从经济基础上体现了社会主义的本质，即解放生产力，发展生产力，消灭剥削，消除两极分化，最终达到共同富裕；二是依据大多数人的利益不断完善各项具体经济制度安排，从而体现国家经济层面上的充分民主；三是通过确立健康、协调、可持续的发展模式推动文明进步。这种发展模式以经济制度公正、经济运行有序、经济管理科学、生态环境良好、资源利用高效和财富分配合理为主要特征；四是通过有效的经济制度安排来协调好各类经济主体的利益关系。这种经济制度安排的核心是：在代表人民根本利益和整体利益的中国共产党领导下，资源配置中"市场决定性作用"与政府的规划配置作用有机结合，不断寻求各方利益的最大公约数。

自由、平等、公正、法治，从社会层面为我国经济发展方式转变提供了包容性价值导向。这一层面的核心价值观是经济发展方式包容性的集中反映。它对我国经济发展方式转变的价值要求主要体现在四个方面：一是保障各类法人和自然人在经济活动中的自由选择权和自主决策权；二是在经济制度平等和经济权利平等的基础上保障经济活动的机会平等和结果平等；三是通过产权制度的正当性、分配制度的合理性和调节制度的有效性来体现经济活动的公正；四是在法治框架下，以法治思维推进经济发展方式的包容性转变。

爱国、敬业、诚信、友善，从公民层面为我国经济发展方式转变提供了包容性价值导向。这一层面的核心价值观科学界定了社会成员进行经济活动的行为规范，对我国经济发展方式转变的价值要求主要体现在四个方面：一是在对外经济活动中要坚决维护国家的整体利益，而不能片面追求个人、本单位、本地区和本部门的狭隘利益；二是在每一个岗位都积极倡导敬业精神；三是在经济活动中积极营造诚实守信的道德氛围；四是在经济活动中积极倡导友善文化。①

社会主义核心价值观为我国经济发展方式转变提供积极的包容性价值导向，必须以有效提升广大人民群众对社会主义核心价值观的认同为基础和前提，否则这种包容性价值导向就失去了依托。而要有效提升广大人民群众对社会主义核心价值观的认同，就需要在中国特色社会主义建设"五位一体"总体布局中努力实现人民的权利和利益需要，让人民群众实实在在地享受到发展的成果，感受到其经济、政治、文化等方面的需要的满足；就需要在协调推进"四个全面"战略布局中不断消除啃噬人民群众获得感的体制和机制因素，以夯实核心价值观认同的现实根基。一如马克思、恩格斯所强调的，思想只有反映社会现实的需要，反映广大民众的利益，才能成为推动社会进步的力量。有了这样的坚实的根基，社会主义核心价值观所蕴含的包容性价值导向才能成为广大人民群众的积极响应和自觉遵循，核心价值观才能现实地成为推动经济发展方式包容性转变的要素。

五 社会方面的包容性体制机制

社会方面的包容性体制机制，包括社会管理体制、基本公共服务体系、现代社会组织体制和社会管理机制等方面。

我国的社会管理体制的演变，大致经历了由改革开放初期的传统社会管理体制趋于解体，到单纯注重经济建设而"无暇"顾及社会管理，到21世纪初的自觉构建，再到"党委领导、政府负责、社会协同、公众参与、法治保障"的社会管理总体格局理念的明确

---

① 程恩富、侯为民：《从经济学角度认识社会主义核心价值观》，《人民日报》2014年10月30日第7版。

确立这样一个过程。这是一种由执政党和政府主导的、以社会协同和公民多主体参与的合作管理体制。它符合我国国情，明确了各主体在社会管理中的地位和作用，有利于激发社会和公民个人的自主性和参与的积极性，同时也有利于发挥国家的主导作用。尽管我国的社会管理总体格局尚"在路上"，但多年来的社会建设实践在包容性转变方面已经起到了显著的促进作用，社会管理理论也在不断发展和完善之中，与做好群众工作紧密结合起来的社会管理体制建设，也在群众路线教育实践活动中取得了一定成效。

我国的基本公共服务体系，包括底线生存服务、基本发展服务、基本环境服务和基本安全服务几个方面。基本公共服务体系为经济发展方式的包容性转变提供了底线保障。基本公共服务是由政府主导提供的，与经济社会发展水平和阶段相适应，旨在保障全体公民生存和发展基本需求的公共服务。[①] 广义的基本公共服务不仅涵盖教育、就业、社会保障、医疗卫生、计划生育、住房保障、文化体育等基本民生需求领域，而且涵盖与人民生活环境紧密关联的交通、通信、公用设施、环境保护等领域，以及保障安全需要的公共安全、消费安全和国防安全等领域。多年来，按照"学有所教、劳有所得、病有所医、老有所养、住有所居"的要求，党和政府致力于解决广大人民群众最为迫切的基本生存与发展问题，在公共教育、劳动就业、社会服务、医疗卫生、人口计划生育、住房保障、公共文化等诸多领域作出了一定的成绩，体现出一定的包容性。在我国经济发展方式转变过程中，基本公共服务的总体规划是逐步改变城乡之间、地区之间以及群体之间基本公共服务差距较大的问题，其核心就是机会均等，体现了在转变经济发展方式过程中的包容性特质。

据报道，2014年9月召开的国务院常务会议决定，要全面建立临时救助制度、为困难群众兜底线救急难。显然，这体现了社会救助理念的与时俱进，丰富了我国的基本公共服务体系内涵。有专家

[①] 《国家基本公共服务体系"十二五"规划》，《光明日报》2012年7月20日第9版。

指出，从计划经济时期以救灾救济为主体的救助制度，到改革开放后采取"补充型"的制度设计，再到当下针对城乡一体化进程加快，流动人口增多，贫困家庭之外的边缘化人群增多等现实填补"缺项"，我国正在构筑一个全面的制度型社会救助体系。但应该注意的是发展的不平衡现象，如存在着基本公共服务供给的地区差异较大、城乡差距明显和歧视性供给等现象，较之"政府主导、覆盖城乡、可持续的基本公共服务体系"的目标尚有较大差距。值得称道的是，党和政府在2020年全面建成小康社会进程中的"超常规举措"，将成为经济发展方式包容性转变在社会建设层面的一项强力举措，这当然需要切实实施，以成效为判断的尺规。

我国在社会组织体制上是较为落后的。在"政社分开、权责明确、依法自治"的目标提出之后，我国现代社会组织体制的建设是自觉的和较有成效的。近年来中国一些自发的民间组织开始重建和重组，并发挥着积极作用。如学界对群众社团的研究指出："自主性社团更容易介入基层冲突的动员或者消解过程，而兼具自主性与嵌入性的社团，则更能切实降低发生制度外冲突的可能性。"①

社会管理机制方面，简单地说，在源头治理、动态管理、应急处置相结合的社会管理机制的建设方面，在推进国家治理体系和治理能力现代化方面，中国已经迈开了坚定的步伐。

总之，我国经济发展方式需要在经济、政治、思想文化和社会建设等方面的包容性体制机制构成的有机系统保障下才能实现包容性转变。

六 设计依据

（一）唯物史观社会基本矛盾视域

本章主要是对中国经济发展方式包容性转变所关涉制度、体制

---

① 陶郁、刘明兴：《群众社团与农村基层冲突治理》，《政治学研究》2014年第1期。

和机制因素作一综合论述。这些因素包括基本经济制度、经济运行方式、与经济体制机制密切关联的政治制度、思想文化因素及社会机制等。之所以这样安排,还是基于我们在课题申报论证时所指出的:长期转变经济发展方式的理论和实践,总是让人感到"物"的因素多而"人"的因素少这一现象,这是违背唯物史观社会基本矛盾运动规律的。

侯若石先生曾慨叹,曾几何时,转变经济发展方式已经成为当今的时髦词汇,对它的理解却有些含糊不清,肤浅的认识模糊了它的本质,华丽的辞藻掩盖了它的内容。[1] 我们看到,不管是对循环经济、绿色经济,还是经济效益型、低消耗型、集约型的探讨,大多关涉的只是生产力的变化。而"从生产力的角度来研究和论述经济发展方式转变,显然是不够全面和科学的","转变经济发展方式还包括社会发展和社会经济关系发展的内容,比如教育的发展与普及、社会保障体系建设、居民医疗保健以及防止和消除两极分化、重视人的全面发展、走共同富裕道路等"[2],并注重处理好"经济增长与经济发展方式转变相统一的关系,经济发展与人的发展相统一的关系,经济发展中利用外资与经济安全相统一的关系,经济发展与社会主义发展相统一的关系"[3]。经济发展方式"是一个系统工程",经济发展方式的转变也应该"是一个系统的全面转变"[4]。阿玛蒂亚·森在其《以自由看待发展》中也指出:"本书的主旨是讨论社会经济发展中的相互依赖性",并强调:"发展史一个相互依赖的过程,而且经济的成功不可能与社会、政治和文化的

---

[1] 侯若石:《我们应该与谁合作》,参见http://www.chinavalue.net/Finance/Blog/2010-8-19/4500-81.aspx.
[2] 卫兴华:《经济发展方式与经济增长方式的关系》,《人民日报》2011年2月14日第7版。
[3] 卫兴华:《转变经济发展方式要重点处理好四个关系》,《西安日报》2010年8月23日第5版。
[4] 李炳炎、孙然:《迈向中国特色的发展经济学:转变经济增长方式的理性思考》,《长春市委党校学报》2009年第4期。

包容性转变：转变经济发展方式的形上之思与形下之维

成就相分离。"① 因此，我们对经济发展方式包容性转变的考察，其范围就不能仅仅关涉生产力发展的状况，还应包含经济基础和上层建筑等与转变经济发展方式密切相关的因素。马克思主义的唯物史观告诉我们，人类的经济活动方式并非仅仅指生产力，而是生产方式，它包括物质资料的生产、人自身的生产和社会关系再生产。

再从党的十八届三中全会的《决定》精神上看。"全面"地深化改革涉及经济、政治、文化、社会管理以及生态文明等多方面的内容，《决定》要求更加注重改革的系统性、整体性和协同性，加快发展社会主义市场经济、民主政治、先进文化、和谐社会和生态文明，让一切劳动、知识、技术、管理、资本的活力竞相迸发，让一切创造社会财富的源泉充分涌流，让改革发展的成果更多地、更公平地惠及全体人民，正是基于"全面"上的考量。中国经济发展方式包容性转变体制机制因素的研究，其所涉及的方方面面制度、体制和机制因素，也应该是"全面"而非偏颇的，正是这诸多方面对最广大人民群众的包容性上的合力，才能使"转变"得以实现。万俊人教授以其伦理理性对制度和体制安排的"界定"，对于我们理解包容性转变所应该考量的制度和体制因素，具有重要的启示意义，他指出：说"一个体系是有效率的，当其仅当该体系的社会安排不仅较其他体系更能够使所有社会成员中至少有一些甚至大多数成员的生活状态得到改善，而且也被其他体系更能够确保他们之间生活改善的差异程度保持在为社会绝大多数成员可以接受的范围之内。……作为条件句中的'社会安排'主要是指社会的基本制度安排，包括其经济制度、政治制度和文化政策与管理等。"②

一言而蔽之，生产力的发展，从而经济繁荣的成果，必须要反映到广大人民群众生活的改善、地位的提升和心灵的和谐之中。显而易见，我们在包容性转变的制度、体制和机制因素的考量中，不

---

① ［印］阿玛蒂亚·森：《以自由看待发展》，中国人民大学出版社2012年版，中文版序言第20页。
② 万俊人：《道德之维：现代经济伦理导论》，广东人民出版社2000年版，第104页。

仅要把提升广大弱势群体乃至最广大劳动群众的现实境遇和人力支撑作为最基本的价值导向,而且要把这一基本价值导向贯穿到包括经济制度、政治制度、思想文化和社会管理体制的设计之中,即贯彻到包容性转变的体制、机制的每一方面。

需要指出,本章也没能做到面面俱到,诸如多党合作和政治协商制度、民族区域自治制度、协商民主和司法体制、生态文明等方面,本章乃至本课题就少有涉及。而为了避免行文上的重复,本章有关教育等专章论述的方面,也做了"省略"处理。但以上缺憾或可在以下我们对"十个结合"中的包容性转变思想的解析上,得以补缺。

(二)"十个结合"宝贵经验与包容性转变思想

十七大报告指出,在改革开放的历史进程中,我们党把坚持马克思主义基本原理同推进马克思主义中国化结合起来,把坚持四项基本原则同坚持改革开放结合起来,把尊重人民首创精神同加强和改善党的领导结合起来,把坚持社会主义基本制度同发展市场经济结合起来,把推动经济基础变革同推动上层建筑改革结合起来,把发展社会生产力同提高全民族文明素质结合起来,把提高效率同促进社会公平结合起来,把坚持独立自主同参与经济全球化结合起来,把促进改革发展同保持社会稳定结合起来,把推进中国特色社会主义伟大事业同推进党的建设新的伟大工程结合起来,取得了我们这样一个十几亿人口的发展中大国摆脱贫困、加快实现现代化、巩固和发展社会主义的宝贵经验。上述"十个结合"的宝贵经验,与包容性转变具有直接的、密切的关联,对于我们从"宝贵经验"[①]的高度理解经济发展方式包容性转变的战略思想,尤其是在拓宽我们全面思考包容性转变的体制机制因素等方面,均具有重要的启示意义。

---

① 用十七大报告的话说:"'十个结合'是我们这样一个十几亿人口的发展中大国摆脱贫困、加快实现现代化、巩固和发展社会主义的宝贵经验。"

"十个结合"宝贵经验的十条之中,除第一条是"管总的",是我们党自建党以来的"头号"经验,"最重要"的经验,甚至是"唯一"①的一条经验之外,其他九条均与包容性转变战略思想具有直接的和密切的联系,甚或具有直接的"同一"性。

第二条:把坚持四项基本原则同坚持改革开放结合起来。这一条经验,阐述了包容性转变必须牢固坚持的社会主义方向这一核心价值取向。"两个基本点"之间的关系,是谋求包容性转变所必须处理好的一个重大关系。否则,就成了《改革是最大政策》那种全面抹杀社会主义改革方向的鼓噪②,就成了被习近平总书记所批判的那种"死路一条"的"否定社会主义方向的'改革开放'"③。

第三条:把尊重人民首创精神同加强和改善党的领导结合起来。这一条经验,最直接地阐明了包容性转变所赖以其上的最广大人民群众的"人力支撑"这一基本内涵。习近平总书记也强调:"要坚持把实现好、维护好、发展好最广大人民根本利益作为推进改革的出发点和落脚点,让发展成果更多更公平惠及全体人民,唯有如此改革才能大有作为""同时,要鼓励地方、基层、群众大胆探索、先行先试,勇于推进理论和实践创新,不断深化对改革规律的认识。"④

第四条:把坚持社会主义基本制度同发展市场经济结合起来。第四条经验指出了社会主义基本制度在市场经济改革过程中的基础、前提和根本地位。"社会主义市场经济"是党的十四大确立的改革目标,这一目标具有两个方面必须"同世而立"的内涵,一是"社会主义"的社会制度坚守,即改革的"社会制度'根本方向'";一是"市场经济"的资源配置手段和方法的运用,即改革

---

① 这已是我们党和学界的普遍共识,即若只用一条经验概括党的历史经验的话,那就是"把坚持马克思主义基本原理同推进马克思主义中国化结合起来"。
② 参见吴敬琏、张维迎《改革是最大政策》,东方出版社2014年版。
③ 《习近平关于全面深化改革论述摘编》,中央文献出版社2014年版,第15页。
④ 《推动全党学习和掌握历史唯物主义 更好认识规律更加能动地推进工作》,《人民日报》2013年12月5日第1版。

的"市场手段'鲜明指向'"。我们党明确指出"社会主义"是"点睛之笔","社会主义"的方向是题中应有之义,偏离了社会主义制度这一条,"那就南辕北辙了"①!也就是说,市场经济体制改革的方向与当下中国经济发展方式的转变之间,就是牵线与风筝的那种关系:明确且坚定的市场经济体制改革的社会主义方向,为加快转变经济发展方式提供了公有主体型多种类产权制度、劳动主体型多要素分配制度、国家主导型多结构市场制度和自立主导型多方位开放制度的"四主型经济制度"的强力支撑与价值导引,成为在市场经济体制基本框架下实现包容性转变的根本、基础和前提。其他如政治、文化和社会制度方面,也是发展市场经济所难以"规避"的制度因素。那种"过分强调中国的独特性对中国的利益或者说中国人民的利益是不好的",以及可以抛开"讨论市场社会主义的政治制度"等偏执观点,是不符合社会主义市场经济体制建设实践的,不仅是对历史的"健忘",更是有悖唯物史观的唯心做派。

第五条:把推动经济基础变革同推动上层建筑改革结合起来。习近平总书记指出:"坚持和发展中国特色社会主义,必须不断适应社会生产力发展调整生产关系,不断适应经济基础发展完善上层建筑。我们提出进行全面深化改革,就是要适应我国社会基本矛盾运动的变化来推进社会发展。社会基本矛盾总是不断发展的,所以调整生产关系、完善上层建筑需要相应地不断进行下去""只有既解决好生产关系中不适应的问题,又解决好上层建筑中不适应的问题,这样才能产生综合效应。"② 包容性转变绝非仅仅是生产力的问题,唯物史观关于社会基本矛盾的原理告诉我们,包容性转变在体制机制的安排上,更为主要的是经济基础和上层建筑的问题。否则,多年的"物本"之路,何以改变?"人本"之路,又岂能深入人心?

第六条:把发展社会生产力同提高全民族文明素质结合起来。

---

① 《习近平关于全面深化改革论述摘编》,中央文献出版社2014年版,第18页。
② 《推动全党学习和掌握历史唯物主义 更好认识规律更加能动地推进工作》,《人民日报》2013年12月5日第1版。

这一条经验体现出我们的党和人民群众在传统文明、现代文明价值理念上的自觉自为。比如党的十八大提出的"三个倡导"即社会主义核心价值观，从"国家""社会""公民"三个层面为我国经济发展方式的转变提供了积极的包容性价值导向。富强、民主、文明、和谐，从国家层面为我国经济发展方式转变提供了包容性的价值导向；自由、平等、公正、法治，从社会层面为我国经济发展方式转变提供了包容性的价值导向；爱国、敬业、诚信、友善，从公民层面为我国经济发展方式转变提供了包容性的价值导向。[①]

第七条：把提高效率同促进社会公平结合起来。经济发展方式的包容性转变，本质上要求公平与效率之间的和谐统一。尽管出现了一个时期偏重效率漠视公平的现象，但在学界的努力下，在学界与新自由主义异化公平与效率关系的斗争中，公平与效率互促同向变动这一本真关系，愈发深入人心。学界有关"公平与效率互促同向变动假设"的思想中蕴含着包容性发展理念，这一"假设"与学界和社会上关于包容性发展理念的讨论、与国家谋求转变经济发展方式的政策设计，具有高度的契合特征。"包容性转变"与"公平与效率互促同向变动"之间具有"同一"关系，包容性转变的核心指向和价值取向之一，便是公平与效率的互促同向变动，即"把提高效率同促进社会公平结合起来"这一宝贵经验。只有把提高效率同促进社会公平结合起来，按照公平与效率关系上的互促同向变动理念来安排经济发展方式转变的体制和机制，使公平与效率互促同向变动成为转变经济发展方式的制度、体制和机制的基本价值目标，才能顺利和切实地推进包容性转变的实现。

第八条：把坚持独立自主同参与经济全球化结合起来。这一条经验是对新自由主义在对外开放问题上的绥靖思维最有力的警示和回击。新自由主义者认为：在改革停顿，甚至倒退的情况下，权力寻租和贫富分化变得日益严重。认为这些年来，有着深刻历史渊源

[①] 参见程恩富、侯为民《从经济学角度认识社会主义核心价值观》，《人民日报》2014年10月30日第7版。

的极"左"势力就利用这种形势,用民粹主义和民族主义的口号蒙骗大众,掀起强化国家权力和行政控制,从市场化、法治化、民主化倒退的风潮,造成了极为严重的后果。甚至煞有介事地蛊惑说:"如果任由民粹主义和民族主义发展,这个社会可能走向一个极端,中断现代化的进程,陷入新的混乱状态。"① 然而,放弃自己创新和努力的权利,盲目而不加选择地引进外资,把一切都交给国际垄断资本,这样的做派是否能"使自己发展起来"并"受到人家的尊重"呢?事实是:邓小平时代"一些西方国家对中国引进技术卡得很紧",当下又有多少改观?对中国限制出口高科技产品,并没有因对外开放上的绥靖思维和绥靖政策而改变多少啊。自力更生是党的基本路线的重要内容,一些人早已给抛却了。邓小平认为"中国的经验第一条就是自力更生为主",并强调"要在全党和全国各族人民中间,形成这样一种风气、一种作风、一种精神状态"。邓小平也曾批评过一些人"太天真"。他的小心"纳入国际垄断资本的统治,纳入资本主义的轨道"并"成为一个附庸国"② 的告诫,一些人总是充耳不闻。

第九条:把促进改革发展同保持社会稳定结合起来。社会的稳定,关涉到最广大人民群众的切身利益;社会不稳定,受害的首先是最广大的弱势群体和劳动群众。改革发展若没有社会稳定的条件,寸步难行。不断累积的社会矛盾,群体性事件和恶性事件数量上和性质上的不断上升和恶化,成为改革发展的严重梗阻。我们党一贯重视社会稳定,始终注重把改革的力度、发展的速度和社会可承受的程度统一起来,在保持社会稳定中推进改革发展,通过改革发展促进社会稳定。在正确认识改革的力度和理性面对发展的速度的同时,高度重视社会可承受的程度,积极回应最广大人民群众对改革发展中自身利益受到侵害的强烈呼声,回应他们对一些不可持

---

① 吴敬琏、马国川:《重启改革议程:中国经济改革二十讲》,生活·读书·新知三联书店2013年版,第295页。
② 《邓小平年谱(1975—1997)》(下),中央文献出版社2004年版,第822、811、800、830、1281页。

包容性转变：转变经济发展方式的形上之思与形下之维

续、不科学发展现象的强烈关注，回应他们对过上美好生活的殷切期待，业已成为加快转变经济发展方式中所必须直面的重大课题。然而树欲静而风不止，新自由主义却一根筋地主张完全私有化和完全市场化，任由社会达尔文主义漠视当下"天悬之隔"的贫富分化，甚至对有效保护劳动群众的劳动合同法和反垄断法都"很担心"，认为是政府在干预市场竞争："如果把低素质劳动力的工资提得太高，中国企业就失去了成本优势"；因为"如果我们把创业的人吓住了，没有人愿意做企业了"；"我建议果断停止新的劳动合同法中限制合同自由的条款，让劳动合约更自由"①，等等。可以想见，在弱势劳动与强势资本的对弈中，他们是怎样选边站队的！这种"心里眼里都是它（指强势资本）"而唯独没有弱势劳动的反包容性做派，与"加快转变"的战略是格格不入的。邓小平"真的要走上邪路了"的警告，必须引起全社会的高度重视。

第十条：把推进中国特色社会主义伟大事业同推进党的建设新的伟大工程结合起来。正所谓作风建设永远在路上。群众路线教育实践活动的开展，让广大人民群众重新建立起对我们党的殷殷期望。党的建设新的伟大工程，是保持党的先进性，永葆党不变色的法宝。包容性转变的体制机制因素中，党的坚强领导，社会主义根本政治制度的强力调控优势是主要方面，这是我们的优越性，既要珍惜，更需自信和用心经营。值得欣慰的是，党的十八大以来，以习近平同志为核心的党中央身体力行、率先垂范，坚定推进全面从严治党，坚持思想建党和制度治党紧密结合，集中整饬党风，严厉惩治腐败，净化党内政治生态，党内政治生活展现新气象，赢得了党心民心，为开创党和国家事业新局面提供了重要保证。党的十八届六中全会审议通过的《关于新形势下党内政治生活的若干准则》，继近年来全面从严治党一系列举措和显著成效的基础上，将在建设廉洁政治，坚决反对腐败，筑牢拒腐防变的思想防线和制度

---

① 张维迎：《市场的逻辑》（增订版），上海人民出版社2012年版，第150、318、333页。

防线，着力构建不敢腐、不能腐、不想腐的体制机制等方面，发挥全方位的导引和促进作用。

以上对"十个结合"宝贵经验所蕴含的包容性转变战略思想的解读说明，包容性转变的体制和机制系统，只能是由经济、政治、思想文化和社会建设等多方面的包容性体制机制构成的有机整体。

七　结语

为了体现和说明本书在思考包容性转变的体制机制因素安排和选择上的思考路向，这里抄录鲁品越教授在《马克思主义研究》2014年第9期上发表的观点，权作引证：

如果说，社会主义计划经济的建立得益于我国高度统一的中央集权的大国传统，那么，改革开放在继续得益于高度统一的大国传统的同时，特别得益于以我为主的自主包容性传统，它使当代中国道路所创造的奇迹，建立在中国古代文明奇迹的基础之上。这种包容性表现在两个方面：一是以公有制为主体的社会主义经济包容和鼓励各种所有制经济共同发展，即"公有主体型多种类产权制度"。因为，计划经济阶段建立的公有制经济，是我国包容性发展的主体，从而能够进行社会主义的"以我为主"的包容性发展；二是民族工业为主体的复合经济体包容世界各国资本与技术实现共同繁荣，即"自力主导型多方位开放制度"。因为，由强大的国有资本吸纳和包容全社会各种所有制的资本，通过混合所有制形式等形成强大的具有一定国际竞争力的民族经济体系，从而使我国的民族经济能够在世界经济体系中进行"以我为主"的包容性发展。

鲁品越教授论说的目的或不在包容性转变，然而其论说的视阈，却可以是而且真正是包容性转变的体制和机制因素。因为人类的经济活动史（乃至经济基础之上的政治、文化等活动的历史），实质上就是一部转变经济发展方式的历史。

第九章 包容性转变：中印互鉴

一 内容提要

本章以经济发展方式的包容性转变成效为比较视阈，从中印基本经济制度和运行方式、政治制度和体制、社会体制和思想文化因素等方面探寻两国包容性转变的优劣或差异，为两国分享发展经验、实现优势互补、携手追寻民族复兴之梦提供一条互鉴之路。

习近平主席在印度世界事务委员会所作的《携手追寻民族复兴之梦》的演讲中指出："中国被称为'世界工厂'，印度被称为'世界办公室'，双方应该加强合作，实现优势互补。"[①] 从多年来中印各自的经济发展和社会转型实践来看，经济发展方式的包容性转变愈发成为两国进一步发展的互鉴之路。

二 概念界定与文献综述

"包容性转变"是以包容性发展理念审视多年来转变经济发展方式的实践而自觉生成的一个概念。多年来，在转变经济发展方式的实践中重"物"轻"人"的倾向，使庞大弱势群体参与经济发展和共享发展成果的机会趋向边缘化。客观上，弱势群体非但不能成为"转变"的推动者，反而变成政府被动调节二次分配的庞大对

[①] 习近平：《携手追寻民族复兴之梦——在印度世界事务委员会的演讲》，《人民日报》2014年9月19日第3版。

象；主观上，弱势群体依靠诚实劳动改变自己命运的机会和劳动积极性普遍走低。显然，这种状况严重地阻滞转变经济发展方式的进程，制约经济社会的健康发展。抛却"物本"发展理念，切实做到把包括庞大弱势群体在内的最广大人民群众作为实施转变的主体，并注重做好消除弱势群体机会边缘化以及改变其现实命运的实际工作，激发并提升其人力支撑，谋求依靠人民的发展，实现人民共享的发展，便成为包容性转变的要旨所在。

习近平主席对印度的访问，又一次让我们把两个国情上多方面相似又同属金砖国家的国度"拉"到一起。说"又一次"，是因为曾几何时，中印之间的对比，成为多年来政界、学界乃至社会上街谈巷议的热闹话题，不论是2003年7月麻省理工学院黄亚生和哈佛大学塔伦·坎纳在美国的《外交政策》杂志上发表的题为《印度能否超过中国？》，还是2007年3月英国《金融时报》首席经济评论员马丁·沃尔夫发表的《两个亚洲巨人的对比——中印龙象之争》，或是2009年4月印度总理曼莫汉·辛格在伦敦G20金融峰会上认为印度的未来将不可避免地超过中国，而在《科学》杂志的采访中他又称"中国在许多方面远远领先于印度"[1]，等等，其间林林总总，或"优劣"或"先后"或"赶超"，主张不一而足，观点见仁见智。说"'拉'到一起"，不言而喻，习近平主席的访问对中印两国关系的发展将产生深远影响，对两国人民携手追寻民族兴盛之梦将产生持续的推动作用。

两国经济发展方式包容性转变比较研究的内容，主要是包容性转变所关涉的体制和机制因素，包括基本经济制度、经济运行方式、与经济体制机制密切关联的政治制度、社会机制及思想文化因素等方面。因为较之"转变经济增长方式"，"转变经济发展方式"具有更为具体和深刻的内涵。如果仍然像研究转变经济增长方式那样仅从生产力的角度来研究经济发展方式转变，显然不够全面和科学，转变经济发展方式还包括社会发展和经济关系发展的内容，如

---

[1] 方宇宁：《辛格谈印度的"包容性发展"》，《世界科学》2012年第4期。

教育的发展与普及、社会保障体系建设、居民医疗保健以及防止和消除两极分化、重视人的全面发展、走共同富裕道路等,并注重处理好经济增长与经济发展方式转变相统一的关系,经济发展与人的发展相统一的关系,经济发展中利用外资与经济安全相统一的关系,经济发展与社会主义发展相统一的关系。① 如前所述,经济发展方式是一个系统工程,并非只是从粗放型增长向集约型增长或者从外延增长向内涵增长的转变,而是一个系统的全面转变。因此,我们对经济发展方式包容性转变的考察,其范围就不能仅仅关涉生产力发展的状况,还应包含经济基础和上层建筑等与转变经济发展方式密切相关的因素。一些研究成果也认为,在被学界首选采用的以人类发展指数(HDI)为主的人类发展指标体系中,"人的发展"成为各指标设定的根本目的,而制度改革、经济增长水平及社会政策等因素成为决定各国在人类发展指标体系中排名高低的主要因素,且历史、文化、宗教等因素有时甚至会对排名起到直接的影响作用。②

三 中印包容性转变的基本经济制度和经济运行方式因素

以下从中印两国在经济体制改革过程中各自基本经济制度和经济运行方式所涵盖的产权制度、分配制度、市场制度和开放制度等层面,考察两国包容性转变的成效(或差异)。

(一)中印包容性转变的产权制度及成效(或差异)

在产权制度方面,两国都存在公有和非公有经济成分。但从公有和非公有经济成分在其各自经济社会中所处的地位和所承担的作

---

① 卫兴华:《转变经济发展方式需要处理好四个关系》,《红旗文稿》2010 年第 15 期。
② 沈开艳、权衡:《经济发展方式比较研究:中国与印度经济发展比较》,上海社会科学院出版社 2008 年版,第 313—314 页。

第九章 包容性转变：中印互鉴

用来看，区别是明显的。中国的公有经济包括全民所有制和集体所有制经济，在转变经济发展方式的整个过程中处于主体地位，发挥主导作用。如在控制力上它是"有决定意义的产业部门"①，控制着国民经济命脉，是坚持人民主体地位、坚持维护社会公平正义、坚持走共同富裕道路、坚持促进社会和谐、激发并提升最广大人民群众的人力支撑并保证其共享改革发展成果的基石，对于包容性转变具有决定意义。"改革开放中，国有经济始终保持控制力，发挥主导作用，是诞生'中国奇迹'的中国经济发展模式的核心特征，更是中国特色社会主义优越性的根本所在。"②而印度的公有经济的实质是国家资本主义经济，尽管在数量上也占有重要地位，但对于印度的包容性转变来说，它在促进全民初次分配的公平上所发挥的作用较中国要小得多。且印度少有中国公有制中部分劳动群众共同所有的集体经济成分，尽管中国的集体所有制在改革中受到轻视，但它在促进人民共享改革发展成果上还是起着重要作用的，如家庭联产承包责任制在促进解决"三农"问题和推动改革进程上所起的巨大作用。

在非公有经济方面区别主要表现在，中国的非公有经济是社会主义市场经济的"重要组成部分"，是"经济社会发展的重要基础"，且"必须毫不动摇鼓励、支持、引导非公有制经济发展，激发非公有制经济活力和创造力"③，但不能居于主体地位，也不是"有决定意义的产业部门"而起着"普照之光"的作用，它们"只能被'普照之光'笼罩、覆盖，变形"，作为一个"新阶层"，"无论如何也不能成为社会的和经济的占统治地位的阶级或阶层"④。毋庸讳言，中国的公有主体型产权制度已被新自由主义异化到令人

---

① 《马克思恩格斯文集》（第7卷），人民出版社2009年版，第137页。
② 徐传谌、何彬、艾德洲：《逐步实现共同富裕必须发展和壮大国有经济》，《马克思主义研究》2014年第9期。
③ 《十八大以来重要文献选编》（上），中央文献出版社2014年版，第515页。
④ 陈俊明：《〈资本论〉经济行为理论的具体化》，中央编译出版社2010年版，第458页。

包容性转变：转变经济发展方式的形上之思与形下之维

堪忧的境地，但从多年来在抑制收入差距扩大化方面来看，公有经济起到了中流砥柱的作用。而印度的非公有经济即私人垄断资本主义在国民经济中所占比重最大，并与国家资本主义经济一起居于"主体"地位，共同决定着印度经济社会的性质和发展走向。印度目前拥有在本国和世界人口比例上最庞大的贫困人口这一事实，便是转型过程中私人产权制度起决定作用的体现。也就是说，印度经济中的巨大的公营部分，并没有使其成为社会主义。据2014年10月17日央视"新闻30分"最新数据，改革开放以来中国成功减贫6.6亿多人，占世界减贫总数的93.3%。而举世公认的是，印度所拥有的贫困人口甚至比26个非洲最贫国家总人口还要多。阿玛蒂亚·森就曾抨击印度的经济增长是遗忘穷人的增长。中国公有主体型产权制度在包容性转变上的优势和巨大作用，可见一斑。

必须指出，中国在多年改革中公有制在质上得到较大提升，充分显示出公有制高绩效（包括社会效益）的优越性。但在量上，其主体地位难说还是个客观存在。"公有制为主体的前提下发展中外私有制经济"在一些阶段、一些地区、一些领域成了对公有和国有经济的全面的甚或彻底的"清剿"，以致国有经济的控制力急剧减弱，有的省市已基本消灭了国有企业，并被一些人士作为改制的"样板"加以肯定。这主要是新自由主义经济学的干扰和异化所致，已经并继续给转变经济发展方式带来深深隐忧。多年来几千万下岗职工的处境因此，当下城乡弱势群体参与经济社会发展以获取基本生活条件的机会边缘化因此，而政府极力抑制贫富和财富分化趋势的举措鲜有成效亦是因此。江泽民同志曾指出："所谓比重减少一些，也应该有个限度、有个前提，就是不能影响公有制的主体地位和国有经济的主导作用。影响国计民生的重要大中型企业，必须掌握在国家手中。影响当地经济社会发展的大中型企业，省区市也必须掌握一批。"[①] 而目前看来，这个"限度"和"前提"被严重地僭越了，两个"必须"也是备受冲击。这是制约中国包容性转

---

① 《江泽民文选》（第3卷），人民出版社2006年版，第72页。

变成效的主要因素。当然，这里并非是说非公有经济只能与包容性转变相悖，而是强调"私进"或"民进"并非只能以"国退"为前提。

（二）中印包容性转变的分配制度及成效（或差异）

与产权制度密切关联的是分配制度，显然这方面两国迥然不同，有着较大区别。中国建立在公有主体型产权制度上的劳动主体型分配制度，尽可能地抑制了市场化改革中因注重效率而带来的分配严重不公，尽可能地兼顾了效率与公平。这种在产权和分配上的双重举措，在促进"提低、扩中、调高、打非"的分配和谐[①]过程中起着决定性作用。而印度以私人资本垄断为基础的按资分配，事实上造成了愈加庞大的贫困阶层，如城乡贫民窟。作为影响包容性转变最直接的分配制度及作为分配制度根基的产权制度差异，成为决定两国包容性转变成效和差异以及经济社会发展水平的首要因素。当然，由于新自由主义的侵蚀，中国劳动主体型分配制度也同样随着公有主体型产权制度的被异化而遭遇变形，如资本侵蚀劳动创造的价值，靠大肆制假售假的手段来提高利润等。如果这种情况不能得到有效遏制，那么中国包容性转变的步履将更加举步维艰。

（三）中印包容性转变的市场化改革及成效（或差异）

由于国情尤其是历史条件的不同，中印在市场化改革上走出了各自不同的道路。中国多年来致力于以国家为主导的结构统一的市场制度建设，致力于发挥市场配置资源的基础性和决定性作用，同时尽可能地在廉洁、廉价、民主和高效的基础上发挥着国家调节的主导型作用。中国强调改革的科学性和协调性，用市场调节的优良功能去抑制"国家调节失灵"，同时用国家调节的优良功能来纠正"市场调节失灵"，致力于建立一种"基础—主导"性的功能性双

[①] 《程恩富选集》，中国社会科学出版社2010年版，第142页。

重调节机制①，对经济发展方式的包容性转变起到了显著促进作用。印度1991年开始的市场化改革也同样取得了包容性转变的不菲成绩。两国在多结构市场制度建设以发挥市场配置资源的基础性和决定性作用方面各有优劣，如在资本市场方面，印度经过100多年的历史演进，使之无论是从市场的效率和透明度、市场体系和结构的完善程度等方面都优于中国，尤其在对中小私人企业的融资制度上优势明显；在市场环境法律制度上，印度因继承了英美法系的进步因素而在规范性和完备性上要优于中国（如印度在1994年就制定了"世界上最严厉的版权法"）。但综合来看，两国的市场经济体制建设尚有较多不完善的地方，如两国均有巨大的黑色经济存在，统一、开放、竞争、有序的市场体系并未成形，政府与市场在职责权限上相互掣肘等，这都现实地制约着市场制度建设在促进包容性转变中的进程和成效。

（四）中印包容性转变的对外开放及成效（或差异）

从对外开放上看，中国30多年大踏步的开放步伐带来经济腾飞，综合国力蔚为大观，但高度对外依赖型的路向也带来了一些不容漠视的不良后果，如对国内本土企业、跨国公司和民族工业的培育不够，外资对资源环境的恶性消耗和侵蚀，出口引发愈来愈多的贸易争端等。这与新自由主义在开放问题上的绥靖政策主张密切相关。党的十七大以后尽管对外经济发展方式有所调整，但效果并非尽如人意。而印度选择的是具有保守意味的开放模式，国内经济发展对外依存度较低，在逐渐引进外资和发展对外贸易的同时注重本土企业的发展，造就了如塔塔公司这样的世界著名企业。由于不经意间进行了跨国公司IT服务业的本土转移，印度逐渐成为世界性软件大国，被誉为"世界办公室"，这样印度走上了一条跨越工业化而大力发展服务业之路。印度服务业在包容性转变中的作用较中国有明显优势，但其服务业缺少工业产业的厚重支撑，国内基础设

---

① 《程恩富选集》，中国社会科学出版社2010年版，第143页。

施如交通建设、基本公共服务设施严重滞后,经济结构表现出"扭曲"局面。因此,两国在对外开放上应取长补短,优势互鉴。中国应借鉴印度经验,在结合比较优势和竞争优势的基础上,努力发展控股、控技和控牌的"三控型"民族企业集团、民族跨国公司,突出培育并发挥知识产权优势,早日打造出真正的"世界工厂"而非"世界加工厂",以尽快完成从贸易大国向贸易强国、经济大国向经济强国的转型。而印度应学习中国开放的成功经验,并努力加强基础设施建设以营造良好投资环境,大力吸引外资发展工业企业。

综合看来,中国公有主体型多种类产权制度从所有制的角度,劳动主体型多要素分配制度从分配制度的角度,国家主导型多结构市场制度从经济运行机制的角度,自立主导型多方位开放制度从参与世界分工的角度,并在与新自由主义的斗争中,对谋求中国经济发展方式的包容性转变起到了显著的、决定性的推动作用。正因为有了基本经济制度的制度优势和坚强支撑,中国才尽可能地在包容性转变上作出了成绩。"四主型经济制度"的确立和运行实际上充当了一个制度重构的过程,并为这一过程创造了一个适合中国国情的制度环境。而印度尽管在基本经济制度方面与中国有较多区别,总体包容性转变成效较中国稍差,但印度在产权制度保护的一些层面、分配制度的激励机制层面、市场制度的规范性如融资体制层面、开放制度的自立性如保护本土企业层面均值得中国效仿和学习。

四 中印包容性转变的政治制度和体制因素

根据唯物史观,经济基础决定上层建筑,而上层建筑对经济基础的反作用也是不容忽视的。国家政治制度和体制因素对于包容性转变具有重要影响作用。

首先,从根本政治制度上看,中国作为人民民主专政的社会主义国家,全国人民代表大会是国家的权力机关,国家的行政、审判和检察机关等均由人民代表大会产生并受它监督。而印度是资本主

包容性转变：转变经济发展方式的形上之思与形下之维

义国家，采用的是类似西方三权分立的政治制度。其次，从国家结构形式上看，中国属于单一制的中央集权性质，中央政府是唯一的国际法主体，中央和地方是领导与被领导的关系。印度采用具有中央集权性质的联邦制，中央与地方的关系较为松散。最后，从政党制度上看，中国实行共产党领导下的多党合作制，共产党在国家政治生活中居于领导和核心地位，民主党派负有参政议政职能。而印度尽管实行的是一党（通过选举）主政多党并存的制度，但上千个政党各自的利益诉求极易导致社会结构的碎片化，事实上也大大削弱了政府的管理能力，社会不时表现出无政府状态。

如前所述，中国"议政合一"的权力组织形式具有显著的比较优势，决策的执行力较强。而印度政府的作用则更多地体现出对经济的管制而非对经济增长的推动。从学界多年来对中印多方位比较研究的成果来看，印度政府由于受各派政治势力的影响，难以在合理的时间内形成统一的决策，即便形成了一些好的制度和政策，也总是在执行层面打了折扣，"甚至根本没有办法有效地执行和推进"[1]。研究表明，发展中国家在迈向工业化和经济起飞时期，决策的高层组织相对简单，而强有力的政府和执行力便成为推动经济改革和发展的关键因素，政府权威的丧失和管理职能的弱化对于改革的成效起着至关重要的作用。[2] 显然，正如前文对公有主体型产权制度在包容性转变优势上的分析一样，由公有主体型产权制度这一经济基础所决定的中国政治制度在促进包容性转变方面，其相关绩效明显地优于印度，印度在基础设施建设、普及教育、推进卫生事业、促进社会保障等方面尽管也出台了一系列旨在造福全体国民、促进全面发展的政策法规，但实际效果却有"很大差别"[3]。

---

[1] 沈开艳、权衡：《经济发展方式比较研究：中国与印度经济发展比较》，上海社会科学院出版社2008年版，第313页。
[2] 李志军、韩小谦、冯秀军、韩美兰：《比较视阈中的中国经验》，中国社会科学出版社2009年版，第27页。
[3] 参见沈开艳、权衡《经济发展方式比较研究：中国与印度经济发展比较》，上海社会科学院出版社2008年版，第313页。

因此，"对印度而言，则需要一个更加有效率、更加强大的政府，以切实推进贫困和社会不平等问题的解决"①。当然也应该指出，中国必须加快计划经济时代"全能型政府"的角色转换，强力建设有利于包容性转变的服务型政府及其相应的行政绩效考核体系②，以与时俱进地"更好发挥政府作用"，保持政府及其执行力的强大有力。

五 中印包容性转变的思想文化因素

很明显，在中国的思想文化领域，处于指导地位的始终是马克思主义，社会主义性质的意识形态居于主导地位。而在印度的思想文化领域，处于主导地位的有民族主义、民主社会主义等，尤其是新自由主义这一资本主义性质的主流意识形态，自1991年改革以来对印度影响至深。意识形态的这种"差异"决定了中印两国社会主导价值观的根本不同。中国以马克思主义为指导的社会主义核心价值观、集体主义道德体系等，是人们思想观念的主流，是思想文化建设的指导原则。而个人主义道德价值观念，种类繁多、世界罕见的宗教流派和价值观念尤其是积重难返的种姓制度等，成为印度社会不可逾越的律条。印度在意识形态、主导价值观念以及历史传统（如复杂的族教文化冲突）上的这种"传统"，使其在推动经济发展方面缺乏动力却不乏阻力，消耗了更多的本可用于发展的资源，成为两国包容性转变绩效差异的深层次思想文化根源。

六 中印包容性转变的社会体制因素

从党的十八大所概括的社会管理体制、基本公共服务体系、现

---

① 杨怡爽、杨洋：《中国与印度的包容性增长比较》，《经济界》2014年第3期。
② 李群：《经济发展方式转变的成效评价及其实证分析》，中国社会科学出版社2014年版，第138页。

包容性转变：转变经济发展方式的形上之思与形下之维

代社会组织体制和社会管理机制等社会体制结构①上看，中印经济发展方式的包容性转变，也各具特点。

社会管理体制。中国社会管理体制经历了一个由改革开放初期传统社会管理体制趋于解体，到单纯注重经济建设忽视社会管理，到新世纪初的自觉构建，再到"党委领导、政府负责、社会协同、公众参与、法治保障"的社会管理总体格局理念的明确确立等阶段。这实际上就是一种由国家即执政党和政府主导的、以社会协同和公民多主体参与的合作管理体制，这一体制符合中国国情，明确了各个主体在社会管理中的地位和作用，有利于激发和提升社会和公民个人的自主性和参与度，同时又有利于发挥国家的主导作用。尽管社会管理总体格局尚在建设中，但多年的社会建设实践在促进包容性转变方面已经起到了显著作用。印度在社会管理的公众参与度上比中国显得要高，前几年因民众强烈的抗议运动而叫停经济特区，就是一例。但在政府负责、法治保障等方面印度却少有作为，仅从近年政府在频发的女性被伤害事件的处理上便可看出。

基本公共服务体系，一般包括底线生存服务、基本发展服务、基本环境服务和基本安全服务等方面。近年来，中国按照"学有所教、劳有所得、病有所医、老有所养、住有所居"的要求，致力于解决广大人民群众最为迫切的基本生存与发展问题，在公共教育、劳动就业服务、社会保险、社会服务、医疗卫生、人口与计划生育、住房保障、公共文化等多个领域作出了显著成绩。但也存在着基本公共服务供给的地区差异较大、城乡差距明显和歧视性供给等现象，距"政府主导、覆盖城乡、可持续的基本公共服务体系"的目标还有很大差距。而印度在基本公共服务体系方面鲜有明显进展，距离均等化和现代化的要求，尚有很长的路要走，这也是学界较少没有争议的看法之一。但笔者不同意"印度是穷人的天堂"②等观点，不管是在何种比较视阈之下，罔顾事实和不顾国情的机械

---

① 参见《十八大以来重要文献选编》（上），中央文献出版社2014年版，第27页。
② 谭翊飞：《印度的穷人怎么生存——三农学者高战畅谈访问印度观感》，《廉政瞭望》2007年第9期。

类比，只能混淆视听。

现代社会组织体制。中国在社会组织体制上是落后于印度的。在"政社分开、权责明确、依法自治"的目标提出之后，中国现代社会组织体制的建设是自觉的和较有成效的。由于宗教等深厚传统的影响，印度的社会组织体制较中国有明显优势。如印度的"人民运动"便是人数庞大、覆盖面大、影响较大、作用巨大的"四大"型组织，一向发挥着国家和政府无法替代的作用。从包容性转变视角看，印度的社会组织对于保护基层群众的一些基本权利具有重要作用，这也正是中国需要思考和借鉴的方面。近年来中国一些自发的民间组织开始重建和重组，但少有建树。有学者指出，印度得益于民主所给予的宽松环境，即印度民主的宽容给了基层社会以巨大的发展空间。[①] 我们基本同意这样的看法，既然我们把民主写在了社会主义核心价值观的旗帜上，我们就没有理由懈怠。但印度民主的低效和不负责任，包括政府的"公地化"，我们必须有所甄别和警示。

社会管理机制。简单说来，在源头治理、动态管理、应急处置相结合的社会管理机制的建设方面，在推进国家治理体系和治理能力现代化方面，中国的步伐是快速有效的。而由于整个社会在"民主"的理解上的惯性，尤其是各级政府在社会管理理念理解上的惯性等因素，印度的社会管理机制尚待破题。

七 中印包容性转变的具体层面比照

以上我们"节省"了一些具体数据和量表，从经济、政治、社会和思想文化诸方面进行了简要论述。若从影响包容性转变的具体层面（或部门）比照，中印两国在促进包容性转变的道路上，各有做得较好的或优势的方面，亦各有做得不好的或劣势的方面。中国

[①] 姚洋：《印度随想》（四），《南方周末》2007年4月5日C19版；又见姚洋《印度随想》（二），《南方周末》2007年3月22日C19版。

在人类发展指数（HDI）、制度和制度执行力、工业化、基础设施、对外开放的力度、基本公共服务、基础教育、减贫、农业发展、信息产业和医疗卫生硬环境等方面，较印度有明显优势或水平较高。自然，上述有的层面在"量"上的优势，亦不应掩饰或遮蔽其"质"上的瑕疵。印度在增长质量、内需对经济发展的促进、开放中对民族产业的保护、服务业、高等教育、信息产业和医疗卫生软环境、金融和资本市场、对民众某些权利的保护等层面，尤其是"内生性因素"方面[1]较中国有明显优势或水平较高。两国共有的优势在于经济发展上的巨大成就和速度、国际地位和影响的快速提升，可见，两国正走在把世界带入真正的"亚洲世纪"的道路上。而两国共有的劣势在于不均衡发展程度严重，统一开放有序的市场体系尚未建成，收入分配和财富的不平等愈发严重，黑色经济成分如腐败严重，社会保障水平和覆盖率低等。

八　比较的方法论问题

基于学界的研究和上述比照，笔者认为有以下两点方法论问题需要强调。

首先，两国在悠久历史和文化、人口、经济发展基础、当下经济发展速度等诸多方面的"相同"或相似，不能被抽象地解读。换言之，这种"相同"或相似只能被解读为具体的和历史的、有深厚内涵和各自特点的"相同"或相似。因此，拿这种"相同"或相似来对比从而断言中国或印度必须在某些方面效仿对方，笔者认为无异于效尤，即那种"既然有如此多的相同，此可做到，彼亦可做到"的思维方式，只能是形而上学的机械类比。比如拿从已经进行了十几次的全民选举而称印度是"世界最大的民主国家"，中国要全面学习；拿印度贫民窟所谓"穷人的天堂"的管理模式，来诟病中国城市管理模式等，都是值得商榷和需要重新定义的。而在这方

---

[1] 参见薛勇军《中印经济发展方式比较》，人民出版社2012年版，第203页。

面，著名学者马丁·雅克的看法，却具有启示意义，他指出，西方存在一种臆断，认为中国的弱点在于其政治体系，中国的统治系统是不可持续的。因在西方眼中唯一的真正改革是让国家朝着西方模式发展。然而中国"对能人治国的强调、强大的国家机器以及用家庭概念来理解国家与人民之间的关系"却是卓有成效的。"当国家机器运作不善，中国也就失灵了。经典的例子就出现在第一次鸦片战争到1949年的耻辱世纪中"[①]。

其次，比较研究是难以避免的，它也是一种科学研究，甚至可以说是一种思考的"常态"。笔者认为，比较研究可以直言不讳，但应规避一些不必要的刺激用词；允许有自己的甚至"抓人眼球"的观点，而观点应建立在客观、辩证的思维审视之上；要比出自信，但也要比出冷静和清醒。我们不认为某些学者尤其是西方媒体的用词是必须使用的，如"龙象之争""××笑到最后""巨龙入场但须留意大象""世界工厂总归劣于世界办公室"等。因为必须明确的是：龙象共舞、伙伴合作、携手共进、包容互鉴，才是全球化时代大国关系发展的正确道路，况且中印在"一切事实上也正在发生变化"[②]。鉴此，本文比照中印多年转变经济发展方式过程中对包容性发展理念的实践，以习近平主席所说的"分享经验"为"初心"，以思考"世界工厂"与"世界办公室"的互鉴之路为旨归。我们理应辩证地理解多年来社会上关于对"世界工厂"和"世界办公室"的指认。正如一些学者把印度独具特色的工业化道路看作因对工业化一般规律的偏离而难以持续，而另一些学者却把印度这种违背经济增长与产业结构理论的道路视为完全超出了经济学家的想象力一样，本研究认为，该指认突出了两国各自的优势，包括优势在各自国度包容性转变中所起的巨大推动作用，双方理应"加强合作，实现优势互补""推动中国向西开放和印度'东向'

---

① [英]马丁·雅克：《中国治理国家比西方更成功》，《参考消息》2014年10月24日第14版。

② 龚松柏：《中印经济转型与发展模式比较》，西南财经大学出版社2011年版，第223页。

政策实现对接,打造世界上最具竞争力的生产基地、最具吸引力的消费市场、最具牵引力的增长引擎"①。同时,合作本身更意味着冷静和清醒:"上帝是公平的,他让中国人勤劳务实,却同时让我们缺少了进行形而上思考的能力;他让印度人欣赏多样性,却同时让他们倾向于裹足不前。"②尽管近年来这种局面有所改变,如中国在加快转变经济发展方式上的两个"坚持"和三个"转变"理念,印度近两届政府在基础设施和引进外资上的壮志雄心等,但倘若中国难以规避新自由主义这样"一条通往灾难的道路,一条祸国殃民之路"③,在中国特色民主政治建设上被西化忽悠,倘若印度继续按照新自由主义道路一意孤行,在印式民主尤其是在种姓制度上少有改观,倘若两国在贫富差距、非均衡发展和腐败等治理上难以大成,那么马丁·雅克的"崛起中的国家会享有更多民众支持"④,将不可避免地走向其反面。那时,人们看到的只能是:缺少人力支撑的包容性转变的无效将把中印两国导向拉美式的陷阱,而不能实现互鉴的所谓"包容性转变"也将严重阻滞中印携手兴盛的道路。换言之,尽管中印两国具有世界上其他发展中国家因"缺失"古老文明和庞大人口等因素所不能具有的壮志雄心⑤,但亦不可掉以轻心。

九 结语

本章选取印度作为中国包容性转变的"参照",主要是基于印度与中国有着较多的表面"相似"之处。认不清这种相似的"表面"特质,机械地类比,武断地下结论,不是客观和科学的认知。

---

① 余晓葵:《习近平在印度世界事务委员会发表重要演讲》,《光明日报》2014年9月19日第1版。
② 姚洋:《印度随想》(一),《南方周末》2007年3月15日C19版。
③ 张作云:《我国改革发展两种不同思路评析》,《管理学刊》2014年第1期。
④ [英]马丁·雅克:《中国治理国家比西方更成功》,《参考消息》2014年10月24日第14版。
⑤ 曾俊伟:《印度觊觎"世界第三"——印度之行随想》,《经济》2012年Z1期。

这种"相似"如传统大国,人口大国,地区大国,发展中大国,甚至独立和解放的时间上的相近等背后,却是社会基本制度的不同,发展理念和发展路向的不同。从多年来中印各自的经济发展和社会转型实践来看,从包容性转变的视阈来探寻两国的优劣或差异,分享发展经验、实现优势互补,愈发成为两国进一步发展的互鉴之路。

第十章　包容性转变：欧盟经验

一　内容提要

以包容性转变审视欧盟治理体系可知，欧盟治理具有整合优势和合理规划，通过创建统一而公平的环境和促进人员自由流动来促进机会平等，通过共同农业政策、环境政策、地区政策以及社会政策来促进利益共享等值得借鉴的方面，也存在着政治一体化水平相对滞后、社会整合难度加大和社会保障体制改革滞后等不足。欧盟治理经验对我国推进包容性转变战略具有启示和参考意义。

二　包容性转变视阈下欧盟的社会治理

（一）追求增长中的方式转变和民生改善

自欧盟成立以来，甚至欧洲一体化开始之初，欧盟就谋求经济增长和社会建设共同推进的多重目标和发展路向。欧盟经济增长中的社会发展诉求以及社会治理中的经济增长目标体现出包容性转变的理念。其间，最能体现欧盟包容性转变思想的是其2010年通过的十年发展规划——"欧洲2020：智能型、可持续性与包容性增长战略"，简称"欧洲2020战略"。该战略的短期目标是加快科技创新、改善投资结构、提高生产效率，建立鼓励竞争和创新的社会环境，长期目标则是提升科技水平，促进公平竞争，转变经济增长方式，提高欧盟经济竞争力，改善社会民生，奠定欧盟经济与社会发展的坚实基础。

第十章 包容性转变：欧盟经验

作为"欧洲 2020 战略"三大核心内容之一，包容性转变的战略理念对于欧盟经济和社会发展，尤其是社会发展意义重大。欧盟企图通过完善劳动力市场、增加投资、促进就业、消除贫困和两极分化、统一社会保障体系等措施，提升欧盟社会内部凝聚力，为经济的可持续发展提供社会保障和智力支持。按欧盟的部署和安排，其包容性转变战略主要包括新技能和就业议程以及欧洲消除贫困平台两部分，如表 10-1 所示：

表 10-1　　　　　欧盟包容性增长的主要目标与措施[①]

	主要目标	措施（欧盟层面）	措施（成员国层面）
新技能和就业议程	推进劳动力市场现代化，提高就业率，延续社会模式；为劳动力提供新技能培训，使其适应职业生涯转换；提高劳动者生产率	·推进经济转型 ·遵循智慧规制原则，依托工作模式的转变，实现健康和安全工作 ·形成前瞻性综合性劳动力移民政策 ·加强社会伙伴关系的能力和包括成员国公共就业服务在内的劳动力市场机构合作 ·激励形成涵盖所有利益相关者的教育和培训战略合作框架 ·发展基本技能和职业技能、高等教育或成人教育培训，并形成针对教育、培训和工作的共同语言和应用工具，以及欧洲技术、技能和职业框架（ESCO）	·减少劳动力市场分割，协调工作与家庭生活 ·定期监控税收和收益体系的执行效率 ·建立工作—生活平衡新机制和积极的老龄化政策，实现性别平等 ·检测社会对话机制实施效果 ·确立国家资格审核框架，激励形成欧洲资格审核框架 ·发展基本技能和职业技能、高等教育和成人教育以及非正式学习培训

---

① 参见陆军《欧洲 2020 战略：解读与启示》，《欧洲研究》2011 年第 1 期。

续表

	主要目标	措施（欧盟层面）	措施（成员国层面）
欧洲消除贫困平台	提高社会凝聚力；消除贫困和社会排斥，赋予贫困人群基本权利	·建立社会保护平台 ·形成基于公私联合承诺的制度性工具，采用结构基金和ESF等手段切实减少社会排斥 ·针对最易受伤害人群，设计执行保护方案，推动社会革新 ·消除社会歧视，面向迁移人口的一体化制定议程 ·评估社会保障和养老金系统充足度和可持续性，规划普及卫生保障体系的方法与路径	·在消除贫困和社会排斥方面，分别明确集体与个人的各自职责 ·在特定环境下，面向单亲家庭、老年妇女、少数民族、残疾和无家可归者等特定人群的具体困难，制定相应扶助措施 ·加快部署社会保险和养老金体系，形成充足的收入保障津贴和卫生保健体系

（二）欧盟社会治理对包容性转变战略的推动

1. 整合优势，合理规划，谋求增长

在较长时间内，欧盟经济增长乏力，就业创造能力不足，加上世界经济不景气和来自新兴经济体的竞争加剧，全球化挑战严峻，致使欧盟经济积重难返，长期难有起色。但作为世界少数几个大型经济体之一，欧盟仍然拥有众多的、重要的优势条件和发展潜力。如欧洲一体化还在继续推进，在欧盟机构下将28个成员国发展成为一个紧密联系、相互依存的政治—经济综合体。就经济增长而言，除了有欧盟机构为经济发展提供必要的政治条件和社会条件之外，还有产业基础雄厚、基础设施完善、技术和人才培养体系完善而高端、统一市场和共同货币等经济发展的重要条件。

欧盟注重通过发展规划利用其已有优势并将其发展潜力挖掘出来。"欧洲2020战略"谋求的三个方面增长，即基于知识经济和技术创新的智能增长、通过有效利用资源和强调环保的可持续增长、促进社会一体化和开发社会潜力的包容性发展，目的就是如此。为落实发展目标，该战略提出了五个方面的量化指标体系：（1）创造就业岗位。将年龄在20岁至64岁之间的人口就业率从当前的

69%提高到75%以上；充分满足妇女、年长者和外来移民的工作需求；（2）提高研发经费。改善企业的生产效率，鼓励私人机构研发投资，确保研发经费大幅增长，使其占GDP的比例从1.9%提高到3%；（3）实现更加绿色的可持续发展。在1990年基础上，确保温室气体排放量减少20%至30%，能源利用效率提高20%，可再生资源在总能源消耗中的比例提高至20%，推动欧盟进一步向低碳经济和节约型社会转型；（4）提高教育普及率。基础教育阶段的退学率要从当前的15%减低到10%以下，30岁至34岁获得高等教育文凭的人数占同龄人数的比例从当前的31.5%提高到40%以上；（5）减少贫困人口。根据标准，欧盟境内贫困人口要减少25%，贫困人口数量要减少2000万。为达到上述目标，欧盟提出了七大创新议程：创新联盟、青年就业流动、欧洲数字化议程、能效欧洲、全球化产业政策、新技能和就业议程、欧洲反贫困平台。[1]

2. 增进参与平等的机会

经过长期的一体化实践，欧盟从政治和法律环境、单一市场、共同政策、联通基础设施和促进人的平等和自由流动等多个方面，拟打造一个促进内部公平竞争的区域。

（1）造就共同的政治和法律环境。

通过政治一体化为增长创造一个共同的政治和法律环境。欧洲的政治一体化主要体现在欧盟超国家机构的权能、共同外交和防务政策以及司法与内务合作三个方面。作为超国家机构的代表，欧盟委员会、欧洲议会和欧洲法院权能的加强，为在欧盟层面设计和实施促进机会公平、利益共享的发展政策和机制提供了制度和权力上的保障。共同外交与防务政策不仅可为欧盟带来独立、安全，还可使欧盟作为一个整体共同面对全球化的挑战，为欧盟内部谋求同等的外部环境和发展条件。就促进公平和保障利益而言，司法与内务合作显得更加重要。欧盟司法与内务合作包括移民政策、签证政

---

[1] European Commission：Europe 2020，http：//ec. europa. eu/eu2020/pdf/COMPLET EN BARROSO 007Eu－r ope 2020－EN version. pdf，10/6/2013.

策、难民政策、人员自由流动政策、外部边界管理合作、海关合作、警务合作、民事和刑事司法合作八大领域。根据《里斯本条约》，欧盟司法与内务合作要为欧洲人创造出一个"自由、安全和正义的区域"。

（2）提供公平的市场环境。

为了给欧盟经济注入活力，也为了追求平等、公平的价值观念，欧盟创造出一个由一系列共同政策组成的社会环境。经货联盟为欧盟提供了单一货币和中央银行体系；对外贸易政策为成员国确定了共同的进出口原则，规定了对外贸易的主要保护手段，并使得欧盟作为一个整体在世界经济体系中开展经贸活动；竞争政策通过禁止缔结妨碍竞争的协议、限制企业在市场上的垄断、控制兼并、限制国家扶持等手段创造出公平竞争的市场环境。

（3）造就统一的内部市场和联通的基础设施。

通过拆除成员国间有形的、技术的和财政的壁垒以及开放公共采购市场等措施，建成由人员、商品、服务和资本四大自由流通为标志的单一市场。为进一步释放统一市场的效能，欧盟还陆续出台和实施了共同运输、能源与电讯政策。共同运输政策要实现成员国运输网络和运输体制的"双重一体化"，并且还要跟上欧盟不断扩大的步伐，建设一个跨欧的共同运输系统；欧盟的能源政策则要保障在消费者能支付得起的条件下能源的充足供应，促进能源市场正常运转和公平竞争，同时根据技术和社会条件，确保能源生产、供应和消费对环境友好，符合可持续发展战略的要求；电讯政策要求实施跨欧网络计划，旨在促进电讯市场自由化、促进信息技术的发展，建成跨欧的信息网络和统一的信息管理体制。

（4）保障公民的平等权利与促进公民的自由流动。

欧盟非常注重对公民基本权利的保障。欧盟对公民基本权利的认定和保护是根据《欧洲人权公约》和《欧洲联盟基本权利宪章》来进行的。这些基本权利还延伸到了外来移民和难民身上。为保障权利平等，欧盟还通过一系列决议和活动反对各种各样的社会歧视。《申根条款》规定了公民自由流动的权利。欧盟出台了一系列文件对公民的自由流动权利予以规范。其主要内容包括：欧盟公民和其家人享受在欧盟成员国间自由流动和居住权利的条件；永久居住地条件；基于公共政策、公共安全和公共卫生等方面的考虑而对上述权利的限制等。为了促进公民在欧盟领土范围内自由流动，欧盟通过一系列的配套措施，如学历、证书和从业资格的认定等，为这些流动人员的生活提供方便，为他们创业提供帮助。

3. 保障利益共享的政策机制

自成立之初，欧盟就自诩为一个促进公正平等的价值实体。因此，欧盟也注重利益共享机制的建立。然而实际上，机会平等的参与机制与利益共享机制是难以分割的。上述很多划归为机会平等的参与机制实质上也不同层面和程度上保障着利益共享。在欧盟众多政策中，共同农业政策和环境政策环境机制、地区政策机制、社会政策机制较突出地显现出利益共享的性质。

（1）共同的农业政策和环境政策机制。

鉴于农业的特殊性，根据市场统一、内部优惠和共同体财政责任等原则，欧盟出台了共同农业政策，通过价格支持体系、直接津贴、进口壁垒、出口津贴和农业货币规则等机制来实施。共同农业政策机制不仅提高了农业的产值，保障了高质量农产品的稳定供应，还对减少地区差距、提高农业从业人员的收入起到了积极作用。

为贯彻可持续发展战略，欧盟实施涵盖水质、大气和土壤的防污染管理政策，即共同的环境政策。对此，"欧洲2020战略"提出"效能欧洲"和"全球化时代工业政策"两大措施。"效能欧洲"机制指的是通过阻止生态环境退化、提高资源利用效率，向低碳经济转型；"全球化时代工业政策"指的是构建跨欧网络基础设施，改善商业环境，建立坚实的、可持续发展的工业基础以应对全球化的挑战。

（2）地区政策机制。

地区政策机制正视欧盟境内成员国间和地区间发展不平衡的现实，通过资金援助、引导投资、技术推广等措施促进贫困地区发展,消减地区间的贫富差距,实现经济、社会和地域聚合。地区政策机制不仅促进了成员国的经济增长,优化了产业结构,而且增加了帮扶国家和地区的就业岗位,在缩小地区间的差距方面作用不可或缺。根据欧盟委员会发布的《经济和社会聚合报告》,虽然成员国内部地区差距呈逐渐扩大趋势,但成员国之间的经济社会差距却呈缩小趋势,目前可认为基本实现趋同;在欧盟整体层面的地区之间,即境内的富裕地区和落后地区之间,也在一定程度上实现了趋同。①

(3)社会政策机制。

在直接促进平等和利益共享方面,欧盟社会政策机制引人注目。主要内容有促进就业、确保男女机会平等和同工同酬、鼓励劳资对话和支持雇员参与管理和社会融合等。之外,自由流动和自由置业、劳动保护、公共健康、弱势群体保护、教育培训和反对歧视等也被纳入社会政策之中。2000年通过的《社会政策议程》被誉为"欧洲社会模式"的开端,社会政策被置于与经济政策和就业政策的同等地位。在执行方式上,选择将更多利益主体都纳入具体政策制定和实施的"开放式协调"。经过长期的发展,欧盟社会政策覆盖范围不断扩展,行动计划也在不断增加,在促进就业、保障基本权利和争取社会福利方面发挥了重要作用。

(三)欧盟社会治理对包容性发展的阻碍

尽管在包容性发展方面作出了显著成绩,但无论理论上还是实践上也不能说欧盟治理完全达到了包容性转变的战略要求。其间尚存在许多制约包容性转变的因素。诸多制约因素中以下三个方面较为突出。

1. 政治一体化水平滞后,难以给包容性转变提供政治和法律支持

---

① 参见藏术美《欧盟地区政策的经济、社会与地域效应研究》,《德国研究》2011年第3期。

从一体化的逻辑来看，政治一体化是经济一体化的保障和条件，政治一体化发展滞后会对经济一体化构成严重制约，甚至造成危机。这是唯物史观上层建筑对于经济基础的反作用的表现。从追求经济发展和包容性转变战略来看，稳定、强大而高效的政治领导机构及有效决策是不可或缺的重要条件。然而在目前，即便一体化程度最高的经济领域，欧盟决策能力和效率依然难以适应来自内外的挑战。长时期的增长乏力是欧盟超国家机构决策能力不足和效率低下的外在表现，而前几年爆发的债务危机及随后的混乱状况，也是其突出表现之一。

对于追求包容性转变而言，政治一体化水平的滞后，使欧盟难以迅速建立起公平而完备的市场体系所需要的政治和法律环境，也无法在更大范围和更深层次上建立起利益的社会共享机制，更无法从深层次上调动和利用全社会的积极性为经济发展注入强大动力。由于政治一体化深度涉及国家主权，因此成员国对此高度警惕。可以预料，在相当长的时间内，欧盟政治一体化水平滞后于经济一体化要求的状况不会发生多大改变，欧盟超国家机构的决策与行动的能力和效率都不会有重大提升。英国的脱欧公投，便是佐证。

2. 人口老龄化严重，社会整合难度加大

欧盟整体步入老龄化社会阶段，不仅社会负担加重，而且还加剧了发展的困境。据估计，如果欧洲拒绝接受外来移民，从现在到公元2050年，欧盟25国中20岁到40岁的劳动人口将减少17%，仅占总人口的11%，65岁以上的人口将比目前增加34%，退休人口将占到总人口的47%，劳动力短缺2100万人。从人口数量的绝对值上看，到2050年欧洲人口将减少5000万人以上。[①] 欧洲自身劳动力的缺乏为非法移民的大量涌入创造了机会。与此同时，欧盟的失业率却在上升。欧盟委员会在2013年8月发布的数字表明，欧盟近5年来失业率总体呈上升趋势，目前欧盟平均失业率是

---

① 常家树：《法国青年骚乱的动因、影响与启示》，《当代青年研究》2006年第1期。

10.9%，欧元区的失业率是12%。成员国间的差距很大，失业率最低的奥地利、德国和卢森堡，分别是4.9%、5.2%和5.8%，最高的是希腊和西班牙，达到了27.9%和26.2%。①

随着欧盟的扩大和外来移民的增加，欧盟内部的社会整合愈加困难。这不仅使欧盟包容性转变政策的推进步履维艰，而更为危险的是，扩大的社会裂痕会销蚀包容性转变的社会基础。实际上，欧盟花在反对排外主义和社会歧视上的经济和社会成本极大。这已成欧盟继续发展的一大障碍。

3. 财政负担沉重，保障体制改革滞后

根据欧盟公布的数据，2009年用于社会保障上的支出占当年GDP的29.5%，约达4万亿欧元。各国有所差异，社会保障支出占到GDP的30%以上的国家有丹麦、法国、瑞典、荷兰、德国、奥地利、比利时和芬兰，最低的拉脱维亚也达到16.8%。在社会保障支出总额中，养老保障占到37.3%，疾病与健康保障占28.4%，儿童保障、残疾人保障和失业保障各占7.8%、7.7%和5.9%，住房、社会救助等占到9.1%，其他为0.9%，行政管理支出占到3.0%。由于社会保障支出具有刚性，欧盟用于社会保障方面的支出不断上涨。欧元区国家该项开支从2000年占GDP的26.7%，上升到2009年的30.2%。②

如果将用于社会政策方面的开支与财政开支相比较的话，这个比例数值还会更大。欧盟社会政策已经给欧盟和成员国财政带来沉重负担。实际上，成员国糟糕的财政状况在很大程度上是由欧盟社会政策带来的。欧洲主权债务危机的爆发和蔓延已表明欧盟社会政策改革的必要性和紧迫性。作为重要的利益共享机制，社会政策是重要的，但需要避免过于注重结果平等的社会福利和保障措施削减

---

① The Statistical Office of the European Union：Euro Area Unemployment Rate at 12.0%，http：//epp. eurostat. e. europa. eu/cache/ITY_PUBLIC/3-01102013-AP/EN/3-01102013-AP-EN. PDF, 10/6/2013.

② Eurostat：Social Protection Statistics，http：//epp. eurostat. ec. europa. eu/statistic-s_explained/inde. php/Social_protection_statistics, 10/6/2013.

社会成员工作和创造的积极性等消极后果，欧盟迫切需要在其社会政策和其他领域的改革中引入机会平等理念。

三　欧盟社会治理对我国推进包容性转变战略的启示

欧盟通过一系列治理措施的实施，促进了包容性转变战略目标的推进，但上述"阻滞"现象，理应引起重视。其启示如下。

（一）高度重视，统筹规划

欧盟高度重视社会建设，将经济、政治和社会建设融入一体化进程之中。具有总体规划性质的"欧洲2020战略"将包容性发展理念提高到三大核心战略之一的地位，并且与另外两大核心战略彼此融合，相互兼顾。没有政治和法律环境、市场环境、基础设施和对人的积极性的调动等方面的建设，包容性转变战略目标是无法实现的。如可持续发展战略贯彻不利，资源枯竭与环境恶化加剧，会造成成本上升、工作机会流失，甚至造就环境难民，激化国内外矛盾等严重问题。这方面我国与欧盟面临着同样的挑战。

中国推进包容性转变战略，需要充分发挥中国政府的强大领导力，做好统筹规划。党的十八届三中全会决定在论述推进国家治理体系和治理能力现代化时指出，必须更加注重改革的系统性、整体性和协同性，加快发展社会主义市场经济、民主政治、先进文化、和谐社会和生态文明。这正是统筹规划在包容性转变战略实施中的主要内涵。统筹规划不再是纯粹地摸着石头过河，而是更加注重在顶层设计上动脑筋下功夫。只有做好统筹规划，才能在全面深化上作出精彩的文章，才能做到让一切劳动、知识、技术、管理、资本的活力竞相迸发，让一切创造社会财富的源泉充分涌流，让发展成果更多更公平惠及全体人民，从而实现包容性的"转变"。

(二) 注重公平的市场环境建设

追求机会平等从本质上来说，就是要建立起一个公平的经济和社会环境，尤其是要建立起公平的市场环境。欧盟统一境内基础设施，建设单一市场以及制定共同的经济和社会规则，其主要目的就是要打造一个庞大而公平的市场体系。

对中国而言，需要坚持依法治国，完善政治和法律环境，扫除阻碍人员、资源、技术、资本、服务等各种经济要素在市场中自由流动和配置的障碍，使各种经济主体在市场中按照合理规则公平竞争。在建设社会主义市场经济体制过程中，注重参与主体的机会平等，尤其要注重提供给社会弱势群体参与经济活动的平等权利和条件。比如，中国京津冀协同发展在走过了30多年的期盼和分割之后，在统一境内基础设施、建设单一市场以及制定共同的经济和社会规则方面，需要破题之后的大力度推进。[①]

(三) 建立健全的社会保障体系

完善的社会保障体系不仅能直接体现包容性转变关于发展成果和利益共享的价值追求，还能为各种经济实体和社会成员，尤其是为弱势群体提供有效提升其人力以支撑经济社会可持续发展的条件。欧盟在建立健全的社会保障体系方面是值得我们学习的，但是也应注重克服其制度弊端。中国在"建立更加公平可持续的社会保障制度"的过程中要吸取教训，即保障利益共享不能以削减社会成员参与竞争的积极性为代价。要根据具体国情，践行机会平等与结果平等的统一，而不能把机会平等的理念给误读了。而这也是包容性转变战略的题中之义。

---

① 有关论述参见程恩富、王新建《京津冀协同发展：演进、现状与对策》，《管理学刊》2015年第1期。

四　结语

党的十八届三中全会《决定》指出：全面深化改革，总目标就是完善和发展中国特色社会主义制度，以推进国家治理体系和治理能力现代化。加快转变经济发展方式与推进国家治理体系和治理能力现代化是齐头并进、并行不悖的事业，需要在完善和发展中国特色社会主义制度这一总的要求之下健康推进。欧盟社会治理的经验对于我国推进包容性转变战略具有启示和参考意义，中国经济发展方式包容性转变的战略设计在创建统一而公平的制度和体制环境以促进机会平等和利益共享等方面，需要汲取欧盟经验，为我所用。但也必须指出，任何脱离一个国家或地区具体国情和实际情况的随便"拿来"，也会水土不服。中国在政治一体化方面的优势，尽管遭到诸多觊觎心态的诟病，但我们应该有制度自信，我们需要的是不断完善和发展中国特色社会主义的基本制度，而不需要比较之后的自惭形秽。

第十一章 结论与展望

一 研究结论

1. 在学界率先明确提出"包容性转变""机会弱势群体""机会边缘化"等概念,既基于包容性发展的实质内涵与现实指向,更针对中国转变经济发展方式研究和实践中重"物"轻"人"且误读"以人为本"的倾向。庞大弱势群体参与经济发展和共享发展成果的机会边缘化,使其主、客观上均难以成为"转变"的推动者,反成政府被动调节二次分配的庞大对象,严重地制约着经济社会的健康发展。

2. 历史往往如是,只有当一种价值的失落令人切肤之痛时,才引起人们重视。人类好像天生就有一种收拾残局的偏好。长期以来,人们谋求经济增长的实践导致"无工作增长""无情增长""无声增长""无未来增长""无根增长"。人们仰天而问,怎样"充满劳绩"但还能"诗意的安居"于这块大地?包容性发展理念的生成和出场,正是因应人们仰天而问的应答,是人类的自我救赎:包容性发展理念最直接地凸显马克思主义对人的终极关怀,追索经济增长实践中的人本生存状态,指出了一条人类经济活动的沧桑正道;科学发展观指导下的包容性发展理念针对经济社会发展的现实诉求,为中国加快转变发展方式、缩小财富和收入差距等发展肯綮提供了价值导引;包容性发展理念秉持经济全球化时代人们普遍认可的和平与发展、参与与共享的诉求,为实现时代主题、反对经济和政治霸权探索出崭新的发展模式。

3. 包容性转变的实质内涵，即加快转变经济发展方式最基本的路向，就是把人作为实施"转变"的主体，真正做到"'转变'依靠人民"，切实防止"转变"排斥人民。这既是唯物史观的基本原则，也是包容性转变体制机制最根本的设计原则。马克思把劳动比作太阳，认为只要社会还没有围绕着劳动这个太阳旋转，它就绝不可能达到均衡。"机会弱势群体"参与经济社会发展的机会和能力，决不能像机器原料那样在生产过程和经济增长中被拒斥和贬损，而应该在其中得以鼓励、发展和壮大。经济发展不仅表现为物质再生产，同时更主要和更根本的，应该表现为人力再生产，即须臾离不开最广大人民群众主动性、积极性的发挥，此乃"人力支撑"。只有当"两个再生产"相得益彰，经济方能健康发展，从而使"转变"成为可能。否则，"人"与"物"只会背道而驰，协调发展难以维系，从而使"转变"成为不可能，更遑论"加快"？

4. "发展为了人民、发展依靠人民、发展成果由人民共享"是包容性发展理念的中国版本，成为我们党始终所恪守的执政为民理念的崭新表述。但这种版本和表述，必须也只能理解为发展的"目的、手段和包容性"三方面规定性的统一。以人为本首先是"现实的运动"，是现实经济活动的前提、出发点、实施手段和首先要遵循的原则。然而现实中一些地方和一些领导干部把"为了人民"和"人民共享"喊得震天响，但是却不懂得，不能意识到，或不能做到，甚或原本就不情愿"发展依靠人民"，那么何谈"为了"和"共享"呢？还能做到"为了"和"共享"吗？历史现实均昭示：切实做好消除机会边缘化和改变弱势群体现实命运的实际工作，激发并提升人力支撑，使"转变"走向"包容性转变"，应该上升为政府责任和国家意志并强力执行。

5. "社会主义市场经济"这一改革目标具有两个方面必须"同世而立"的内涵，一是"社会主义"的社会制度坚守，即改革的"社会制度'根本方向'";一是"市场经济"的资源配置手段和方法的运用,即改革的"市场手段'鲜明指向'"。改革的社会主义制度坚守与发展方式的转变可谓牵线与风筝的关系:明确且坚定的市场经济体制改革的社会主义方向,为加快转变提供了公有主体型基本经济制度、劳动主体型分配制度、国家主导型市场制度和自力主导型开放制度的强力支撑与价值导引,成为在市场经济体制基本框架下实现包容性转变的根本、基础和前提,是包容性转变所须臾不能游离的社会基本制度因素。

6. 包容性转变的体制和机制系统,就是能够有效消除机会弱势群体在参与经济社会发展上的机会弱势,保障其通过努力而改变自己现实命运的经济、政治、思想文化和社会诸方面的包容性体制、机制系统。在经济基础方面,包括以公有主体型多种类产权制度为代表的社会主义基本经济制度、资源配置的市场机制以及国家调节资源配置的体制机制;在政治和思想上层建筑方面,包括人民代表大会为主体的根本政治制度、基本政治制度和社会主义市场经济法律体系、社会主义核心价值观等体制机制;社会建设方面包括社会管理体制、基本公共服务体系、现代社会组织体制和社会管理机制等方面的包容性体制机制。

7. 对市场经济体制改革过程中形形色色形而上学思维方式的起底揭露,在贫富分化根本原因等关键问题上辨正是非,是牢固坚持社会主义改革方向以实现包容性转变的题中之义和关键环节。在"对话"和商榷中我们更加确信:马列主义及其中国化理论与资产阶级自由化、新自由主义的思想交锋,客观上属于意识形态领域里阶级斗争的集中表现。而那些蛊惑人心、搬弄是非的"歪嘴和尚"应该警醒:学者今天的所言所著如同领导干部的所作所为,必将接受历史和人民的评说。

8. 包容性转变的总体运行机制,即谋求"包容性转变"→消除"机会弱势",提升"人力支撑"→弱势群体能力提升,收入增长,地位改变→消费增长,内需扩大→社会整体人力支撑得到提升→实现"加快转变"的良性循环。因为没有人敢于否认,也否认不了的是：社会整体上的人力支撑，乃"国家发展最深厚的伟力"！

9. 以包容性转变战略思想为鲜明主题的转变经济发展方式的实践，能够最大限度地消除庞大弱势群体因"歪嘴和尚"的蛊惑和恣意解读而产生的弱势心理认同意识以及在党的大政方针理解上的对立和疏离意识，最大限度地降低广大群众获得感的被啃噬程度，最有效地改变庞大弱势群体的现实命运，尽可能地激发和提升庞大弱势群体参与经济社会发展的人力支撑。没有上述对立意识的消除、现实命运的改变和人力支撑的提升，谈不上发展方式的靓丽转身。

10. 包容性转变战略思想，将在坚持马克思主义政治经济学的指导地位，深化对习近平总书记关于社会主义经济建设的思想研究，加快构建中国特色社会主义政治经济学学科体系等方面，作出其理论和实践的贡献。

二 研究展望

在本课题研究接近尾声的时候，国家"十二五"规划已近收官年份，"十三五"规划的制定和实施在即。另据报道，世界银行估算，截至2014年9月29日，按照购买力平价计算，中国国内生产总值（GDP）将超过美国，荣升为世界最大经济体。这是自1872年成为世界头号经济体至今，美国首次在购买力水平衡量的GDP上位居次席。

中国在发展，中国在进步，然而更需保持清醒和冷静的头脑。毫无疑问，在经济新常态背景下，经济增长的转型和诸多挑战势所必然，如对中高速发展速度的认知、对结构优化的追求、对增长新动力的开拓，再如对资本与劳动的新博弈、资源环境新压力、国际经济新地位的把握和处理等。可见，加快转变经济发展方式在经济新常态之下将变得更为必要和迫切。2014年岁尾，中央经济工作会议要求，面对我国经济发展的新常态，观念上适应，认识上到位，方法上对路，工作上得力，才是科学发展之策。要深化理解和统一认识，把思想和行动统一到中央认识和判断上来，增强加快转变经济发展方式的自觉性和主动性。

怎样保持可持续的、健康的经济发展动力，这将是本课题的核心概念"包容性转变"在新常态下需要与时俱进地丰富和发展的内涵。比如，在发挥市场决定作用的同时，也对更好发挥政府作用如履行宏观调控职能提出了更高的要求。即市场越是发挥着决定性的作用（或"越有效率"[1]），政府越是要注重处理好公平的问题。这正是包容性转变在新常态下必须密切关注和解决的问题。因为新常态下公平问题处理得当能够为经济社会的健康可持续发展提供和强大的人力支撑，如创造良好的外部环境，激活人力和物质资源的潜在活力和流动性等。因此，包容性转变理念怎样观照新常态时期的经济稳健运行所必须面对的诸多新挑战，怎样为新常态时期的经济发展方式转变谋划新的动力因素，这将是本课题在经济新常态下的延伸。

本课题从对中印包容性转变效力的比较研究中发现，包容性发展理念之下国际社会衡量经济社会发展时，逐渐增多的共识是引入了一个以人类发展指数（HDI）为主的人类发展指标体系，以替代（人均）GDP/GNP/GNI 等。HDI 指标体系以"人的发展"为各指标设定的根本目的，力求充分体现改善民生为导向的经济改革与发展。国内近几年兴起的幸福指数研究[2]，也具有重要启示意义。包容性转变理应以此为核心取向，继续谋划由"转变"走向"包容性转变"的具体路向，勾画出新常态下包容性转变的战略目标

---

[1] 其实，简单地在市场与效率之间画等号，把政府或计划与公平等同，这是形而上学的思维方式。市场同样有公平的"秉性"，亦有负效率的"冲动"；政府或计划同样有促进效率的功能，亦有侵蚀公平的倾向。

[2] 参见程恩富、王艺《公众"幸福感"的政府责任》，《中国经济周刊》2011 年第 8 期；王艺、程恩富：《马克思主义视野中的"幸福指数"探究》，《学术月刊》2013 年第 4 期；姜文华、朱孔来、李俊杰：《国内外幸福指数研究现状评述及展望》，《经济与管理》2014 年第 4 期；耿俣：《马克思主义幸福指数窥探》，《湖北经济学院学报（人文社会科学版）》2014 年第 8 期。

体系。

基于以上考量,我们将把上述展望拓展为进一步研究的开篇,题目是:"论中国经济新常态下的价值导向"。

三 继续研究的开篇:论中国经济新常态下的价值导向

(一)内容提要

近年来,中国经济发展进入"新常态"。这种经济新常态的主要特征是:经济增长速度从高速转为中高速;经济发展方式从规模速度型粗放增长转向质量效率型集约增长;经济结构从增量扩能为主转向调整存量、做优增量并存的深度调整;经济增长的驱动力由要素驱动、投资驱动等传统增长点转向以创新驱动为代表的新增长点。在经济新常态下,只有在正确价值导向的引领下,我国国民经济才能既把握新的发展机遇,又克服潜在的风险与挑战。经济发展新常态下正确的价值导向即遵循经济规律的科学发展导向,遵循自然规律的可持续发展导向,遵循社会规律的包容性发展导向。

(二)中国经济新常态的内涵及基本特征

经济新常态即一个经济体在新的发展阶段呈现出的相对稳定状态。

在世界经济领域,"新常态"一词被用来描述2008年西方金融和经济危机爆发以后全球经济发展的较长期状态,即国民经济的增长速度和质量以及就业率大大低于危机前,而国家更多地调节经济等新状态。[1]

在中国经济领域,"新常态"一词被用来描述近年来中国经济

---

[1] 参见本报记者王远、吴成良、黄发红《中国经济新常态,正向溢出效应可观》,《人民日报》2014年11月11日第23版。

包容性转变：转变经济发展方式的形上之思与形下之维

新呈现出来的稳定发展态势。2014年12月召开的中央经济工作会议指出，这一发展态势主要有四个方面的实质性特征[①]：

一是经济增长速度从高速转为中高速。2002—2011年期间，我国国内生产总值的增长速度一直保持在9%以上。[②] 其中，6个年份的国内生产总值增速在10%以上，而2007年的国内生产总值增速最高，达14.2%。但2012年以来，国内生产总值增速一直低于8%，2013年为7.7%，2014年为7.4%，2015年为6.9%。

二是经济发展方式从规模速度型粗放增长转向质量效率型集约增长。2014年前三季度，单位国内生产总值能耗同比下降4.6%。

三是经济结构从增量扩能为主转向调整存量、做优增量并存的深度调整。首先，产业结构在孕育新的突破。2013年第三产业增加值占国内生产总值的比重第一次超过第二产业；2014年前三季度，第三产业增加值占国内生产总值的比重为46.7%，比上年同期提高1.2个百分点，高于第二产业2.5个百分点。其次，需求结构呈现积极的新变化。2014年前三季度，最终消费支出对国内生产总值增长的贡献率为48.5%，比上年同期提高2.7个百分点，而且比资本形成总额增速的贡献率要高7个百分点左右。再次，收入分配结构有所改善。2014年前三季度，农村居民人均现金收入实际增长快于城镇居民人均可支配收入2.8个百分点，城乡居民人均收入倍差2.59，比上年同期缩小0.05。最后，区域结构有所改善。2014年前三季度，东部、中部和西部地区的投资同比增长速度分别为14.9%、17.8%和17.9%；东部、中部和西部地区规模以上工业增加值同比增长速度分别为8.0%、8.5%和10.6%。

四是经济增长的驱动力由要素驱动、投资驱动等传统增长点转向以创新驱动为代表的新增长点。整个经济较为明显地向中高端迈进，而新产业、新业态、新产品保持较快的增长速度。2014年前

---

① 参见《中央经济工作会议在北京举行》，《人民日报》2014年12月12日第1版。

② 本章引用的统计数据，如无特别说明，均来自国家统计局网站：http://data.stats.gov.cn。

三季度，高新技术产业和装备制造业增速分别为12.3%和11.1%，明显高于工业平均增速。

为了适应经济新常态，我国经济发展需要以正确的价值导向为引领。我国经济新常态既具有经济增量可观、经济结构不断优化升级、经济增长驱动力趋于多元、市场活力得到释放等新的发展机遇，又面临着经济增长速度放缓、贫富差距较大、生态环境压力较大、外资控制我国产业增大、非公经济占比增大等潜在的风险与挑战。在经济新常态下，只有在正确价值导向的引领下，我国国民经济才能既把握新的发展机遇，又克服潜在的风险与挑战。我国经济发展新常态下正确的价值导向即遵循经济规律的科学发展导向、遵循自然规律的可持续发展导向和遵循社会规律的包容性发展导向。这三个导向，将经济发展、自然持续与社会进步紧密地结合了起来。

（三）遵循经济规律的科学发展导向

1. 社会主义市场经济需遵循的主要经济规律

社会主义市场经济需遵循的客观发展规律是由一系列经济规律构成的规律系统。这些经济规律主要包括按比例发展规律、价值规律、剩余价值规律、国家调节规律等。

（1）按比例发展规律。

按比例发展规律即按比例分配社会劳动的规律，是生产与需要之间矛盾运动的规律。这一规律的内涵是，在生产与需要的矛盾运动中，各种产出与需要在使用价值结构上要保持动态的综合平衡，以实现在既定条件下靠最小的劳动消耗来取得最大的生产成果。马克思指出，"要想得到和各种不同的需要量相适应的产品量，就要付出各种不同的和一定数量的社会总劳动量"[①]。

按比例发展规律是贯穿于各个历史阶段的关于人类物质资料生产中资源配置的普遍规律。马克思指出，"整个社会内的分工，不

[①] 《马克思恩格斯全集》（第32卷），人民出版社1972年版，第541页。

论是否以商品交换为媒介,是各种社会经济形态所共有的"[1]。在我国社会主义市场经济中,按比例发展规律表现为有组织的生产单位内部分工与有规划、有管理的社会分工相结合,按比例发展规律通过与市场调节规律(或价值规律)、国家调节规律(或计划规律)的有机融合来实现。

(2)价值规律(或市场调节规律)。

价值规律(或市场调节规律)的内涵是:商品的价值量由生产商品的社会必要劳动时间所决定,商品交换按照价值量相等的原则进行。在商品经济中,价值规律通过竞争引起的交换价值(即价值形式)的自发波动来实现按比例发展规律。

价值规律(或市场调节规律)是按比例发展规律在商品经济阶段的实现方式,即商品经济中资源配置的一般规律。在简单商品经济中,由于交换价值还仅仅表现为生产者为本身生存而创造的使用价值的剩余部分,价值规律(或市场调节规律)在资源配置中还没有占支配地位。而在发达商品经济中,由于交换价值获得统治地位,价值规律(或市场调节规律)在资源配置中发挥决定性作用。

价值规律(或市场调节规律)的功能强点主要体现在如下领域:一般资源短期的微观配置,教育、文化等非物质资源的辅助性配置,以及财富与收入分配的自发调节等。价值规律(或市场调节规律)的功能强点主要包括资源短期配置功能、微观均衡功能、信号传递功能等。在这些领域,市场是通过价值规律的自发作用实现市场行为主体的短期利益和局部利益。在这些领域,包括商品的供给者与需求者在内的市场行为主体之间是平等的竞争关系。他们的市场行为以商品的价值量为基础,按等价交换原则,通过竞争机制、价格机制、供求机制等市场机制相互作用,从而实现资源在市场主体之间的配置。

价值规律(或市场调节规律)在资源配置中具有功能弱点。首

---

[1] 《马克思恩格斯全集》(第23卷),人民出版社1972年版,第397页。

先，市场的局部利益驱动功能通过竞争机制对商品生产者利益的调节，具有偏离社会整体利益的功能弱点。一方面，市场的这种调节导致商品生产者之间的两极分化：持续处于竞争优势的商品生产者由于获利多而得以不断扩大生产规模；而持续处于竞争劣势的商品生产者则由于获利少、无利可图或亏损而生产萎缩，甚至退出生产。另一方面，市场的这种调节使商品生产者只以自身的局部利益最大化为目标，忽视环境保护、文化保护、公共健康等社会整体利益，更不愿投资于教育、卫生、基础研究等非营利性或低营利性的部门，从而导致负外部效应。其次，市场的技术创新功能通过竞争机制对商品生产者改进技术和管理的刺激与促进，同时具有阻碍技术进步的功能弱点。已经在技术上获取垄断地位的商品生产者，为了保持自己的技术优势，就会阻碍技术在社会上的合理传播和使用。

（3）剩余价值规律。

剩余价值规律的内涵是，在市场经济条件下，商品生产的投资者生产的直接目的是通过扩大和增加对剩余劳动的占有来追求尽可能多的剩余价值。[①] 剩余价值规律是发达商品经济的普遍规律。

在资本主义私有制经济中，剩余价值规律具体化为私人剩余价值规律。生产资料的资本主义私人占有制决定了，私人资本雇佣的劳动者创造的剩余价值被私人资本家占有。为了赚取尽可能多的剩余价值，私人资本所有者通过把剩余价值不断转化为资本使资本积累规模和生产规模越来越大。私人资本积累强化和放大了以价值规律为核心的市场调节规律的功能弱点。一方面，私人资本积累通过资本有机构成不断提高而形成的相对过剩人口，使较高的失业率成为资本主义的常态。另一方面，私人资本积累导致社会两极分化的不断加剧：一极是财富在少数私人资本所有者手中的积累；而另一极，即在从事剩余价值生产的无产阶级"贫困、劳动折磨、受奴

---

① 程恩富：《现代政治经济学新编》（第2版），上海财经大学出版社2000年版，第80页。

役、无知、粗野和道德堕落的积累"①。在以资本主义私有制为基础的市场经济中，价值规律等市场调节规律与私人剩余价值规律的共同作用，导致经济危机周期性爆发，从而造成社会资源的巨大浪费。

在社会主义公有制经济中，剩余价值规律具体化为公有剩余价值规律。生产资料的社会主义公有制决定了，公有企业的劳动者创造的剩余价值为国家或集体所有。这些剩余价值的一部分作为利税上缴国家，其余部分转化为垫支资本，构成劳动者整体利益和长远利益的源泉。在国有独资的公有制经济（即全民所有制经济）的分配中，总收益可分为国家财产收益、积累、劳动者报酬（即消费）三个组成部分；在独资的集体经济的分配中，总收益可分为积累与消费（包括劳动者报酬和劳动者股份收益）两个组成部分；在以公有资本控股的不同所有制之间的相互持股形式和交叉持股形式中，总产品在分配上可分为股份收益（包括公有股份收益和私有股份收益）、积累、劳动者报酬（即消费）三个组成部分。因此，社会主义公有制经济中的资本积累为消灭剥削、消除两极分化从而实现劳动者的共同富裕奠定了基础。

（4）国家调节规律。

国家调节规律的内涵是：国家运用经济、法律、行政、劝导等国家政权手段，自觉利用社会大生产发展的客观规律，根据社会生产的实际运行状况和发展态势，预先制定社会生产的总体规划，并科学合理地调节社会总劳动在各生产部门的分配。

国家调节规律是按比例规律在受国家调节的社会化商品生产中的一种实现方式。马克思指出，在以共同生产为基础的社会中，"社会必须合理地分配自己的时间，才能实现符合社会全部需要的生产。因此，时间的节约，以及劳动时间在不同的生产部门之间有计划的分配，在共同生产的基础上仍然是首要的经济规律"②。在

---

① 《马克思恩格斯文集》（第5卷），人民出版社2009年版，第744页。
② 《马克思恩格斯全集》（第46卷上），人民出版社1972年版，第120页。

国家垄断资本主义阶段和社会主义初级阶段，由于国家的存在，对社会生产的总体规划和综合调节只能由国家来承担。

国家调节规律的功能强点主要体现在如下领域：一般资源短期配置的宏观调控与微观规制，地藏资源等特殊资源的直接配置，许多一般资源的长期配置，教育、文化等非物质资源的主导型配置，以及财富与收入分配的规划调节等。国家调节规律的功能强点主要包括宏观制衡功能、结构协调功能、竞争保护功能、效益优化功能和收入重分功能等。在这些领域，国家通过专业职能机构对资源的主动规划配置来实现长远利益和整体利益。

在具体实践过程中，国家调节资源配置可能会出现调节的偏好主观、调节的转换迟钝、调节的政策内耗、调节的动力匮乏等功能弱点。其中，调节的偏好主观，即调节行为背离经济发展的客观规律；调节的转换迟钝，即调节机构由于可能出现的可靠信息缺乏、决策程序复杂、决策时间较长、决策成本过大等因素而不能根据新情况及时调整调节方向和调节力度；调节的政策内耗，即调节的政策体系内部各政策之间没有相互配合而导致各项政策的功能相互抵消；调节的动力匮乏，即执行调节职能的国家工作人员可能从个人、本地区、本部门或本阶层的狭隘利益考虑，不愿意针对经济形势的变化实施自觉有效的调节。[①]

2. 经济新常态下的科学发展导向

经济新常态下的科学发展导向，就是经济发展要遵循社会主义市场经济的客观发展规律。这一导向要求，经济新常态下我国经济发展要在坚持中国特色社会主义基本经济制度的前提下，将市场在资源配置中的决定性作用与政府在资源配置中的导向性（或主导型）作用有机结合起来。

（1）坚持中国特色社会主义基本经济制度。

中国特色社会主义基本经济制度的核心是，公有制为主体、多

---

① 程恩富：《构建以市场调节为基础、以国家调节为主导的新型调节机制》，《财经研究》1990年第12期。

种所有制经济共同发展。这一制度是新常态下经济实现科学发展的制度基石。

①坚持公有制为主体。

在我国现阶段的经济中,广义的公有制经济既包括全民所有制和集体所有制的独资形式,又包括以公有资本控股的不同所有制之间的相互持股形式和交叉持股形式。

公有制经济的主体地位是新常态下经济实现科学发展的根本保证。

首先,公有制企业在初次分配领域能够通过避免贫富的严重分化来保障经济的平稳运行。一方面,公有制企业要通过确定利润、积累与劳动者报酬之间的适当比例来确保劳动报酬在初次分配中的合理比重,促进劳动报酬增长与劳动生产率提高同步。另一方面,公有制企业要通过具体收入分配机制的完善来降低劳动者之间报酬差距的不合理性,促进初次分配领域的相对平等(即共同富裕)①。因此,公有制经济在整个国民经济中的主体地位,从根本上缓解生产的无限扩大和有支付能力的需求不断缩小之间的矛盾,从而避免经济危机的周期性爆发,确保经济健康、稳定地发展。

其次,公有制企业为国家矫正价值规律和或市场调节规律的功能弱点提供了必要保障和财力支撑。一方面,与私有企业和私有垄断公司的反国家调控特点不同,公有制企业一般愿意服从和配合国家对经济的整体性调控。另一方面,公有制经济是国家为以熨平经济波动而调节经济的重要财力来源。改革以来,我国国有经济上缴利税一直占国家财政收入的重要部分。2014年前三季度,中央企业累计上缴税费总额1.5万亿元,同比增长5.6%;累计实现利润总额1.1万亿元,同比增长6.6%。②

---

① 参见本报记者彭波、魏薇、臧春蕾《发展成果 全民共享——访谈程恩富、马俊峰、朱安东》,《人民日报》2014年9月15日第6版。
② 参见《央企前三季度实现利润1.1万亿》,《人民日报》2014年10月17日第10版。

最后，公有制经济通过填补其他所有制的投资空白，来弥补价值规律和市场调节规律的严重不足，促进经济全面而均衡地发展。价值规律和市场调节规律有效发挥作用的领域主要集中在资金回收周期较短、风险较小、利润率较高（一般在短期高于平均利润率）的经济领域。在这些领域，公有制经济可以与其他所有制实现公平的商业竞争。而一些对国计民生极为重要，但因资金回收周期长、风险高、利润率低（甚至低于平均利润率）、涉及国家核心安全而不适合其他所有制的领域，只能由公有制经济来运营。在这些领域，公有制企业并不完全以本企业利润最大化为目标，而是以社会利益最大化为经营目标。

②坚持公有制为主体前提下的多种所有制经济共同发展。

公有制为主体前提下的多种所有制经济共同发展，是中国特色社会主义基本经济制度的一个重要方面，也是新常态下经济实现科学发展的重要体现。

首先，公有制为主体前提下的多种所有制经济共同发展，可以激发经济新常态下的市场活力。多种所有制经济进行平等竞争的经济领域主要是价值规律（或市场调节规律）能够有效发挥作用的领域，即资金回收周期较短、风险较小、利润率较高（一般在短期高于平均利润率）的经济领域。在这些领域，公有制生产单位与其他所有制的生产单位展开公平的商业竞争，从而激发市场的竞争活力。

其次，公有制为主体前提下的多种所有制经济共同发展，能够通过降低私人剩余价值规律的负面作用而有效缓解经济发展的剧烈波动。在自我雇佣的个体经济中，尽管由于劳动者在生产中提供的劳动数量与质量存在一定的差别，但劳动者之间一般不会出现严重的贫富两极分化。而在存在资本雇佣关系的中资或外资私有经济中，由于资本所有者生产的根本目标是追求尽可能多的剩余价值，私有剩余价值规律在初次分配中占支配地位。而私有剩余价值规律的作用构成了经济剧烈波动的风险基础。一方面，这一规律通过资本积累过程不断强化资本所有者与劳动者之间贫富分化的趋势，从而加剧生产的无限扩大和有支付能力的需求不断缩小之间的矛盾。另一方面，非公经济的偷税漏税情况比较严重，从而削弱了国家改善民生、矫正价值规律和市场调节规律功能弱点的财力基础。而公有制经济与非公有制经济的竞争与合作能够有效遏制私人剩余价值规律的负面作用。一方面，公有制经济在初次分配的按劳分配原则对非公有制的分配具有示范作用；另一方面，在公有资本控股的混合所有制经济中，公有股份能够通过企业经营的有效参与来防止私有制经济的偷税漏税情况。

因此，发展混合所有制的过程中，坚持和巩固公有制为主体、多种所有制经济共同发展的基本经济制度，是新常态下经济实现科学发展的根本制度保障。在我国经济发展方式转变中逐渐形成的现代服务业和战略性新兴产业中，在循环经济的发展中，以及在城乡区域发展的协调互动中，都要坚持公有资本控股为主体的混合所有制，而绝不是非公资本单向持股或控股公有资本的私有化。

（2）坚持市场作用与政府作用的有机结合。

市场在一般资源配置中的决定性作用与政府在重要资源配置中的导向性（或主导型）作用有机结合，是在经济新常态下按比例发展规律的基本实现方式。

首先，市场与政府的有机结合，形成在功能上良性互补、效应上协同、机制上悖反的有机整体，从而实现按比例发展规律。市场通过价值规律等市场调节规律对资源配置的自发调节而实现商品生产者之间的短期利益和局部利益；而政府通过专业职能机构主动运用国家调节规律来规划配置资源以实现整个社会的长远利益和整体利益。

其次，政府的经济调节要遵循包括价值规律等市场调节规律在内的客观经济规律系统。一是政府的经济调节要以对经济发展状况及时、准确、充分的调研为基础；二是政府的经济调节职能结构内部要形成及时、有效的决策协调机制，避免各种政策之间的功能冲突；三是国家调节过程要接受专门机构的监督与管理。在作出调节决策之前，国家专门机构要组织相关利益主体进行决策前听证，而在调节决策执行过程中，国家专门机构要对决策的执行状况进行监督，并在调节决策执行结束后，国家专门机构还要进行调节绩效评估。

因此，经济新常态下的科学发展，需要坚持市场在一般资源配置中的决定性作用与政府在重要资源配置中的导向性（或主导型）作用的有机结合。我国既要在微观领域通过政府的简政放权、充分发挥市场在资源配置中的决定性作用来激发各类市场主体的活力、增强创新驱动的动力、构建现代产业体系以及培育开放型经济发展新优势，又要充分发挥政府在科技进步、劳动者素质提高、管理创新、节约资源和循环经济以及城乡区域发展等宏观领域对资源的长远性、整体性规划配置作用。

（四）遵循自然规律的可持续发展导向

1. 经济发展需遵循的自然规律

经济发展需遵循的自然规律主要是人与自然之间和谐发展的客观规律。这一规律的核心内涵是：人类源于自然，从属于自然，依存于自然，又受制于自然。

首先，人类源于自然，从属于自然。人类是自然界长期发展的产物。人类自从诞生以来始终作为自然界的一部分，在与自然界相互作用、相互融合的实践中获得持续的生存和发展。

其次，人类依存于自然。自人类有史以来，自然资源一直是人口系统与自然系统相互作用的基本纽带。人类只有依靠从自然界获取的自然资源才能获得生存和发展。一是人类不断从自然界直接获取物质生活资料；二是在物质生活资料生产的实践中，自然资源不断作为劳动对象和劳动工具进入物质生产领域，从而成为人类"无机的身体"[①]。

最后，人类的活动受制于自然界。在一定的生产力条件下，自然界对人类活动的承载能力是有限度的。一方面，人类所能获取的

---

① 《马克思恩格斯文集》（第1卷），人民出版社2009年版，第161页。

自然资源非常有限；另一方面，人类赖以生存的生态环境对人类活动的容纳能力同样非常有限。工业革命以来，人类的经济活动不仅加大了对自然系统中资源的索取，而且加重了环境污染负荷。当人类活动没有损害到自然环境的恢复力与稳定性时，人类与自然界能够和谐共处。而当人类经济活动的深度与广度超过自然系统的承载能力时，自然界就要对人类"进行报复"[①]。半个多世纪以来，人类与自然系统之间的关系日趋紧张，出现了自然资源耗竭、能源短缺、环境污染等一系列威胁人类自身生存与发展的严重问题。我国经济新常态下的经济社会发展也受到资源环境瓶颈的强力约束，目前我国能源资源和生态环境的承载能力已经接近或达到上限。据《中国经济导报》报道：海关数据显示，2015年4月份中国石油进口达到每日740万桶（相当于全球每日石油消费量的1/13），超过美国每日720万桶的进口量。也就是说，中国已经接替美国成为世界第一大石油进口国。[②] 这个世界第一的帽子，该让国人多几分警醒才是。

2. 经济新常态下的可持续发展导向

经济新常态下的可持续发展导向，就是经济发展要遵循人与自然之间矛盾运动的客观发展规律。这一导向要求，经济新常态下的我国经济发展必须牢固树立人与自然和谐发展的生态文明理念，依靠生态文明制度来推动形成绿色低碳循环的发展新方式，促进经济发展方式从规模速度型粗放增长转向质量效率型集约增长[③]，从而实现生态环境良好的发展目标。

（1）牢固树立人与自然和谐发展的生态文明理念。

生态文明理念的核心是人与自然和谐发展。生态文明即人类遵循人与人、人与自然、人与社会之间和谐协调的客观规律而获得的

---

① 《马克思恩格斯文集》（第9卷），人民出版社2009年版，第560页。
② 马芸菲：《世界最大石油进口国这顶"帽子"不好戴》，《中国经济导报》2015年5月16日B2版。
③ 参见《中央经济工作会议在北京举行》，《人民日报》2014年12月12日第1版。

物质文明与精神文明成果的总和。生态文明理念强调，人类在进行经济、政治、文化、社会等各方面建设的全过程中，始终要尊重自然、顺应自然、保护自然。

新常态下的我国经济发展要牢固树立人与自然和谐发展的生态文明理念。一是要不断深化对自然界规律的认识和理解。这是遵循自然规律的前提。正如恩格斯所强调的，"我们一天天地学会更正确地理解自然规律，学会认识我们对自然界习常过程的干预所造成的较近或较远的后果"[①]。二是要树立善待自然、顺应自然的理念。即"我们每走一步都要记住：我们决不像征服者统治异族人那样支配自然界，决不像站在自然界之外的人似的去支配自然界"[②]。三是要树立保护自然的理念。正如习近平总书记所指出的，"保护生态环境就是保护生产力、改善生态环境就是发展生产力"，"决不以牺牲环境为代价去换取一时的经济增长"[③]。

（2）依靠生态文明制度推动可持续发展。

遵循自然规律的可持续发展，必须依靠生态文明制度。恩格斯指出，解决生态问题"仅仅有认识还是不够的。为此需要对我们的直到目前为止的生产方式，以及同这种生产方式一起对我们的现今的整个社会制度实行完全的变革"[④]。只有将人与自然和谐发展的生态文明理念转化为有强制力和约束力的制度和法律，才能对人们的活动形成有效的制约，最终实现"人类与自然的和解"[⑤]。

首先，立法机构要建立健全以自然资源产权法律制度为核心的生态文明制度体系。一是要建立健全自然资源的产权法律制度。这一法律制度应在坚持自然资源资产全民所有制的基础上，由专业职

[①] 《马克思恩格斯文集》（第9卷），人民出版社2009年版，第560页。
[②] 同上。
[③] 参见《坚持节约资源和保护环境基本国策 努力走向社会主义生态文明新时代》，《人民日报》2013年5月25日第1版。
[④] 《马克思恩格斯文集》（第9卷），人民出版社2009年版，第561页。
[⑤] 《马克思恩格斯文集》（第1卷），人民出版社2009年版，第63页。

能部门统一行使全民所有自然资源资产所有权人职责。① 二是要完善国土空间开发保护、生态补偿、环境治理、生态修复、举报监督等方面的法律制度。

其次，各级政府要建立健全包括生态环境评价在内的行政绩效考核制度。传统的经济发展观把发展的内涵仅仅理解为经济的增长。以这一发展观为指导的行政绩效考核中以 GDP 论英雄，导致资源的过度消耗和生态环境的破坏。新常态下的我国经济发展，必须建立以可持续发展为导向的行政绩效评价体系，不以 GDP 论英雄，把资源消耗、环境损害、生态效益纳入行政绩效考核之中。

（五）遵循社会规律的包容性发展导向

1. 经济发展需遵循的社会规律

经济发展需遵循的社会规律是由一系列规律构成的社会规律系统。广义的社会规律主要包括生产关系一定要适合生产力状况的规律、上层建筑一定要适合经济基础状况的规律等。狭义的社会规律存在于社会组织、社会管理、社会协调、社会保障等方面。社会和谐发展规律便是其中之一。

社会和谐发展规律的核心是社会成员的关系融洽，这就在大的社会方面涉及人民群众既是发展的主体，又是发展的目的。社会发展是合目的性与合规律性相统一的过程。社会规律需要通过人民群众有目的的创造性活动来体现。在人类社会发展中，人民群众是历史和社会活动的创造者。人民群众不仅是物质财富和精神财富的创造者，也是社会变革的决定力量。但在以私有制为主体的社会中，社会发展的成果主要被占有生产资料的剥削阶级所攫取，而作为人民群众主体部分的广大劳动群众及知识分子，只能获得社会发展成果中极小的一部分。在以公有制为主体的社会主义社会，社会发展

---

① 参见《十八大以来重要文献选编》（上），中央文献出版社 2014 年版，第 507 页。

的成果理应主要由人民群众所共享,这在我国目前的改革发展中具有必须改善和加强的现实性要求,而这又与包容性发展导向紧密相连。

2. 遵循经济新常态下的包容性发展导向

经济新常态下遵循社会规律的包容性发展导向,必须追求公平与效率之间的更高层次和更和谐层面的统一。经济发展中的公平与效率是既对立又统一的矛盾关系。从经济发展的最终目标看,不断增强经济的长期发展后劲必然要求经济发展中公平与效率的统一,即一个社会的经济既要通过社会全体成员在平等条件下的共同参与来实现持续健康的发展,又要使社会全体成员公平地分享社会发展的成果。但是,经济发展中公平与效率存在着对立的一面:效率原则可能侧重强调单个经济行为主体的短期利益与局部利益,而公平原则侧重强调社会经济的长期效益与整体效益。因此,经济发展中的公平与效率存在某种意义上的对立和冲突的一面,从而并不必然具有包容性。经济新常态下,若不能以公平的价值理念更有效地激发广大群众的人力支撑,则人们期望的经济发展的动力因素乃至其支撑的高效率,不可能是令人满意的。

经济新常态下遵循社会规律的包容性发展导向,必须有相应的制度和体制机制作保障。其中,最为关键的,一是公有制为主体所决定的按劳分配为主体的分配制度。公有制经济通过其支撑的按劳分配机制实现包容性的发展导向。按劳分配在公有制生产单位的内部实现了劳动者之间的劳动平等与报酬平等,而劳动平等与报酬平等则是包容性在社会整体领域的根本体现;二是由政府主导提供底线保障的基本公共服务体系。基本公共服务与经济社会发展水平和阶段相适应,旨在保障全体公民生存和发展基本需求的公共服务。[1] 在我国经济新常态下实现包容性的发展导向,以机会均等为核心的基本公共服务均等化是不可或缺的制度和体

---

[1] 《国家基本公共服务体系"十二五"规划》,《光明日报》2012年7月20日第9版。

包容性转变：转变经济发展方式的形上之思与形下之维

制保障。

经济新常态下遵循社会规律的包容性发展导向，必须以教育优先发展为根本战略，以强力支撑"创新发展"。创新发展是党的十八届五中全会提出的新发展理念，它之所以被排在五大发展新理念之首，是有其强烈的现实针对性的。创新是包容性发展的本有之义，包容性发展作为一种经济发展理念，内在地包涵着创新这一实质内涵。之所以这样说，是由创新在经济发展中的巨大作用使然。在新常态背景下贯彻创新发展理念其主要的着力点和关节点，在于深刻理解包容性发展包容创新的内涵，制定合理有效的激励和实施机制，以促进基础创新的发展。① 而以教育优先发展为根本战略，坚决贯彻和实施"科教兴国""教育第一"等基本国策，重视基础研究，加大研发投入，才是治本之策，舍此，创新发展便是无源之水，全民创新创业的局面也将难以形成。

经济新常态下遵循社会规律的包容性发展导向，必须最后落脚到全民"共享发展"之上。共享发展是五大新发展理念的归结点，是发展的目的和归宿。共享发展，一向被学界普遍认为是包容性发展理念的最主要内涵，甚至"包容性发展"概念的前身便是"共享式发展"。把共享发展列为五大发展理念之一，并作为五大发展理念的归结点和最终归宿，足见我们党践行包容性发展理念的决心，以及以包容性发展理念为指导不断推进人们对经济社会发展成果共享进程的坚定意志。党的十八届五中全会《建议》把共享当作中国特色社会主义的本质要求，正是这种决心和意志的反映。《建议》中的一系列论述，如必须坚持发展为了人民、发展依靠人民、发展成果由人民共享，作出更有效的制度安排，使全体人民在共建共享发展中有更多获得感，朝着共同富裕方向稳步前进；以及《建议》提出的一系列推进共享发展的举措，如增加公共服务供给，实施脱贫攻坚工程，提高教育质量，促进就业创业，缩小收入差距，

---

① 参见任保平《中国经济增长质量报告（2011）：中国经济增长包容性》，中国经济出版社2011年版，第133页。

建立更加公平、更可持续的社会保障制度等，均是对凸显共享发展的包容性发展价值导向的坚定遵循。

四 结语

为了主动适应经济新常态，我国经济发展需要以正确的价值导向为引领。在经济新常态下，只有坚持遵循经济规律的科学发展导向、遵循自然规律的可持续发展导向以及遵循社会规律的包容性发展导向，我国国民经济才能既把握新的发展机遇，又克服潜在的风险与挑战。而以上三个导向，本质上都是经济新常态下推进包容性转变战略的核心价值导向，也是需要继续深化研究的崭新课题。

附录1 包容性转变多给力
——我国城镇化建设现状和理念蒙太奇

内容提要

以包容性转变战略思想审视我国城镇化进程和实质，可望找到一些地方城镇化"做派"的矫正器，树立起城镇化健康推进的导向牌。城镇化的内质，在于包容性转变；城镇化的价值，亦在于包容性转变。

一 序幕：问题的提出

中央电视台在2010年度热词栏目首推"给力"一词，于是我们便想到以"给力"来为这篇讨论城镇化建设的文献综评命名。2010年11月10日，国务院常务会议针对城镇化建设中的错误倾向指出：必须采取有力措施，严禁违法调整、收回和强迫流转农民承包地，坚决防止违背农民意愿搞大拆大建、盲目建高楼等现象。"被上楼"等现象的被叫停，得到了广大农民和社会舆论的高度赞赏。我们要问，曾几何时，进城、上楼、农转非等诱人的光环，为什么在我国城镇化建设的道路上会如此黯然失色？农民兄弟难道不想洗脚进城，一朝成为城里人？

以下通过对城镇化过程的"众生相"进行蒙太奇式的结集合璧（说明：下面"镜头"字体不变），并以包容性转变战略思想为衡量标准，希冀端正认知，明确方向，以促我国城镇化建设多多给力。

二 城镇化：现代化建设的必由之路，农民曾经的热切渴求

我国的城镇化建设，是以承认城乡二元结构、"三农"问题成为现代化建设的重中之重为前提的。城镇化是我国经济发展的强大动力，社会进步的必然趋向。这也是世界发达国家所昭示的一条国家现代化之路。

  镜头A：

  A1：为什么要推进城乡一体化和城镇化？实施扩大内需战略要求加快推进城镇化健康发展，构建社会主义和谐社会要求加快推进城镇化健康发展。中国城乡二元结构矛盾突出，已成制约城乡协调发展、消除城乡差别的主要制度障碍，必须加快改革步伐，加大攻坚力度，尽早突破。①

  A2：当前中国已到城镇化起飞的阶段，一个发展的高潮期即将到来。城镇是国民经济的主要载体，城镇化道路决定着中国经济能不能健康持续稳定地发展。可以说，城镇化决定着中国的未来。②

  A3：农民岂不渴望经济发展，因为他们要抛却贫穷、苦难，奔向温饱、小康和现代化；农民岂不期盼新农村建设，因为他们也有幸福的梦想，也要温暖的家园；农民岂不向往现代城市，因为现代城市中有别一样人生，有另一种命运。城市仅仅打开了一条门缝，他们就挤进了一亿多人。③

---

  ① 彭森：《为什么要推进城乡一体化和城镇化？》，《时事报告》2010年第9期。以下凡以仿宋体标注的"镜头"，均属于结集和引证。
  ② 《中国特色的城镇化"特"在何处》，《华人时刊》2006年第2期。
  ③ 苏北：《城市化，不得强制》，《半月谈》2010年第24期。以下凡未标注的"镜头"，均来自《半月谈》近几年的报道。

包容性转变：转变经济发展方式的形上之思与形下之维

三 农民"上楼"现象面面观

中央农村工作会议确定，2010年"三农"工作将把统筹城乡发展作为全面建设小康社会的根本要求，把建设社会主义新农村和推进城镇化作为保持经济平稳较快发展的持久动力。随着一号文件的颁布，全国范围内掀起了新一轮的城镇化浪潮。但是，城镇化不是闹革命，不是"大跃进"，不是搞运动，更不是瞎折腾。党和国家注重民生的政策，在一些地方总是被"歪嘴和尚"给念歪了。

镜头B：

B1：安徽省东至县大渡口镇：按规划镇附近的村庄农地一次性征用，农民搬进城镇的安置楼房。但农民们担心：失去赖以生存的土地，没有明确的就业保障，今后的日子该怎么过？一名拆迁户抱怨："几万元的征地补偿最多保三五年，今后靠什么？"调查发现，就业方面是"上楼"农民的首位担忧。农民工也认为，在城里吃饭贵看病贵住房贵，若没有稳定的工作，肯定不愿意转为城市户口。

B2：社会保障是否健全，是"上楼"农民第二位的担忧。一位乡卫生院的退休职工说，我原属农村户口，3年前全家户口均转到了县城，开始很高兴，可近两年就后悔了，特别是今年，物价飞涨。1000多元的退休金要养活全家压力很大。妻子无职业，每月还得交400元购养老保险，其他老城市人购养老保险都有优惠和部分返还，可新转户的人只有靠边站。而回乡时，亲友乡亲却喜笑颜开地说：现在种田不交税，买家电农具有优惠，60岁以上的有养老金，还有种粮补贴、农膜补贴、养殖补贴，今后还有土地、宅基等补偿。

B3：不少城市借助于区区一纸户口登记的户籍改革，借助于统筹城乡一体化的制度创新，便拥有了更多的土地资源，同时也产生了众多从乡村涌向城市的失地农民。当城市化难以为之提供基本的生存条件、足够的就业机会和有效的福利保障时，"失地"和"变市民"换来的，只能是"失业农民"。

不言而喻，这种城镇化，决不是中央政府所希望看到的，也是与包容性转变战略思想相悖的。

四 民意调查

镜头C：

C1：据半月谈社情民意调查中心数据显示，对于心目中理想的城镇化，超过2/3的受访者（67.8%）最关注的是"能平等享受教育、社保、医疗等完备的公共服务"，次之是"进入城镇的市民有较多就业机会"，占61%。而仅就农业户口受访者的统计，则占63.7%的农民关注"较多的就业机会"。显然，对就业的渴求占据首位。

C2：在多数民众最希望城镇化带来的"发展特色经济优势产业""完善城镇社会服务功能""提供更多就业机会"等方面，政府对实际工作的推进力度并未得到民众的认可，选择比例分别为17.3%、13%和8.4%。

C3：对于城镇化进程中农民利益变动现状，仅有15%的选择"农民受益了"，而高达50.2%的选择"成为市民只是身份变更，新市民能否在城市过得好很难说"。近1/3的受访者更是选择"农民吃亏了，他们被迫放弃土地保障进了城，可又没有在城市发展的能力，可能成为城市贫民"。

C4：对于城镇化进程中应当着力提升和改进的方面，占63.8%的受访者首选"在城镇化进程中提倡以人为本、科学发展，摒弃唯GDP政绩观"，56.8%的选择"加快保障体系建设"，48.5%的选择"提高生态环保意识"，46.9%的选择"创业、就业培训及帮扶"，反映出民众对"重保障，重民生"的强烈期待。

可见，我们的城镇化，在许多地方确实走歪了，走偏了，变味了。

五 城镇化建设：包容性转变多给力

包容性转变的战略理念，以包容性发展理念为基础，与20世纪末发展起来的权利贫困理论以及关于社会排斥方面的思想密切相关，反映了对公民权利的强调和对社会排斥问题的重视，强调贫困人口不应因其个人背景的差异而受到歧视，不应被排除在经济增长的进程之外。而包容性转变战略理念所追求的机会平等，最突出地强调人们社会经济和政治权利的一致，在参与经济增长、为增长作出贡献、并在合理分享增长成果等方面不会面临体制的障碍、社会的歧视以致能力缺失。[①] 以包容性转变战略审视我国的城镇化进程，可望为目前一些地方的城镇化"做派"找到一个矫正器，为城镇化的健康推进树立起一个导向牌。

1. 包容性转变是一些城镇化"做派"的矫正器

镜头D：

当今中国，谁要城镇化？谁的城镇化？谁在城镇化？显然这并非农民自愿的城镇化，而是政府主导甚至行政强制的城镇化，是一些地方政府加强土地财政、资本豪取超额利润的城镇化，是权力和资本竭力鼓呼的城镇化。

以包容性转变战略审视，我们的城镇化，不能变味为有悖以人为本、漠视农民意愿的城镇化：

D1：许多地方，在政府的封闭操作和开发商的强势挤压中，农民没有知情权，甚至无法获得应有的通知公告、书面协

[①] 参见蔡荣鑫《"益贫式增长"模式研究》，科学出版社2010年版，第31页。

议；没有自主的空间，缺乏基本的选择权和拒绝权；没有平等的地位，难以拥有组织化、渠道化、平台化的利益表达。尽管中央政府明确要求充分尊重农民意愿，不得强拆强建。

D2：那些雷霆般的逼迫和行政性的强拆，让农民兄弟倍感痛苦和无奈。户籍进城中不平等的置换公然侵害着他们的财产权益，撤村并居中要挟强逼现象一再上演，或被停水停电、或被强行清场，甚者还招致"艾滋病拆迁队"等不明身份的人白昼行凶、黑夜打砸，人在房内却铲房埋人，浇上汽油放火烧人，导致积年投资顿成一地废墟，世代家园瞬间彻底铲除。

以包容性转变战略审视，我们的城镇化，不能演绎为管理者的财源和升迁之路：

D3：由于一些地方政府指导思想上有偏差，加之一些地方政府迫于建设用地和财政收入的双重压力，于是，城镇化成了折腾土地的城镇化。

D4：一位甘肃姓桑的农民朋友说，2000年时为增加城镇人口，镇里要求我们6个村统一农转非，每人交30元就可变为城镇户口，大家好高兴。现在钱交了户口也转了，镇党委书记因此提了副县级，可我们针尖儿大的利益也没沾到。

以包容性转变战略审视，我们的城镇化，不能蜕变成投资者的乐园和发财之途：

D5：江苏省仪征市刘集镇读者说，所谓"城镇化"真是劳民伤财，我们各村都建了村民集中区，镇东南又建了一个镇村民集中区，此举的真正目的，是以集中区为旗号卖地给开发商，政府和开发商均获取了惊人利益。

党的十七届五中全会强调，在当代中国，坚持发展是硬道理的本质要求，就是坚持科学发展。可人们看到的，却只是某些地方政府自己理解的"硬道理"。这哪里是什么科学发展？新时期中央反复强调，要把保障和改善民生作为根本出发点和落脚点，做到发展为了人民、发展依靠人民、发展成果由人民共享。可人们看到的，却是"发展"为了GDP，为了政绩工程，为了升迁；"发展"依靠的是开发商，依靠逼迫和强拆，依靠黑社会性质的打砸抢烧杀；而发展的成果，自然只能是"权力"与"资本"来共享。

可见，"权力"与"资本"共享的城镇化，与包容性转变所理解的根本点在于因提升了"人力支撑"才能实现"共享"的"发展依靠人民"和依靠人民发展，区别天壤。其发展排斥人民的颜脸，昭然若揭。

2. 包容性转变是城镇化健康推进的导向牌

据分析，不少地方城镇化建设的主要动因多是解决用地缺口，而非随着工业化发展到一定程度的人口聚集。这样的简单化思维，自然导致城镇化进程中各地对农民的利益保障水平普遍较低：除基本的征地安置补偿和养老保险外，失地农民的就业、医疗等公共服务严重缺失。楼盖成了，人"上楼"了，但符合本地特色的工业企业却不知何处，提供的就业机会寥寥……

包容性转变战略告诉我们，城镇化岂是那空中的花花楼宇，而应是具有坚实基础的系统工程。

我们的和谐社会建设，一方面要求建立在高速持续的经济增长基础之上，只有通过经济发展才能创造就业及其他发展机会；另一方面还要求提供充足的社会公共服务和基础设施，并保证人们享受这些服务和设施的机会上的均等，使社会全体成员"共享"经济发展带来的实惠。表面上看城镇化就是农村人口转移到城镇，但岂能一个"转"字了之？要让农民在城镇"留得住，容得下，过得好"，必须不断增强城镇综合承载力，为大量农村人口进城做好坚实准备。这种准备，首先应是加快产业发展，提高城镇吸纳就业的能力；其次是要完善城镇基础设施，增强政府服务功能。

与上述"就业机会寥寥"等镜头截然相反的是：

附录1 包容性转变多给力

D6：山东省诸城市委市府紧紧扭住发展这个主题不放松，始终坚持用经济发展的一体化推进农村城镇化。一是做大做强工业经济，夯实以工促农的基础。实施工业强市战略，形成经济发展靠支柱产业拉动、支柱产业由骨干企业带动、骨干企业靠品牌产品支撑的格局；二是发展壮大城市经济，提高以城带乡水平。充分发挥城市经济的辐射作用，100多家规模以上城区企业将生产链条延伸到农村，带动镇、社区发展规模以上企业500多家，使15万农民在家门口变成了产业工人；三是创新发展镇域经济，做活城乡一体化发展的关键节点。目前镇街规模以上工业企业户数占全市工业总量的90%以上；四是培育壮大社区经济，大力加强农业龙头企业建设，完善社区服务业网络，有效地提升了农村城镇化水平。①

包容性转变战略告诉我们，城镇化过程应该体现出平等的生存权利和发展机会。还是诸城市的做法：

D7：一是通过社区服务中心建设，大力推进政府公共资源向农村延伸，把医疗卫生、教育就业、法律咨询等服务延伸到农村，使农民和城里人一样享受到及时便捷的公共服务；二是着力推进城乡基础设施一体化。即以现代化大中城市的标准建设中心城区，以现代化小城市的标准建设镇街，以现代化城镇的标准建设农村社区；三是实现城乡社会保障一体化。通过农村社区建设，建立起城乡一体的最低生活和基本医疗保障、五保老人供养、医疗救助和养老保险等制度及公共就业服务体系，消除了"农村人"与"城里人"的身份界限，实现了城乡劳动者的平等。

---

① 孙梽文、刘玉辉：《诸城推进农村城镇化的创新实践》，《求是》2011年第1期。

包容性转变：转变经济发展方式的形上之思与形下之维

城镇化建设，就应该走一条这样的包容性的"诸城之路"。

包容性转变战略告诉我们，我们的城镇化，还应该是广大基层劳动者的美好家园：

  D8：2007年以来，诸城市创造性地推行农村社区化改革，构筑起以"中心城区—镇街—农村社区"为主体的新型城镇化体系，奠定了城乡一体化发展的牢固根基。诸城市的大街小巷，到处都是茂密的林网和花草掩映的楼房；走进农村社区，栋栋楼房坐落在绿树丛中，呈现出生态化、低碳化、绿色化的现代都市景象，洋溢着蓬勃发展的生机。

六　结幕

联合国前助理秘书长沃利·恩道在为《城市化世界》一书作序时指出，城市化极可能是无可比拟的未来光明前景之所在，也可能是前所未有的灾难之凶兆。所以未来会怎样，就取决于我们当今的所作所为。学界有人就指出，目前中国所有严重的现实问题往往都是有误的观念或理论左右着人们的思考和决策。[①] 上述对城镇化过程中"众生相"的结集，反映出一些基层领导有悖科学发展和包容性转变战略的错误观念，以及惯性化、简单化、直线化的工作方式。无论如何也不能再这样折腾下去了，唯有以包容性转变战略为根本导引，强力纠正一些地方政府官员和区域决策者不包容的"做派"，努力在包容性转变上多给力一把、两把、三把，我们的城镇化建设才能成为鼓起现代化巨轮远航的风帆，成为撬动全球化大国崛起的支点，成为7亿农民从二元传统走向一元未来的孜孜梦想。毕竟，城市能让生活更美好！

下面以《半月谈》"半月评论"的一段话，作为我们蒙太奇的

[①]《关于当前劳动收入分配问题释疑——访著名经济学家、中国社会科学院程恩富和余斌教授》，《管理学刊》2010年第5期。

结幕：

　　镜头 E：
　　城镇化，在当下中国人的脑海中，有着特别丰富的想象。聆听各级政府宏大叙事中的城镇化构想，投身今日中国呼啸前进的城镇化浪潮，我们首先应当关注和警惕的，不该是城镇化的速度和指数，而应是城镇化的内质和价值。

依笔者看来：
城镇化的内质，在于包容性转变；
城镇化的价值，亦在包容性转变。

附录2　包容性转变的迷局与方向
——"两个大局""共同富裕论""包容性转变"实现理路蒙太奇

内容提要

对共同富裕实现理路的结集说明:"两个大局""共同富裕论""包容性转变"三者是统一的。把让一部分人先富起来及时地转变为逐步实现共同富裕的政策转向,也是中国经济发展方式包容性转变最明确的方向。

一　序幕

"包容性转变"战略思想的提出,是对中国转变经济发展方式研究和实践中那种重"物"轻"人"并误读以人为本倾向的反对。庞大"机会弱势群体"参与经济发展和共享发展成果的"机会边缘化",使其主、客观上均难以成为"转变"的推动者,反成政府被动调节二次分配的庞大对象,严重地制约着经济社会的健康发展。所谓包容性转变,就是切实地把最广大人民作为实施"转变"的主体,真正做到发展依靠人民,切实防止发展排斥人民。这既是唯物史观的基本原则,也是中国包容性发展战略目标体系的设计原则。只有切实地做好消除机会边缘化和改变机会弱势群体现实命运的实际工作,激发并提升包括庞大弱势群体在内的最广大人民群众的"人力支撑",中国的经济发展才能因倚仗主动积极、强大持续的人力参与而走上科学发展的道路，中国经济发展方式的"加快转变"才有可能，"两个大局"战略才能有实现的希望，共同富裕的道路才能越走越宽广。

  镜头 A：
  "国民收入的分配越向穷人倾斜，所产生的满足总额就越大，经济福利的总量就越大。"①

英国经济学家庇古的这一论断，或为本文所论"两个大局""共同富裕论""包容性转变"实现理路的题记。

二　"两个大局""共同富裕论"与"包容性转变"

20世纪80年代逐步形成的"两个大局"思想，既是邓小平共同富裕理论的重要组成部分，同时也为经济发展方式的包容性转变预设了理路上的指南。

  镜头 B：
  B1："沿海地区要加快对外开放，使这个拥有两亿人口的广大地带较快地先发展起来，从而带动内地更好地发展，这是一个事关大局的问题。内地要顾全这个大局。反过来，发展到一定的时候，又要求沿海拿出更多力量来帮助内地发展，这也是个大局。那时沿海也要服从这个大局。"② 这便是邓小平"两个大局"战略思想。
  B2：1992年南方谈话中，邓小平系统阐述了"共同富裕论"，并进一步指出：走社会主义道路，就是要逐步实现共同富裕。如果富的愈来愈富，穷的愈来愈穷，两极分化就会产

---

① 转引自熊友华《弱势群体的政治经济学分析》，中国社会科学出版社2008年版，第248页。
② 《邓小平年谱（1975—1997）》（下），中央文献出版社2004年版，第1247页。

包容性转变：转变经济发展方式的形上之思与形下之维

生，而社会主义制度就应该而且能够避免两极分化。解决的办法之一，就是先富起来的地区多交点利税，支持贫困地区的发展。可以设想，在本世纪末达到小康水平时，就要突出地提出和解决这个问题。①

B3："两个大局"既是一种非均衡发展战略，也是一种整体性战略思想，它兼顾当时与未来发展，是现实利益和长远利益的统一；兼顾效率与公平，是手段和目的统一；兼顾时间顺序与空间布局，是分工与协作的统一；兼顾利益与责任，是权利和义务的统一。它体现了科学发展的现实要求，体现了作为和谐社会重要维度的公平理念，特别是在贫富差距日益拉大、弱势群体得不到有效保护、腐败现象盛行的情况下，维护公平公正显得至为重要。②

B4：中央一直在为实现第二个大局做着不懈努力。1999年中央经济工作会议提出西部大开发战略，2003年国务院长春会议提出振兴东北计划，2004年政府工作报告提出中部崛起战略，2007年国务院正式批准渝蓉两地设立统筹城乡综合配套改革试验区。这一切，都是"两个大局"战略思想的具体体现。③

显而易见，"两个大局""共同富裕论""包容性转变"，实质上是一个问题。它们都是关于"人"的问题，关于以机会平等提升"人力支撑"的问题，是以实现经济发展方式包容性的"转变"促进共同富裕进程的问题。

但现实实践所昭示给人们的，却是共同富裕那踯躅而又蹒跚的脚步。

---

① 《邓小平年谱（1975—1997）》（下），中央文献出版社2004年版，第1343页。
② 王占东：《"两个大局"思想的辩证思考及其现实意义》，《山西高校社科学报》2010年第10期。
③ 才国伟、舒元：《对"两个大局"战略思想的经济学解释》，《经济研究》2008年第9期。

三 目前贫富分化现状及其根由、危害

镜头 C：

C1：尽管西部大开发使西部经济大幅抬升，但人均差距却又与东部进一步拉大，经济发展和人民生活水平出现巨大反差。西部人民迫切要求改变现状，中央政府面临严峻挑战，外国政要学者对此也表现出广泛关注。[①]

C2：强势人群是社会财富的主要拥有者，不断优化和吸纳"四有"（有点权、有点钱、有点品位、有点闲）阶层，即等于拥有取之不竭的"注意力资源"。而"四无"阶层即弱势群体往往被媒体遗忘，处于失语状态，其普遍显现出的保守消极、怀旧、相对剥夺、浮躁、不确定、危机、迷茫、自卑、压抑、边缘甚至对立、报复等心理特征，体现出与主流社会文化意识的疏离。[②]

贫富分化在教育领域，其违背包容性转变战略思想的严重程度，更是令人唏嘘：

C3：据《中国青年报》报道，首届中国贫困地区小学校长论坛在人民大会堂举行。贵州省毕节市赫章县的校长郭昌举感慨："我们村离县城至少差 20 年，县城离北京又差了 50 年。"另一位赫章山区小学校长聂章林在北京之行里吃惊地发现，这里的学生又白又胖，相比之下，他那些山里的学生都显得那么瘦小。有校长感叹，"城乡之间的差距已经是现实，永

---

① 车阳：《"两个大局"引领东西部快速发展》，《中国西部》2010 年第 21 期。
② 参见熊友华《弱势群体的政治经济学分析》，中国社会科学出版社 2008 年版，第 229—232 页。

远无法改变。"①

C4：一项针对全国性高校的抽样调查显示：在"985工程"大学里，非农户口的子弟是农业户口子弟的2.7倍，"211工程"大学里是1.3倍；在大学保送的机会获得上，私人企业主子弟是农民子弟的7.6倍，管理阶层子弟是农民子弟的8.5倍，专业技术阶层子弟是农民子弟10倍；而自主招生的名额分配上，管理阶层子弟获得的机会是农民子弟的12.7倍，专业技术阶层子弟比农民子弟高9.5倍。很显然，寒门子弟不仅离一流大学越来越远，而且，他们在升学竞争中处于明显的劣势，社会优势阶层占有的资源和机会要比弱势阶层多很多。②

"富不过三代"，或成无稽笑谈？而细数根由，并非深不可解：

C5：当前围绕共富的争论，并不在于要不要实现共富，而是应怎样和从何时开始着手实现共富！对邓小平先富后富思想的一方面典型误读就是将共富与所有制问题割裂，单纯从终极目标意义上理解，在实践中将先富和后富当作空间上相互独立的不同发展阶段或模式。如有人认为邓小平社会主义本质论没有提到公有制，因而公有制为主体不再重要。然而马克思主义基本常识告诉我们，一旦离开公有制为主体，按劳分配为主体便不复存在，共同富裕这一目标就更无可能。另一方面典型误读是将先富和后富当作时间上相互分离的不同发展阶段，盲目照搬西方现代经济学，为财富和收入差距的拉大寻找借口。③

---

① 胡乐乐：《义务教育学校标准应全国统一》，《光明日报》2012年9月3日第2版。
② 吴锡平：《教育公平才能打破社会阶层固化》，《深圳特区报》2012年3月6日B11版。
③ 程恩富、刘伟：《社会主义共同富裕的理论解读与实践剖析》，《马克思主义研究》2012年第6期。

附录2 包容性转变的迷局与方向

而一些学界智者的铿锵陈词，可谓一语中的：

C6：多年来我国贫富差距的扩大和两极分化趋势的形成，所有制结构上和财产关系中的公降私升和化公为私，财富累积迅速集中于少数私人，才是最根本的原因。①

C7：随着社会主义市场经济体制的建立，资本、技术、管理等要素及其他影响企业效益的因素，已和劳动一样参与并影响了初次分配；在非公经济中，资本要素甚至超越劳动而在初次分配中起着主导作用，这是导致收入差距过大现象的根源。②

至于贫富差距之危害，似警钟长鸣，犹在耳畔：

C8：东西部经济和收入上的差距，不论从经济上还是从政治上看，都到了非解决不可的时候。现代化伟业一旦缺失社会稳定这一基础，便是一句空话。目前世界格局下，我国在国力显著增强基础上不失时机地加快西部发展，超常规地发展边疆民族经济，无论是对加强民族团结维护祖国统一，还是对巩固发展整个特色事业，都是非常必要的。③

C9：处于初级阶段的社会主义国家如果为了发展生产力而任由资本主义因素和市场力量肆意泛滥，"为了眼前暂时的利益而忘记根本的大计，只图一时的成就而不顾后果，为了运动的现在而牺牲运动的未来"，必然动摇社会主义的经济基础，政治、精神、生态等文明也都将成为空中楼阁。④

C10：在初步建成小康社会和实现共同富裕的雄厚物质基

---

① 刘国光：《是"国富优先"转向"民富优先"，还是"一部分人先富起来"转向"共同富裕"》，《探索》2011年第4期。
② 程恩富：《科学发展观与中国经济改革和开放》，上海财经大学出版社2012年版，第12页。
③ 刘儒：《我国现代化建设的"两个大局"及其比较》，《唐都学刊》2003年第4期。
④ 胡乐明：《社会主义：一个总体性认识》，《马克思主义研究》2012年第6期。

础已基本奠定的今天，若不重视调整导致收入差距过大的深层因素，不重视改革制约大量贫困群众走向共同富裕的体制问题，则改革发展取得的主要成果就可能被个别社会阶层所攫取，改革初衷就会落空。近年质疑公有制经济作用的卢音不绝于耳，出现了借打破"垄断"来妖魔化国企的所谓改革观，导致公有经济的重要地位受到忽视，部分领域日渐式微。这与社会主义国家的根本宗旨完全不相容。①

C11：目前资本主义国家的金融和经济危机宣布了新自由主义在全世界的破产。而有人却主张将新自由主义搬到中国，主张放弃国有企业，全盘私有化。若这种主张在我国实现，还会有什么以人为本、民生为上、共同富裕？社会主义将不复存在！②

危害之严重，自不待言。然"转变"之迫切之必要，竟也难以撼动一些人观念和行动上的麻木。在加快"转变"的道路上，在实现第二个大局、走向共同富裕的努力中，总有一些人和一些事，着实成了前进道路上的梗阻。

四 形形色色观念上的痼疾和行动上的踟蹰

镜头 D：

D1：我们一度顺应历史必然，让有条件的地区和群众在政府优惠政策的强力推动下先富起来，强调"这是一个事关大局的问题"，从而实现了阶段性战略设计。而沿海地区富裕以后，又要求其"拿出更多力量来帮助内地发展"，"这也是个大局"，也应是政府通过推行非均衡战略力达均衡发展的战略举

---

① 参见程恩富《科学发展观与中国经济改革和开放》，上海财经大学出版社2012年版，第6—8页。
② 本刊记者：《按照社会主义本质要求处理财富分配关系——访中国社会科学院马克思主义研究院特聘研究员卫兴华教授》，《马克思主义研究》2012年第6期。

附录2 包容性转变的迷局与方向

措。但问题是，强势者受益后并未及时地对弱势者进行补偿帮助，却在以效率为取向的政府运作模式的惯性推动下，进一步淋漓尽致且充分发挥着其市场主体谋求自身利益最大化的"应有"行为，并在能力膨胀之下，与部分官员结盟，采取上有政策下有对策、打擦边球甚或影响政策制定等方式获取更高收入，使地区之间、企业之间、经营者与职工之间收入差距扩大且分化加剧。这样弱势群体也就显性化且蔓延开来。①

D2：在一些私人企业主的行为中，至今仍可看到一个世纪前欧美资本家的那种极端贪婪和野蛮：增加劳动强度、延长劳动时间、克扣工资、随意解聘等，无所不用其极。看到黑煤窑矿难频发，你会强烈感觉到，马克思在《资本论》中说"这正是说的阁下的事情"还真的是说着了。一些拥有巨额财产的私企业主及其代言经济学家千方百计地鼓吹私有化，甚至要修改宪法中关于公有制为主体的内容。②

D3：目前有人反对讲分配公平，说公平无衡量标准；有人仍主张效率优先，认为蛋糕做大后自然会趋向公平；有人提倡市场原教旨主义，认为分配不公等是市场经济扭曲或市场发育不够之故；有人主张私有化，认为国企垄断，妨害效率公平；有人继续宣扬国退民进并谎称这是中央的"改革方向"。③

D4：城镇学校在接纳进城务工人员子女上，其拒绝的软硬理由可谓信手拈来。更有城镇学校及主管机构，宁可闲置教育资源也不愿接纳，其中原因无非是怕降低生源质量。但所有这些理由能抵得过一个人以及千百万家庭有尊严的正常生活所具

---

① 熊友华：《弱势群体的政治经济学分析》，中国社会科学出版社2008年版，第201页。
② 陈俊明：《〈资本论〉经济行为理论的具体化》，中央编译出版社2010年版，第451—453页。
③ 本刊记者：《按照社会主义本质要求处理财富分配关系——访中国社会科学院马克思主义研究院特聘研究员卫兴华教授》，《马克思主义研究》2012年第6期。

有的人伦和人道理由？①

　　D5：一个显见事实是，通过勤奋刻苦换来身份改变和阶层提升已变得越来越难。鲤鱼跃龙门越发稀少，而拼爹、官二代、富二代等现象盛行，社会阶层流动板结乃至固化。好的教育制度是实现社会阶层流动、让下层变成上层的最主要通道，而如今这通道却越发堵塞不畅，教育越发难以承载贫寒子弟改变命运、向上流动的愿望。②

我们不禁要问：第一个大局与第二个大局，怎么就成了风马牛一般？

五 "两个大局""共同富裕论"与包容性转变的统一

镜头 E：

　　E1：要实现共同富裕，不能忽视所有制问题。必须坚持完善国有主导、公有主体的基本制度，只有公有制才能消除分化，实现共富。私营、外资企业等作为资本主义经济，不可能实现共同富裕。③

　　E2：就像毛主席说的，对于胜利了的人民，社会主义经济制度是如同布帛菽粟一样的不可须臾离开的东西，是护身的法宝，传家的法宝。因此要强调劳动大众作为社会主导主体的地位，维护、发展社会主义的经济制度。④

---

① 光明网评论员：《解决随迁子女教育问题必须有时间表》，参见光明网 http://view.gmw.cn/2012-09/04/content_ 4974446.htm。
② 吴锡平：《教育公平才能打破社会阶层固化》，《深圳特区报》2012年3月6日B11版。
③ 本刊记者：《按照社会主义本质要求处理财富分配关系——访中国社会科学院马克思主义研究院特聘研究员卫兴华教授》，《马克思主义研究》2012年第6期。
④ 陈俊明：《〈资本论〉经济行为理论的具体化》，中央编译出版社2010年版，第451页。

E3：坚持"共享改革发展成果"目标，为深化改革以向解决深层次矛盾推进指明了方向。实现改革发展成果的共享，需要科学分析改革的依靠力量、改革对象和改革范围，使改革受广大人民支持、靠广大人民推动、为广大人民谋利，真正使市场经济体制中的社会主义因素成为经济社会发展中的基础性力量。① 当前的紧迫任务就是要真正顺从民意，真心落实邓小平强调的"突出地提出和解决两极分化问题"，以缩小财富和收入的过大差距为重点，使经济改革发展转入加快实现共同富裕的科学轨道。②

E4：只有在公有制经济中，劳动人民才会真正处于主人翁的经济地位，真正实现经济民主的权益；只有保持公有制经济的主体地位，才能切实贯彻按劳分配原则；只有随着公有制经济的巩固发展，广大人民共享发展成果的实现程度才能不断提高，经济发展的动力才不会衰竭。③

E5：马克思的研究昭示的逻辑是：资本家主体总是期望从小到大到强到贵。而在社会主义国家里，决不能让私人企业家"贵"起来。他们只能被"普照之光"笼罩、覆盖、变形；作为一个阶级或新阶层，无论如何也不能让其成为占统治地位的阶级阶层。应让占据"有决定意义的产业部门"的公有制经济继续做强，成为尊贵，成为世界范围内的新贵。④

E6：相比东部优先战略而言，西部大开发、振兴东北、中部崛起等战略，尚需中央政府提供更大的政策倾斜方能见效⑤。

---

① 程恩富：《科学发展观与中国经济改革和开放》，上海财经大学出版社2012年版，第7页。
② 程恩富、刘伟：《社会主义共同富裕的理论解读与实践剖析》，《马克思主义研究》2012年第6期。
③ 程恩富：《科学发展观与中国经济改革和开放》，上海财经大学出版社2012年版，第8页。
④ 陈俊明：《〈资本论〉经济行为理论的具体化》，中央编译出版社2010年版，第458页。
⑤ 才国伟等：《对"两个大局"战略思想的经济学解释》，《经济研究》2008年第9期。

比如设定义务教育学校全国统一标准，即每所学校不论软硬件，都必须达到标准；①再如完全可以像实施"两弹一星"、航天工程一样解决进城务工人员子女随迁入学问题，设立严格时间表，把人伦人道理由作为倒逼的底线。②依照教育部日前公布的《2011年全国教育事业发展统计公报》，2011年全国义务教育阶段在校生中进城务工人员随迁子女共1260.97万人，这较之于2010年增加了93.79万。③

E7：富人可以继续富，但穷人不能继续穷。富人应回报社会，尽些社会责任。私有经济可以继续发展，但岂能妖魔化国有经济，搞国退民进？④主张国退民进、国退洋进等，那便是没有认清社会主义初级阶段基本经济制度的极端重要性。⑤

私有→贫富两极分化→丧失人力支撑；公有→共享发展成果→获得人力推动。"包容性转变"与"公有制、共同富裕的实践"，亦步亦趋，如影随形。

六　结幕

镜头F：

目前我国收入分配领域最核心的问题，是贫富差距急剧扩大，两极分化趋势明显。中心的问题不是什么"国富"与"民富"的矛盾，而是一部分国民先富、暴富与大部分国民不

---

① 胡乐乐：《义务教育学校标准应全国统一》，《光明日报》2012年9月3日第2版。
② 光明网评论员：《解决随迁子女教育问题必须有时间表》，参见光明网http://view.gmw.cn/2012-09/04/content_ 4974446. htm。
③ 参见《2011年全国教育事业发展统计公报》，《中国地质教育》2012年第3期。
④ 本刊记者：《按照社会主义本质要求处理财富分配关系——访中国社会科学院马克思主义研究院特聘研究员卫兴华教授》，《马克思主义研究》2012年第6期。
⑤ 程恩富、方兴起：《深化经济改革的首要任务绝不是国有企业私有化》，《求是》2012年第13期。

富或贫穷的矛盾。要克服和扭转贫富差距扩大和两极分化的趋势，需要的政策转向，不是什么"国富优先"转变为"民富优先"，而是明确宣布"让一部分人先富起来"的政策已经完成任务，今后要把这一政策转变为逐步"实现共同富裕"的政策，完成"先富"向"共富"的过渡。①

这一政策转向，自然也是包容性转变最明确的方向。"两个大局""共同富裕论""包容性转变"，由此方实现统一。

---

① 刘国光：《是"国富优先"转向"民富优先"，还是"一部分人先富起来"转向"共同富裕"》，《探索》2011年第4期。

参考文献

[1] 本刊记者：《经济体制改革的顶层设计与未来发展走向——访中国社会科学院马克思主义研究学部主任程恩富教授》，《马克思主义研究》2013年第8期。

[2] 本刊记者：《关于当前劳动收入分配问题释疑——访著名经济学家、中国社会科学院程恩富和余斌教授》，《管理学刊》2010年第5期。

[3] 本刊记者：《维护科学发展和共同富裕的经济基础——访南京财经大学经济学院教授何干强》，《马克思主义研究》2013年第3期。

[4] 本刊记者：《诸城推进农村城镇化的创新实践》，《求是》2011年第1期。

[5] 本刊记者吴杰：《大卫·科茨：中国国企没有任何理由私有化》，《国企》2012年第6期。

[6] 程恩富：《程恩富选集》，中国社会科学出版社2010年版。

[7] 程恩富：《科学发展观与中国经济改革和开放》，上海财经大学出版社2012年版。

[8] 程恩富：《经济理论与政策创新》，中国社会科学出版社2013年版。

[9] 程恩富：《金融风暴启示录》，中国法制出版社2009年版。

[10] 程恩富、胡乐明：《新制度经济学》，经济日报出版社2005年版。

[11] 程恩富：《近十年我国政治经济学的两大理论成就》，《中国

社会科学报》2012年8月24日。

[12] 程恩富等：《深化经济改革的首要任务绝不是国有企业私有化》，《光明日报》2012年6月10日。

[13] 程恩富、高建昆：《论市场在资源配置中的决定性作用》，《中国特色社会主义研究》2014年第1期。

[14] 程恩富、侯为民：《从经济学角度认识社会主义核心价值观》，《人民日报》2014年10月30日。

[15] 程恩富、杨承训、徐则荣、张建刚：《中国特色社会主义经济制度研究》，经济科学出版社2013年版。

[16] 才国伟等：《对"两个大局"战略思想的经济学解释》，《经济研究》2008年第9期。

[17] 陈金龙：《关于道路自信、理论自信、制度自信的思考》，《马克思主义研究》2014年第3期。

[18] 陈俊明：《〈资本论〉经济行为理论的具体化》，中央编译出版社2010年版。

[19] 曹雷：《公有制高绩效论》，上海人民出版社2013年版。

[20] 蔡荣鑫：《"益贫式增长"模式研究》，科学出版社2010年版。

[21] 蔡荣鑫：《"包容性增长"理念的形成及其政策内涵》，《经济学家》2009年第1期。

[22] 常修泽：《包容性改革论：中国新阶段全面改革的新思维》，经济科学出版社2013年版。

[23] 陈新夏：《可持续发展与人的发展》，人民出版社2009年版。

[24] 陈学明：《人类超越资本不但是必要的，而且是可能的——读梅扎罗斯的〈超越资本〉一书》，《天津行政学院学报》2007年第3—4期。

[25] 程言君：《"四大理论假设"对经济学传承和超越的人本视角——〈现代马克思主义政治经济学的四大理论假设〉评述》，《山东社会科学》2007年第6期。

[26] 程言君、王鑫：《坚持和完善"公主私辅型"基本经济制度

的时代内涵——基于新自由主义的国际垄断资本主义意识形态工具性质研究》,《管理学刊》2012年第4期。

[27] 丁堡骏:《国有企业如何实现浴火重生》,《红旗文稿》2014年第20期。

[28] 丁堡骏:《重塑马克思主义政治经济学的指导地位和话语体系》,《政治经济学评论》2013年第1期。

[29] 丁堡骏:《用历史唯物主义方法论分析中国改革的经济学新范式》,《毛泽东邓小平理论研究》2014年第1期。

[30] 邓聿文:《中国需要包容性增长而非单一GDP增长》,《上海证券报》2010年10月18日。

[31] [德] 马丁·海德格尔:《荷尔德林诗的阐释》,商务印书馆2000年版。

[32]《邓小平年谱(1975—1997)》,中央文献出版社2004年版。

[33]《邓小平文选》第1—3卷,人民出版社1993—1994年版。

[34] [德] 尤尔根·哈贝马斯:《哈贝马斯谈新自由主义破产后的世界秩序》,赵光锐摘译,《国外理论动态》2009年第3期。

[35] 方福前:《抓好三个转变 深化收入分配改革》,《教学与研究》2013年第4期。

[36] 方福前:《中国居民消费需求不足原因研究——基于中国城乡分省数据》,《中国社会科学》2009年第2期。

[37] 方福前:《论发展经济学失败的原因》,《中国人民大学学报》2002年第7期。

[38] 冯海波:《"包容性增长"理念的学理澄明及其现实意义》,《南昌大学学报》2010年第6期。

[39] 方宇宁:《辛格谈印度的"包容性发展"》,《世界科学》2012年第4期。

[40] 盖凯程:《"市场的逻辑"的逻辑——与张维迎教授商榷》,《马克思主义研究》2011年第12期。

[41] 贡森、苏杨:《民生为向:推进包容性增长的社会政策》,社会科学文献出版社2011年版。

[42] 龚松柏:《中印经济转型与发展模式比较》,西南财经大学出版社 2011 年版。

[43] 高尚全:《从"基础性"到"决定性"》,《北京日报》2013 年 11 月 25 日。

[44] 郭熙保:《论发展观的演变》,《学术月刊》2001 年第 9 期。

[45] 郭熙保、周强:《长期多维贫困、不平等与致贫因素》,《经济研究》2016 年第 6 期。

[46] 黄传新:《正确认识基本经济制度》,《思想·理论·教育》1998 年第 1 期。

[47] 何干强:《唯物史观的经济分析范式及其应用》,中国经济出版社 2009 年版。

[48]《胡锦涛文选》(1—3 卷),人民出版社 2016 年版。

[49] 胡锦涛:《合力应对挑战,推动持续发展——在亚太经合组织第十七次领导人非正式会议上的讲话》,《人民日报》2009 年 11 月 16 日。

[50] 胡乐乐:《义务教育学校标准应全国统一》,《光明日报》2012 年 9 月 3 日。

[51] 胡乐明:《社会主义:一个总体性认识》,《马克思主义研究》2012 年第 6 期。

[52] 何炼成、李忠民:《中国特色社会主义发展经济学》,中国社会科学出版社 2009 年版。

[53] 侯若石:《当金钱不再至上:知识生产革命与经济发展方式转变》,中国经济出版社 2011 年版。

[54] 胡若痴、卫兴华:《批判新自由主义就是否定和反对改革吗?——敬请高尚全会长划清与新自由主义的界限》,《马克思主义研究》2014 年第 8 期。

[55] 黄益平:《走向新的经济增长模式》,《行政管理改革》2013 年第 11 期。

[56] 金碚:《论民生的经济学性质》,《新华文摘》2011 年第 8 期。

[57] 简新华:《中国经济结构调整和发展方式转变》,山东人民出

版社 2009 年版。

[58] 简新华、李延东：《中国经济发展方式根本转变的目标模式、困难和途径》，《学术月刊》2010 年第 8 期。

[59] 简新华、叶林：《改革开放前后中国经济发展方式的转变和优化趋势》，《经济学家》2011 年第 1 期。

[60]《江泽民文选》（1—3 卷），人民出版社 2006 年版。

[61] 李炳炎：《共同富裕经济学》，经济科学出版社 2006 年版。

[62] 李炳炎：《利益分享经济学》，山西经济出版社 2009 年版。

[63] 李炳炎、孙然：《迈向中国特色的发展经济学：转变经济增长方式的理性思考》，《长春市委党校学报》2009 年第 4 期。

[64] 刘国光：《中国社会主义市场经济的特色》，《中国社会科学报》2012 年 9 月 12 日。

[65] 刘国光：《社会主义市场经济理论问题》，中国社会科学出版社 2013 年版。

[66] 刘国光：《共同理想的基石：国有企业若干重大问题评论》，经济科学出版社 2012 年版。

[67] 刘国光：《"世界马克思经济学奖"答词》，《海派经济学》第 35 辑，上海财经大学出版社 2011 年版。

[68] 刘国光：《坚持正确的改革方向——读胡锦涛同志 3 月 7 日讲话有感》，《马克思主义研究》2006 年第 6 期。

[69] 刘国光：《十八届三中全会前再谈中国经济体制改革的方向》，《江淮论坛》2013 年第 5 期。

[70] 刘国光：《是"国富优先"转向"民富优先"，还是"一部分人先富起来"转向"共同富裕"》，《探索》2011 年第 4 期。

[71] 李济广：《析吴敬琏彻底私有化的经济改革主张——评〈重启改革议程——中国经济改革二十讲〉》，《管理学刊》2014 年第 2 期。

[72] 李建平：《新自由主义市场拜物教批判——马克思〈资本论〉的当代启示》，《当代经济研究》2012 年第 9 期。

[73] 李建平：《马克思主义经济学的创新与发展》，社会科学文献

出版社 2008 年版。

[74] 陆岷峰、张惠：《"包容性增长"的内涵辨析及实现要点》，《江南论坛》2010 年第 11 期。

[75]《列宁专题文集·论无产阶级政党》，人民出版社 2009 年版。

[76]《列宁专题文集·论资本主义》，人民出版社 2009 年版。

[77] 鲁品越：《鲜活的资本论：从深层本质到表层现象》，上海世纪出版集团 2015 年版。

[78] 鲁品越：《社会主义对资本力量：驾驭与导控》，重庆出版社 2008 年版。

[79] 李强：《为什么农民工"有技术无地位"——技术工人转向中间阶层社会结构的战略探索》，《人民论坛》2011 年第 2 期。

[80] 刘伟：《经济发展和改革的历史性变化与增长方式的根本转变》，《经济研究》2006 年第 1 期。

[81] 李涛等：《中国包容性发展报告》，经济科学出版社 2014 年版。

[82] 梁晓声：《中国社会各阶层分析》，文化艺术出版社 2011 年版。

[83] 林毅夫、庄巨忠、汤敏、林暾：《以共享式增长促进社会和谐》，中国计划出版社 2007 年版。

[84] 刘永佶：《政治经济学方法论纲要》，河北人民出版社 2000 年版。

[85] 刘永佶：《中国政治经济学·主体·主义·主题·主张》，中国经济出版社 2010 年版。

[86] 梁柱：《评〈重启改革议程〉三个前提设定的荒谬性——关于我们同吴敬琏的分歧》，《中华魂》2013 年第 13 期。

[87] 李志军、韩小谦、冯秀军、韩美兰：《比较视阈中的中国经验》，中国社会科学出版社 2009 年版。

[88] 李政涛：《中国社会发展的"教育尺度"与教育基础》，《教育研究》2012 年第 3 期。

[89]［英］马丁·雅克：《中国治理国家比西方更成功》，《参考消

息》2014年10月24日。

[90]《马克思恩格斯全集》第18—19、46卷上，人民出版社1979年版。

[91]《马克思恩格斯文集》第1—5、6、7、9、10卷，人民出版社2009年版。

[92]《马克思恩格斯选集》第1—4卷，人民出版社1995年版。

[93][美]曼昆：《经济学原理》，梁小民等译，北京大学出版社2009年版。

[94]梅荣政、白显良：《中国特色社会主义与新自由主义——评析〈当代中国八种社会思潮〉》，《马克思主义研究》2013年第10期。

[95][美]西奥多·舒尔茨：《穷国的经济学》，《世界经济译丛》1980年第12期。

[96][美]西奥多·舒尔茨：《对低收入国家经济成就及其前景的估计》，《世界经济情况》（复旦大学）1980年第5期。

[97][美]约瑟夫·E.斯蒂格利茨：《私有化更有效率吗》，《经济理论与经济管理》2011年第10期。

[98][美]约瑟夫·E.斯蒂格利茨：《自由市场的坠落》，机械工业出版社2010年版。

[99]《毛泽东选集》第1、3、4卷，人民出版社1991年版。

[100]裴小革：《财富的道路：科学发展观的财富基础理论研究》，社会科学文献出版社2009年版。

[101]裴小革：《建设的经济学：马克思主义中国化研究》，中国社会科学出版社2011年版。

[102]青连斌：《"边缘化"带来的警示》，《人民论坛》2010年第36期。

[103]任保平：《中国经济增长质量报告（2011）：中国经济增长包容性》，中国经济出版社2011年版。

[104]任保平、高煜：《中国经济增长质量报告（2010）》，中国经济出版社2010年版。

[105] 任保平：《低成本经济发展的制度阐释：一种新的可持续发展理论及实现途径》，中国社会科学出版社 2003 年版。

[106] 任仲平：《决定现代化命运的重大抉择——论加快经济发展方式转变》，《人民日报》2010 年 3 月 1 日。

[107] 《十八大以来重要文献选编》（上、中），中央文献出版社 2014 年版、2016 年版。

[108] 史晋川：《经济学研究中的主题与方法》，《浙江社会科学》2007 年第 2 期。

[109] 史晋川：《经济结构调整与经济发展方式转变》，经济科学出版社 2012 年版。

[110] 孙居涛：《制度创新与共同富裕》，人民出版社 2007 年版。

[111] 世界银行增长与发展委员会：《增长报告：可持续增长和包容性发展的战略》，中国金融出版社 2008 年版。

[112] 沈开艳、权衡：《经济发展方式比较研究：中国与印度经济发展比较》，上海社会科学院出版社 2008 年版。

[113] 孙翎：《包容性增长与基本社会保障均等化：基于机会平等的视角》，《光明日报》2010 年 10 月 19 日。

[114] 沈立人：《中国弱势群体》，民主与建设出版社 2005 年版。

[115] 桑新民：《呼唤新世纪的教育哲学：人类自身生产探秘》，教育科学出版社 1993 年版。

[116] 邵宜航、刘雅南：《从经济学再到政治经济学：理解包容性增长》，《经济学家》2011 年第 10 期。

[117] 唐轶：《让"包容性增长"成就蚁族梦想》，《中国青年报》2010 年 12 月 10 日。

[118] 吴敬琏：《我们站在了历史的入口》，《人民日报》2013 年 12 月 30 日。

[119] 吴敬琏、马国川：《重启改革议程：中国经济改革二十讲》，生活·读书·新知三联书店 2013 年版。

[120] 吴敬琏、张维迎等：《改革是最大政策》，东方出版社 2014 年版。

[121] 文魁、宋湛：《走向和谐：市场型社会主义劳动关系新探》，经济科学出版社 2012 年版。

[122] 文魁：《转变经济发展方式的理论思考》，《首都经济贸易大学学报》2009 年第 1 期。

[123] 文魁、谭永生：《把握规律　切实转变经济增长方式——我国经济增长的因素分析》，《经济与管理研究》2005 年第 2 期。

[124] 王玲玲、冯皓：《发展伦理探究》，人民出版社 2010 年版。

[125] 王霞、李建平：《市场经济条件下人的发展悖论及其破解》，《福建师范大学学报（哲学社会科学版）》2007 年第 4 期。

[126] 吴宣恭：《阶级分析在我国政治经济学中的地位》，《政治经济学评论》2011 年第 2 期。

[127] 吴宣恭：《分配不公的主要矛盾、根源和解决途径》，《经济学动态》2010 年第 11 期。

[128] 吴宣恭：《评对抗"官本经济"的"民本经济"论——与高尚全先生商榷》，《马克思主义研究》2008 年第 9 期。

[129] 吴宣恭：《实现公平与效率互相促进》，《经济纵横》2007 年第 1 期。

[130] 吴宣恭：《阶级分析在我国政治经济学中的地位》，《中华魂》2011 年第 9 期。

[131] 吴宣恭：《分配不公的主要矛盾、根源和解决途径》，《中国船舶报》2011 年 6 月 17 日。

[132] 吴宣恭：《明确我国改革的性质和方向》，《福建日报》2001 年 4 月 18 日。

[133] 吴宣恭：《吴宣恭文集：产权·价值·分配》，经济科学出版社 2010 年版。

[134] 卫兴华：《经济发展方式与经济增长方式的关系》，《人民日报》2011 年 2 月 14 日。

[135] 卫兴华：《按照社会主义本质要求处理财富分配关系》，《马克思主义研究》2012 年第 6 期。

[136] 王兴运：《弱势群体权益保护法论纲》，中国检察出版社

2006年版。

[137] 吴元梁：《唯物史观：科学发展观的理论基础》，《哲学研究》2005年第7期。

[138] 王振中：《中国转型经济的政治经济学分析》，中国物价出版社2002年版。

[139] 王振中：《为什么说转变经济发展方式已刻不容缓》，《贵州财经学院学报》2010年第6期。

[140] 王振中：《当前的收入分配差距问题不容忽视》，《经济经纬》2005年第6期。

[141] 王振中：《人在经济学中崛起》，《学术研究》2000年第7期。

[142] 徐传谌、何彬、艾德洲：《逐步实现共同富裕必须发展和壮大国有经济》，《马克思主义研究》2014年第9期。

[143] 徐剑波：《印度这大象》，海天出版社2010年版。

[144]《习近平关于全面深化改革论述摘编》，中央文献出版社2014年版。

[145]《习近平总书记系列重要讲话读本》，学习出版社、人民出版社2014年版。

[146]《学习习近平总书记8·19重要讲话》，人民出版社2013年版。

[147] 熊友华：《弱势群体的政治经济学分析》，中国社会科学出版社2008年版。

[148][英]阿尔弗雷多·萨德-费洛、黛博拉·约翰斯顿：《新自由主义：批判读本》，江苏人民出版社2006年版。

[149][印]阿玛蒂亚·森：《以自由看待发展》，中国人民大学出版社2012年版。

[150][英]阿诺德·汤因比：《历史研究》，上海人民出版社2010年版。

[151] 余斌：《经济学的真相：宏观经济学批判》，人民邮电出版社2010年版。

[152] 徐斌：《制度建设与人的自由全面发展》，人民出版社 2012 年版。

[153] 余斌、黄凌云：《社会主义国家为什么要创办和扩大国有企业》，《海派经济学季刊》2006 年卷第 2 期。

[154] 叶初升、张凤华：《发展经济学视野中的包容性增长》，《光明日报》2011 年 3 月 18 日。

[155] 杨承训：《中国特色社会主义经济学》，人民出版社 2009 年版。

[156] 杨承训：《新自由主义何以在中国风行一时》，《人民论坛》2011 年第 1 期。

[157] [英] E. J. 米香：《经济增长的代价》，机械工业出版社 2011 年版。

[158] [印] 米斯拉、普里：《印度经济》，四川人民出版社 1985 年版。

[159] [英] 阿尔弗雷德·马歇尔：《经济学原理》（下），商务印书馆 1965 年版。

[160] 叶檀：《中国的转型尤其需要九死未悔的努力》，《每日经济新闻》2010 年 12 月刊。

[161] 杨万东、张建君、黄树东、朱安东：《经济发展方式转变："本土派"与"海外派"的对话》，中国人民大学出版社 2011 年版。

[162] 袁蓉君：《中外专家认为中国应重视包容性增长》，《金融时报》2007 年 8 月 10 日。

[163] 余少祥：《弱者的权利：社会弱势群体保护的法理研究》，社会科学文献出版社 2008 年版。

[164] 杨新铭：《对"国进民退"争论的三大问题的再认识》，《经济纵横》2013 年第 10 期。

[165] 余秀兰：《社会弱势群体的教育支持》，中国劳动社会保障出版社 2007 年版。

[166] 叶小文：《让道德成为市场经济的正能量》，《新华文摘》

2014年第12期。

[167] 杨怡爽、杨洋：《中国与印度的包容性增长比较》，《经济界》2014年第3期。

[168] 于祖尧：《西方市场原教旨主义的衰败和中国信徒的堕落》，《中华魂》2013年第1期（上）。

[169] 朱步楼：《科学发展观与经济伦理》，江苏人民出版社2013年版。

[170] 左大培：《中国需要大规模的国有企业》，《探索》2005年第6期。

[171] 《中国统计年鉴》（历年多版），中国统计出版社2005—2013年版。

[172] 张峰、冯海波：《"包容性增长"的科学内涵及其世界历史意义》，《吉首大学学报》2011年第1期。

[173] 张雷声：《增强中国特色社会主义的制度自信》，《新视野》2004年第1期。

[174] 张雷声：《深入贯彻落实科学发展观的经济视阈》，《经济理论与经济管理》2007年第11期。

[175] 张雷声：《发展中国家的新自由主义经济改革及其理论反思》，《高校理论战线》2003年第5期。

[176] 张雷声：《从效率与公平统一的视角理解社会主义本质》，《学术界》2005年第4期。

[177] 张雷声：《新自由主义经济理论与经济全球化》，《教学与研究》2003年第10期。

[178] 张雷声、张宇：《马克思的发展理论与科学发展观》，经济科学出版社2006年版。

[179] 郑立新：《加快转变经济发展方式研究（2010—2011）》，社会科学文献出版社2011年版。

[180] 郑新立：《转变经济发展方式研究》，中国计划出版社2009年版。

[181] 张维为：《中国震撼：一个"文明型国家"的崛起》，上海

人民出版社2011年版。

[182] 张维迎:《市场的逻辑》（增订版），上海人民出版社2012年版。

[183] 张秀岩:《转变经济发展方式的实现机制分析》,《新长征》2007年第12期。

[184] 张宇:《张宇自选集》,学习出版社2012年版。

[185] 张宇、卫兴华:《公平与效率的新选择》,经济科学出版社2008年版。

[186] 张颐武:《中国崛起的文化内涵》,《科学中国人》2010年第1期。

[187] 周志太:《转变发展方式的根本出路是增加劳动收入》,《现代经济探讨》2011年第7期。

[188] 周志太:《经济学研究方法的十大趋势》,《经济视角》（下），2009年第10期。

[189] 张作云:《我国改革发展两种不同思路评析》,《管理学刊》2014年第1期。

后　　记

本书是在笔者主持完成的国家社会科学基金一般项目"中国经济发展方式包容性转变的体制机制研究"（11BJL003）结项成果的基础上遵照结项反馈意见删节和修正成书的，结项成果为专著和论文集两种，等级均为"良好"，结项证书编号为"20151127"。其中，阶段性成果2篇次获省级社科优秀成果三等奖，1篇次获市级社科优秀成果二等奖，发表权威期刊4篇，核心期刊9篇，中国人民大学复印报刊资料转载4篇。

为保持各章的相对独立或完整，修正成书时对个别重复论断未作删节。

课题组成员按在项目申报书和在项目研究中的贡献依次为：张启鹏（浙江理工大学马克思主义学院。以下未标注单位的，均与张启鹏同一单位），高建昆（复旦大学马克思主义学院），周勇，石俊华，艾丹，唐灵魁，赵平（安徽淮北职业技术学院），葛小琴。张启鹏在与主持人的协同研究、课题调研材料分析以及课题研究其他相关事务的管控方面，全力投入，贡献较多；高建昆在课题的申报、一些核心章节和主要观点的阐释等方面，起到了重要作用；周勇以其深厚的专业基础，贡献了"包容性转变：欧盟经验"一章。

课题的研究和本书的出版得到了诸多方面的支持与鼓励：我国著名经济学家、中国社会科学院学部委员程恩富教授，在课题申报书的撰写和课题研究，包括以科研促进、矫正教学等方面，给了作者和课题组成员诸多启迪和勉励，并亲笔作序；中国社会科学院经济研究所研究员、中国《资本论》研究会秘书长裴小革，中共南京市委党校李炳炎教授，淮北师范大学经济学院周志太教授，中共吉林省委党校张秀岩教授，中山大学岭南学院蔡荣鑫教授等学界师长的研究成果，给了作者较多的研究启发；中国社会科学院马克思主义研究院侯为民研究员在百忙中审阅了部分书稿，并提出宝贵意见；中国社会科学出版社欣然接受本书的出版，田文主任和责编老师认真细致地修改、编辑书稿，付出了长时间的艰辛劳作，在此谨表由衷谢忱。

课题在培育教学和科研青年骨干方面，起到了显著推动作用。

在以科研促教学方面，一批青年教学骨干对中国化马克思主义经济学的理解和阐释，尤其是在课堂上反对新自由主义的自觉性，有了较大提高，教学效果也有不同程度的提升，比如在社会主义市场经济理论的教学上，在党的十八届三中、四中、五中全会《决定》精神的"三进"方面，课题组成员普遍觉得参与课题研究在教学能力和效果的提升上，深受请益。

在科研成长上，主持人和团队成员均有进步。体现在对发展着的马克思主义经济学的理解上，课题研究前有些模糊认知，三年后，理论认知水平、研究立场上的自觉性和鲜明性、与错误思潮斗争的勇气等方面，均有明显提高。

本书因作者学识所限而存在着的缺点和错谬，恳切地期待着学界方家的批评和指正。

淮阴师范学院马克思主义学院　王新建
2016 年 10 月 25 日于淮安市淮师文华苑